进军微电商

玩转微信O2O

/ 莫逢艳 莫江鹏 黄伟勋 编著 /

電子工業出版社
Publishing House of Electronics Industry
北京•BEIJING

内容简介

笔者在这本书里面所要跟读者聊的都是微信的那点事儿，确切地说是怎么做微信电商，怎么玩转微信O2O的那点事儿。言归正传，这本书主要是为给大家解决“了解微信的本质”、“利用微信创业”、“企业利用微信入驻互联网”、“企业如何利用微信做微电商”、“如何用微信进行O2O运作”、“如何用微信做CRM管理运营”、“如何利用微信做数据化营销”等问题提供参考建议的。因此，本书适合对微信营销感兴趣的初学者、传统企业管理者、企业网络部运营者、电商行业的创业者，以及其他所有对微信营销、微信电商、微信O2O感兴趣的朋友阅读。

图书在版编目（CIP）数据

进军微电商：玩转微信O2O / 莫逢艳，莫江鹏，黄伟勋编著. —北京：电子工业出版社，2015.4

ISBN 978-7-121-25781-0

Ⅰ. ①进…　Ⅱ. ①莫…　②莫…　③黄…　Ⅲ. ①网络营销　Ⅳ. ①F713.36

中国版本图书馆CIP数据核字（2015）第062817号

策划编辑：张慧敏
责任编辑：王　静
印　　刷：北京天来印务有限公司
装　　订：北京天来印务有限公司
出版发行：电子工业出版社
　　　　　北京市海淀区万寿路173信箱　邮编：100036
开　　本：720×1000　1/16　印张：17.25　字数：330千字
版　　次：2015 年 4 月第 1 版
印　　次：2015 年 4 月第 1 次印刷
印　　数：4000册　定价：49.00元

凡所购买电子工业出版社图书有缺损问题，请向购买书店调换。若书店售缺，请与本社发行部联系，联系及邮购电话：（010）88254888。

质量投诉请发邮件至zlts@phei.com.cn，盗版侵权举报请发邮件至dbqq@phei.com.cn。

服务热线：（010）88258888。

前　言

自从2011年微信诞生以来，这3年时间里微信已经风靡大江南北，无人不知，无人不晓，可谓是威名传四海。

想一想，我们早上起来第一件事就是拿起手机“刷”微信，看一看有没有收到新信息，或朋友们昨晚趁自己睡着了的时候在朋友圈里“刷”了什么；中午吃饭时，即使是饥肠辘辘，也要先忍住不吃，任凭口水直流也要先给午餐拍照分享到朋友圈。观察一下我们身边的朋友在拍照时哪一位不是一副大义凛然，舍我其谁的表情；到了晚上睡觉前，对微信的那深情一眼是绝对不能省略的，要不然换来的便是一夜无眠——这便是微信用户们使用微信的现实反映。虽有些夸张，却是真实写照。

自古有人的地方就有江湖，而微信君可谓是江湖中的高手，所到之处无人不为之色变。如今微信已经不仅仅是一个用来聊天的手机应用程序，也不是一个单纯的交友平台，而是一个将无数人都聚集到同一个地方的大型平台。在这个平台里，人们可以做的事情有很多。

你可以通过扫街景找到附近好玩的地方、好吃的餐厅，可以叫外卖，可以开微信小店做生意，可以订酒店、订机票、订火车票等；你还可以通过微信挂号看病，可以与同事、客户沟通……微信发展到现在可谓是无所不能了。所以，谁要让笔者说一说微信究竟为何物，那还真不好回答。而这个问题想必就连“微信之父”张小龙自己也难以解释周全吧。

当然了，一千个人眼里就有一千个不同的微信面貌。所以微信是什么不好说，但微信可以用来做生意的观点我估计大多数人都会赞同。

朋友圈目前有一个怪异的现象：“卖面膜的”占据着统治地位，已经达到了无处不在、无时不在的神级境界，简直叫人咋舌。这当然不是一个正常的现象，也不是一个好现象。但这个现象说明了一些问题——用微信确实能够赚钱，因此想在微信上做买卖的人着实不少，但同时以为狂“刷”朋友圈就能赚到钱的朋友大有人在。

微信是一个完整的生态体系，微信个人号、微信公众号、微信企业号、微信的第三方平台是这个生态体系中重要的组成部分。而微信会员卡、微信支付、微信客服、微信CRM、微信数据统计管理等则是完善这一生态体系的重要功能。微信个人号为微信的生态体系带来了源源不断的用户，保证了微信的生力军；微信公众号则为企业连接用户起到了桥梁作用；微信企业号的作用是将企业的上下游合作伙伴联系起来。微信体系的各部分同时发力让微信已经达到了连接人与人、连接人与服务的目的；而通过开放接口，微信则让更多的第三方公司参与到了微信生态体系的建设当中，使得微信的生态体系更加强大和完善。而当一个体系达到了完善之后，它自身便具备了传播功能，无须花大力气去推广，微信朋友圈的自发传播正好印证了这一点。所以，想要用微信做微电商，想要用微信赚钱，表面上看是很简单的事情，实际是要研究其本质后才能下结论。所谓“台上一分钟，台下十年功”，就是这么个理儿。

所以，我们不难得出一个结论——微信不仅是一个社交软件、一个即时聊天工具，更是一个具有高度商业价值的商业平台。而在微信商业化逐渐完善的今天，利用微信做电商已经成为一条切实可行的创业之路。但问题是，如何利用微信做电商呢？这也是笔者在这本书里主要聊的问题。聊到微信电商，我们就难免得给微信“宽衣解带”，将微信真实的面貌展示出来。所以，我们在书里还要聊到“微信的中心化电商”、“微信的去中心化电商”、“社区电商”、“街景电商”、“物联网”、“微信O2O”、“社交电商”、“粉丝经济”、“微电商”、“朋友圈营销”、“大数据营销”、“CRM管理运营”、“微店的运营”等话题。

当然，笔者并不是闲来无事天南地北什么都聊。笔者在这本书里面所要跟读者聊的都是微信的那点事儿，确切地说是怎么做微信电商，怎么玩转微信O2O的那点事儿。笔者虽然素来对微信甚是喜爱，对跟读者聊天拉家常也是饶有兴致。但聊归聊，我们终究是要聊出一个结果来才不枉时间飞逝。言归正传，这本书主要是为给大家解决“了解微信的本质”、“利用微信创业”、“企业利用微信入驻互联网”、“企业如何利用微信做微电商”、“如何用微信进行O2O运作”、“如何用微信做CRM管理运营”、“如何利用微信做数据化营销”等问题提供参考建议的。因此，本书适合对微信营销感兴趣的初学者、传统企业管理者、企业网络部运营者、电商行业的创业者，以及其他所有对微信营销、微信电商、微信O2O感兴趣的朋友阅读。

微信用户已经超过了8亿人，微信公众号的开通也达到了800万个，这已经是天文数字了，但可怕的是，这个天文数字还在不断地飙升。而更可怕的是，如果8亿个用户都在用的微信，800万个企业商家都在用的微信公众号，你不去了解，你要故步自封，那你将会被时代远远地甩在后边。

俗话说得好，有人的地方就有生意。微信已经聚集了8亿个用户和800万家企业，不在微信上做生意还真对不起自己。所以，当别人都在微信上赚钱的时候，你也别闲着，拿起手机打开微信，领略一下这个由微信引领的移动互联网时代的精彩，研究一下因为微信而扑面而来的各种商机，没准你就能抓住机会改变自己生活的轨迹。当然了，机会是给有准备的人的，所以在抓住机会之前，你必须得学会武装自己的头脑。

最后，按照惯例，笔者得说一些感谢的话语。但要强调的是，笔者说的这些感激之言全都发自肺腑。因为这本书是本人写的第一本关于微信方面的书，在撰写过程中遇到的问题好比天上的星星，密密麻麻，幸好得到了电子工业出版社的张慧敏编辑的指导，这本书才得以呈现给大家，所以要特别对张编辑表示感谢。另外，还要感谢中国微营销网首席运营官林威的全力支持，和为本书提供资料的杨联添先生、谭慧丽女士，以及需要郑重道谢的已经阅读、正在阅读和即将阅读本书的读者们。

莫　默

目　录

第 1 章 什么是微电商

当今的时代是互联网的时代，人们每天都在念叨着互联网思维，每天都在互联网上工作、生活。互联网在当今社会的重要性已经不言而喻了，而新兴的移动互联网如今也成了生活的一部分，而且是大多数人生活中必不可少的部分。

年轻的美女可能最喜欢美图秀秀。

二三十岁的小伙子每天必定登录的肯定是微信、陌陌等“神器”。

老板们会通过手机下载某个最新的业务管理软件。

白领会通过大众点评网、美团网预订晚上约会的餐厅。总之，无论是正在上小学的小朋友，还是年逾花甲的老朋友，都早已沦陷在移动互联网这张大网之中。也正因为如此，伴随着移动互联网的高速发展，不少的企业和有预见性的人，都在其中发现了商机，于是微电商这个行业也随之兴起了！那么，什么是微电商呢?

1.1 微电商的发展史

我们常常会见到某个小姑娘用了某种面膜效果不错，于是她会将面膜推荐给她的小姐妹们，利用朋友圈进行分享。慢慢地，她的朋友圈里面要是有人想买这种面膜，就会找到她。找她的人多了，她便会囤积这种面膜卖给自己朋友圈里面的朋友，赚取生活费。当然，如果她想把这种面膜卖到更多人的手里，而不只限于自己的朋友圈，她就会以批发的形式把面膜卖给她朋友圈里的某个朋友，让其作为这种面膜的代理人。而代理人又会利用他的朋友圈进行销售，当销售到了一定的数量，他又会发展下一级代理。如此循环往复，这种面膜就会变得人尽皆知！这就是朋友圈营销！

朋友圈营销也是微电商的一种形式，微电商的一大特点就是门槛低，只要会用微博、微信，只要有一部智能手机就能轻松入行。

从2009年新浪微博诞生开始，微电商便悄然而至。微电商的门槛低，因此微电商也可以被看作“个人电商”。只要愿意，你就可以做微电商。

如今的微电商已经步入了“全民时代”，正朝着更为成熟，趋于稳定的状态发展。微信的诞生、崛起，微信O2O模式的探索与微信O2O的成功案例不断涌现，以及微信O2O模式的成功已然让微电商时代发展到了一个不可能逆转更不可能被忽略的地步。时代的脚步必然会继续朝着微信、O2O、微电商这些关键词所指引的方向不断大踏步前行！

既然微电商已经进入全民时代，既然谁都可以做，那么就必然会有人成功。网络上流传的“果哥”就是这么一个例子。果哥就是微电商全民时代下的幸运儿。果哥成功的关键点就在于其灵活地运用微信、微博。

【案例1】“果哥”微信+微博玩转O2O

果哥是一个“80后”，开了一家水果店，本身不懂得“O2O”是何物的他却通过微信和微博，用O2O的形式将原本月销售额只有4000元的小店变成了月销售额超过8万元的水果旺铺！果哥是怎么做到的呢？这源于果哥大胆的尝试。

果哥找了一个“90后”的合伙人——大四在校生周颖，负责运营微博，并负责整个小店的文案和美工设计。而果哥则在微信上收集订单，并将订单归类划分，然后送货。就是以这样的方式，果哥的水果店覆盖范围远远超过了之前小店所能辐射的范围，而订单也随之而来。这样的模式也让果哥的小店经营成本大大降低了，还能增加与客户的互动，缩短了与客户的距离，增加客户的好感，从而又大大提升了顾客的回头率。

果哥的水果店的业绩逐渐上升，也越来越了解客户的需求，因此水果店也越做越大。凭借着这种简单的O2O模式，果哥的水果店只要在技术上、服务上、O2O的模式上不断进行改进，必定能凭借微信、O2O成为水果界销售的典范。这就是O2O的魅力，就算是小成本经营，即使根本就不懂得所谓的“互联网思维”，也一样能成功。雷军说：“站在风口，即使是猪也能飞起来！”更何况我们不是猪，所以我们有什么理由不起飞呢！

1.2 微电商和传统电商有什么区别

笔者一个朋友的微信个性签名是这样的：创业，从摆地摊开始！这句签名让不少人看了觉得非常励志。但是也有不少人看完以后对这样的精神表示悲哀！原因何在？在十几年前，我们确实能看到不少人凭借着摆地摊积累原始资本，然后靠着仅有的小资本孤注一掷，结果成了现今我们看到的大亨，时髦的称谓即土豪！这些土豪确实凭借摆地摊创业，成就了自己的梦想，赚得盆满钵满！但是如果在十几年后的今天，他们还继续选择创业，选择白手起家，则他们还会选择摆地摊吗？真相只有一个：不可能！

那他们会选择什么形式创业呢？答案毫无疑问：微电商！我们不能说传统商业模式已死，也不能说传统电子商务正在走下坡路，但是我们可以说：微电商正在茁壮成长！相对传统商业模式来说，微电商有着不可比拟的优越性。

微电商和传统电商相比，就好比是机关枪对土大炮。土大炮有一定的威力，但是机关枪灵活轻便，每个人都可以手握机关枪冲锋陷阵。当然，企业也可以拿起机关枪做微电商，微电商对于中小型企业来说就像是关公遇上大刀，使起来得心应手！微电商的最大特点也就在于它的可移动性和终端的多样性。并且，使用手机无线网络的微电商可以使其覆盖面瞬间“秒杀”依赖于PC机的传统电商。而在O2O的模式及微信日渐强大之后，微电商更是让传统电商胆战心惊，他们甚至不惜血本打造自己的微电商和O2O模式。而微信本身就是一个微电商平台，更是一个天然的O2O平台，这两点碰到一起必然会产生巨大火花和浪潮，微信的O2O微电商将会是惹人注目的巨大看点。

那么微电商和传统电商有哪些本质上的区别呢？

第一点，微电商具有移动属性。只要有手机或者平板电脑的地方就能看到微电商的身影。微电商可以做到无处不在，所有的用户只要有需求，即可随时随地掏出手机找到自己想要的商品、服务和信息。而传统电子商务的灵活性不够，不具备这样的优势。

第二点，微电商的覆盖面广。目前我国手机网民已经超过6亿人，已经超过了PC机的装机数量，并且正在高速增长当中。而移动互联网也正在一点点地蚕食着PC机的上网时间。不久的将来，互联网便会成为移动终端的天下。届时，微电商的覆盖面很可能让PC面临崩溃。

第三点，移动互联网终端具有唯一性。手机本身就是一个私人用品，而用手机上网则依赖于手机和SIM卡。这两者决定了移动互联网终端的唯一性。通过手机的SIM卡的唯一性，手机的唯一性，能提高网络 终端的安全性。而这样的安全性又是微电商得以蓬勃发展、O2O模式得以完善的关键。

第四点，基于位置的服务。百度地图和高德地图是国内使用范围最广的两款手机地图导航应用程序。而微信等手机应用程序本身也具有定位的功能。这使得手机催生了“基于位置的服务”行业。基于这样的特点，O2O市场变成了互联网巨头们争夺的战场。其中微信O2O最具想象空间。这也是传统电子商务不可比肩的优势所在。

在这个人手一台智能手机，每人一个微信号的时代，微电商具有巨大的潜力，也具有无可比拟的优越性。但是也总有一些后知后觉的企业和企业家没能及时地发现这一点。不过，当他们发现了这个商机之后，他们往往会取得连他们自己都没有想到过的巨大成功。武斌和他的新兴面膜企业“俏十岁”就是这么跌跌撞撞地走向成功之路的。

【案例2】俏十岁：从传统模式的失败，到微信电商的成功

- **线下渠道的建立与困境**

俏十岁是一个新兴的化妆品品牌，而创始人武斌是一个成功的传统商人。一开始，武斌便选择了线下渠道作为自己大展拳脚的天地。然而理想很丰满，可现实让

武斌很受打击。2013年年初，俏十岁在北京太阳宫凯德MALL开设了一家专柜。3月，俏十岁在太阳宫凯德MALL正式营业后，以第一个月1万元，第二个月2万元的惨淡业绩碰了个灰头土脸。这样惨淡的业绩直接导致了俏十岁步履维艰。而这个时候的武斌更是承受了巨大的心理压力。

为了走出困境，俏十岁先后招聘了3个市场营销团队，用尽各种传统的营销方法，在1亿元的前期准备基金都挥霍殆尽的情况下仍看不到任何希望。于是传统商人武斌终于意识到了用这些“老旧”的方式打天下着实已经不那么靠谱了。这个时候，武斌开始谋求改变。

- **免费的商业模式，引爆微信裂变**

东西卖不出去，大量积压，怎么办？送人呗！武斌将自己的俏十岁面膜送给自己身边的朋友。东西若好用，则巷子深也还是会有人能发现的。武斌的朋友用了武斌送的面膜普遍觉得好用，于是，好酒就具备了冲出深巷的可能性了。

武斌的面膜好用，所以武斌的这些朋友开始将面膜的使用心得和产品照片“晒”到了微信朋友圈和微博中。也因为武斌的面膜确实很有效果，不少朋友开始向武斌进货，在武斌的允许之下销售俏十岁面膜，而武斌也由此开始了自己的微信微电商之旅。

“酒香真的不怕巷子深”，经过武斌的这些朋友的微信朋友圈营销和口碑传播，俏十岁面膜从一开始只能零散销售小打小闹，到最后大量批发供不应求。在短短的几个月内，俏十岁就在微信的朋友圈里面爆红了。这个时候，俏十岁把握机会，开始了正式的微信朋友圈营销。而这样的微电商形式也让武斌在传统方式的牢笼中一下子突围了出来。

后来，俏十岁以微电商概念为基础，拉来十几个合作伙伴，给这些合作伙伴统一供货，让他们在网络上，尤其是在微信上面进行销售。这样的模式让俏十岁及这十几个合伙人的销售量和赢利能力逐渐攀升。没多久，在微电商，尤其是微信电商这个方向上，俏十岁便打出了自己的一片天地。再后来，俏十岁变成了全网最火，卖得最好的面膜品牌之一。其成了微信电商卖面膜较为成熟的模式典范，也成为全国各地各种面膜品牌争相学习的典范。

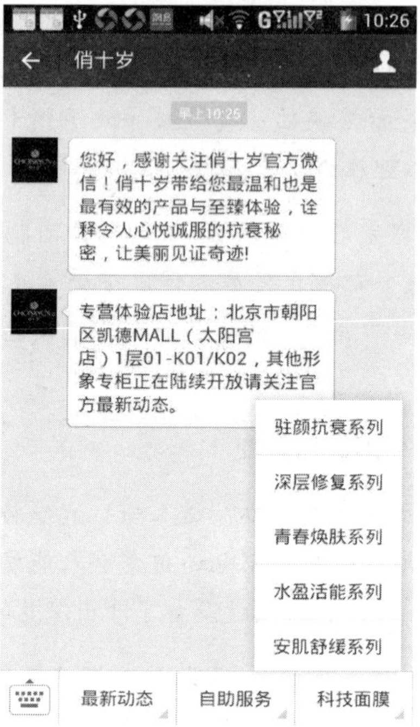

（俏十岁的微信公众号）

1.3 微电商的发展趋势分析

做微电商能赚钱吗？不赚钱能有这么多人前仆后继吗？可以肯定的是，微电商的发展前景很大，尤其是结合了O2O的微信电商，不久的将来也许我们的柴米油盐都会在我们用微信跟朋友聊天的同时就直接搞定了。

微电商确实是值得期待的新鲜事物，也是好玩的事物。不少人现在已经对微电商虎视眈眈了，都想从微电商这块大蛋糕上分到属于自己的那一份。不过你既然想要去分这块市场，那就必须得先了解这个市场，不然蛋糕是很难吃到的。那么微电商的发展趋势会如何，微电商的市场会如何变幻呢？

先来看一下谁会成为微电商的主体。将来的微电商市场应该是纷繁复杂的，不管是张三还是李四都可以做微电商。关于微电商的主体大概可以分为以下几个。

1. 个人开微店

在微电商时代，个人“微店”（目前常见的微店主要有微信小店、京东微店、淘宝微店、微店、口袋通微店等）将会遍地开花。开一个微店卖自己独有的产品和服务将会是一件时髦的事情。不同的是，个人微店所提供的产品和服务的质量将会更有保证，因为微店主的客户中有许多是他的朋友，店主总不能把劣质产品卖给自己的朋友吧。这种既坏了名声又伤害朋友的得不偿失的事情，相信不会有人做。另外，个人开微店只需要在移动端也即是手机或者平板电脑中就可以搞定，在随处可用的移动网络环境下进行店铺运营更加方便而且灵活。因此，会有更多的人投入到微店的创业当中来。下面看看微店创业和淘宝创业的对比图。

	微店创业	淘宝创业
成本	无需押金、无需加盟费，完全零成本	需要缴纳1000元的保证金
找货源	所有品类的现货由厂家发上来，微店主无须找货源	需要自己找货源，品类还不丰富，很难齐全
装修网店	现成的正品商城，无须装修网店	要很专业才能搞得像样，要折腾很久
发货	厂家直接给消费者发货，省时省力	需要自己打单发货，零零碎碎的快递单，烦！
售后	售后由厂家直接服务，无须微店主折腾	做掌柜很辛苦，天天亲来亲去，讨好顾客，一不小心就得差评，心累！
推广	让无数人的加盟你，逐个成为你的分销商，终身绑定，客户有积累	天天是自己推广，缺乏延续性，很难带来流量

（微店创业与淘宝创业对比）

个人开微店做微电商将会具备小而美的特点，个人化、个性化的特点也会一览无遗。个人微店所出售的产品可能是店主自己喜欢的产品，也可能是店主自己独有的比如类似家乡特产之类的产品。这会让每一个个人微店的形态都不一样，显得很个性化、精细化。

而产品的独特性，也让个人微店的产品和服务在技术上和货源上具有排他性的优势。换句话说，也就是独此一家，别无分店，不在我这买，你就买不到这样的产品和服务。

个人微店的另一个特点就是，个人微店的交易大多数属于朋友圈内的交易，可以实现一对一的服务，比较容易让客户满意，也比较容易与客户成为朋友，从而成为自己的老客户。

个人微店还有一个比较显著的特点：有利于客户之间的口碑相传。由于个人微店的大多数客户都是店主的朋友，所以个人微店店主的朋友也非常乐意向他自己的朋友推荐你的产品和服务，从而为你的微店带来更多的新客户，形成一个良性的循环。当然，前提是你的产品和服务必须足够好。

目前，爱店汇、口袋通等都是不错的个人开微店的平台。不过最具潜力的个人微电商平台还非微信莫属。微信有超过8亿的用户，而微信正在积极完善自己的商业态势。虽然目前微信小店只能通过服务号来开通，但是谁也不敢保证政策不会变，而微信想要革掉淘宝的命，那么采用C2C的模式进行全民开店的商业化运营必定是一个很好的方式。所以，一旦个人有权限开通微信小店或者类似的产品之后，那基于微信平台的个人微店就会遍地开花。

【案例3】手链私人定制，王雪开微信小店做副业每月收入两千元以上

全国每年都会有大量的高校毕业生面临着就业问题。大学生毕业后一般会有两种就业方式，一种是找工作，另一种是自主创业。而刚毕业的大学生中有很多人难以找到合适的工作，自主创业对于大多数毕业生来说更是天方夜谭。某大学毕业的王雪和许多毕业生一样面临着就业问题，于是暂时没有找到工作的王雪利用微信做起了“手链私人定制”的生意。

王雪的产品主要针对“80后”和“90后”的潮流女性，主营手链定制，并且定价在300元以内，她的小店很快就吸引了大批粉丝的关注。

每天在上班时间王雪会在朋友圈里更新产品，并会亲切地提醒“亲，我的东西很潮，很诱惑”，以达到亲近粉丝的目的。

王雪说：“我只卖好东西，我的微信加的都是好友和同事，我要把店铺做成良心工程。”如今，靠着微信卖手链，王雪每月的收入在两千元左右。

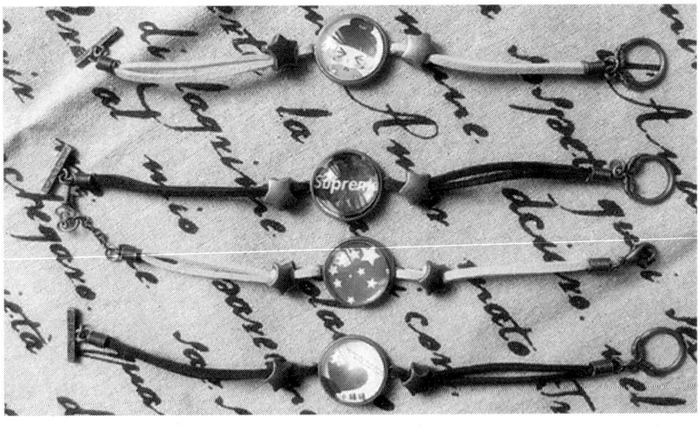

（王雪的微信小店）

2. 传统企业微电商化

在国内，有那么一大批企业，它们被称为“传统企业”（笔者认为，在中国似乎有这么一种现象，那些成立得较早尤其是在互联网大行其道之前成立的企业，以及生产或者销售传统产品的企业都被简单粗暴地统称为“传统企业”，这多少让这些企业有些不爽。互联网也只是一种行业，不过相比这些传统的行业具有了更大的颠覆力罢了。笔者在这里也为这些所谓的“传统企业”鸣不平）。不过话又说回来，由于这些企业不擅长运用互联网思维来运营企业，也不擅长使用互联网的各种工具武装自己，目前正面临着互联网时代尤其是移动互联网时代的冲击。但是传统企业并不会甘心变成时代发展的牺牲品，他们也在谋求变革。事实上，有不少企业已经做出了喜人的成绩，比如铁匠世家。

【案例4】铁匠世家成功转型电商领域

铁匠世家是典型的传统企业，但在互联网浪潮来临时铁匠世家毫不犹豫地进入了互联网领域。在互联网普及的时代背景下，消费者普遍喜欢个性化的产品，因此传统手工艺也必须围绕这一点进行生产。铁匠世家从个性化、差异化出发，结合传统手工艺品的独特艺术魅力和实用价值逐渐在电子商务领域取得了可喜的成绩，实现了从传统企业到电商企业的转型。

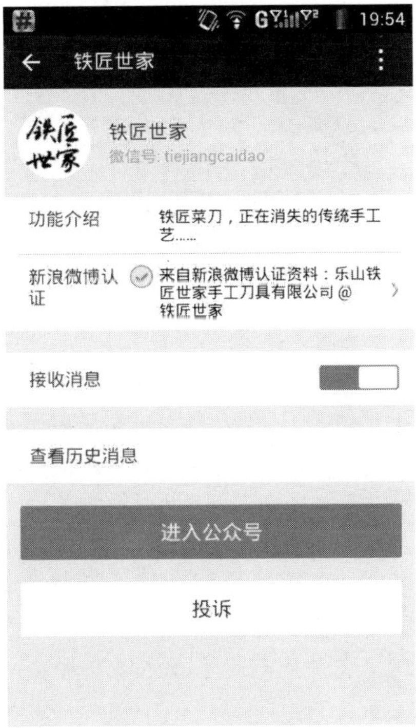

（铁匠世家的微信公众号）

自2010年以来，在这4年时间里，铁匠世家以微博、淘宝、微信为主要的全网营销策略，通过个性化定制及不断优化服务的方式使得铁匠世家在2012年开始长期占据淘宝平台单刀销售的榜首位置。

微电商时代的一大特点是网络技术不再成为企业进入互联网的绊脚石。而传统企业虽然没有互联网基因，却拥有让人艳羡的各种硬实力和软实力，这成为他们进军微电商最有利的条件。虽然传统企业自己很难做成像京东这样的大电商平台，但是传统企业完全可以做微电商。

传统企业有强大的业务基础，在O2O模式逐渐成熟的背景下，传统企业完全可以利用强大的线下业务能力连接线上，利用自身的线下资源实行O2O运营，从而实现进军微电商并在微电商领域中赢得属于自己的市场。而微信的到来，也帮助传统企业大大减少了进入移动互联网领域玩转微电商的技术障碍。

微信是移动互联网时代人与人之间的强关系连接纽带，是一个天然的CRM管理工具。而传统企业的CRM管理一直都是其薄弱环节，因此传统企业完全可以利用微信的社交性和CRM管理的属性对客户进行管理。同时，微信用户已经超过8亿人，传统企业完全可以在微信平台上开拓新的市场，尝尝新蛋糕的滋味。

【案例5】好药师微信小店10天突破5000笔订单

好药师大药房连锁有限公司本是一家强大的线下连锁药店，成立于2003年。近年来好药师一直在谋求改变。2014年4月，好药师率先开通了微信小店，创造了令人咋舌的10天内就突破5000笔订单的成绩。

好药师曾经是一家典型的传统企业，其线下连锁店销售成绩非常惊人。总部设在武汉的好药师大药房有限公司在上海、北京、湖北、江苏、山东、河南、福建、新疆、安徽等省份设立了10多家连锁分公司，线下有2000家零售药店，可谓是医药行业的“巨无霸”。但也就是这样的“巨无霸”却敢于革掉自己的命，彻底换了一个玩法！就这勇气，你说那些和他作对的竞争对手不服行吗？不管你服不服，反正我是服了！

近年来，好药师力求在电商上大展拳脚。利用全国2000家的零售店，以及其线下配送速度快且灵活的优势，好药师开设微信小店与药急送O2O完美结合，实现了O2O闭环，打了一场漂亮的微信O2O胜仗！

好药师的微信小店上线后，其利用微信小店的社交属性和天然的CRM系统，以及数据管理系统，与线下零售店实现无缝对接。利用积分体系、线下活动等手段玩起了O2O。只要在微信上下单，好药师的微信小店就可以安排附近药店进行快速配送，完美地解决了O2O最后一公里的闭环环节。

好药师微信小店上线后不久，2014年巴西世界杯就到来了。这也给了好药师一个大展拳脚的机会。好药师利用世界杯这个火热的全民话题，推出“球星大竞猜”“你猜我送”“不要太Crazy”等活动，主推熬夜、清火的商品，一时间让好药师的微信小店又锦上添花。当然，借助世界杯之势来炒作话题，进行活动营销并不能称得上是多么高深的创意，但关键人家玩起了微信小店，而这一秘密武器还真不是浪得虚名，说不定好药师的对手们经此一役全都在家“吐血”了。

好药师微信小店这一小步的成功，是传统企业成功走向微电商的一大步。这一步的成功是好药师的成功，也是微信O2O的成功。好药师微信小店的成功基于以下几点。

（1）微信小店的便捷性

好药师微信小店的开通不需要担心技术上的问题，因为微信小店针对的就是互联网“小白”。微信小店将店铺模板化，便捷易懂的开店方式让其门槛降低，从而在运作当中也大大增加了其使用价值。另外，微信小店这个新奇玩意也颇具吸引力，毕竟尝鲜也是人性的一大特点。

（2）微信小店的数据分析功能

微信小店会记录精准的关于店铺数据营收报告、用户行为分析等数据，并增加了很多分析功能，让运营者可以通过分析运营数据和用户行为习惯而完善店铺运营的合理性，增加用户的黏度和回头率，降低运营成本，从而实现大幅度提升运营效果。

（好药师的微信公众号）

（好药师的营销活动）

综上所述，传统企业微电商化是时代发展的必然性，也是传统企业谋求出路的最好方式。所以，传统企业也必定是将来在移动互联网时代背景下微电商领域中最不可或缺的玩家之一，也是最生猛的玩家之一。这一点我们从目前一些已经成功的传统企业做微电商的案例中完全可以预测出来。

3. 互联网巨头做微电商

百度、阿里巴巴、腾讯被称为国内互联网的三巨头。而这三巨头在微电商时代也毫不例外地进入到了微电商领域。其中最引人注目的莫过于腾讯的微信电商了，它是最有可能主宰下一个互联网浪潮的平台。当然，除了巨头之外还有“巨人”，例如亚马逊、当当网、1号店、新浪微博、京东、苏宁易购、国美在线等。

从清洗微信朋友圈的恶意营销、限制微信用户好友数量、推出微信支付功能、推出微信小店、推出微信推广功能、加强公众号数据分析功能，到向微信服务号开放模板消息等一系列动作，我们不难看出微信的商业化脚步正在逐渐加快。

而联合京东、整合大众点评、整改易迅和腾讯拍拍等兼并收购的大动作正说明了腾讯正在拆阿里巴巴的台。2014年8月29日，腾讯与百度及万达集团合作成立万达电商，将其全力打造成全国最大的O2O品牌。有意思的是，在万达电商成立的前夕，美国彭博新闻社刚刚发布了富豪榜，阿里巴巴的创始人马云已超越万达集团的王健林成为中国首富。而腾讯的马化腾、百度的李彦宏、万达的王健林分别位列富豪榜的第二、第三、第四名。这也意味着国内富豪榜中的前四名都在抢占互联网资源，尤其是在微电商领域和O2O上展开了激战。几位大佬、首富互相掐架，应该是我们这些消费者最想要看到的，因为这不仅能促使电商的快速发展，而鹬蚌相争，我们这些“老渔翁”也能得到实实在在的好处，就好比每年万众期待的11月11日那般。

4. 微电商以生活服务及零售业为主攻方向

从2009年开始，团购网站风靡了大江南北，一时间在全国各地的各个角落里催生了各种“团购妹”、“团购哥”甚至“团购大妈”等团购“发烧友”。这些“发烧友”跟“剁手党”过起招来丝毫不落下风。而今天，在经过“千团大战”的喧嚣之后，市场回归了到了理性，“团购妹”们估计也转行做起了“剁手党”。而美团通过行业洗牌成功登上行业老大的地位，美团已经成为网民最喜欢的网购网站之一，同时也代表了一种模式的成熟——团购，是O2O模式最常见的形式之一，提供给消费者最多的莫过于餐饮娱乐等服务类的产品。这是团购的特点之一，也是拥有浓重的O2O属性的微电商一个特点和发展趋势，未来微电商的主要方向将会是生活服务类商业及零售业。

LBS、SNS、二维码支付是未来微电商的3个重要属性。从这3个属性的特性出发，指向的便是微电商将会以餐饮娱乐等生活服务类行业的产品为主。便利店、餐厅、生活百货、生鲜配送等将是未来微电商重点开发的领域。这些领域是非常适合进行O2O运营的领域。在O2O越来越火热，越来越与微电商靠拢的背景下，这些领域必然会成为微电商最爱不释手的蛋糕。

而家电等这些传统电商比较青睐的产品不会成为微电商商家的主攻产品，这是由微电商的社交性、LBS属性所决定的。微电商的商家和商品大多是本地化的，而微电商的客户如果有购买家电等产品的需求，选择在线下直接交易的倾向性仍然是非常大的。而且家电等大件产品的消费群体年龄相对比较大，对新兴的微电商并不太感兴趣，却能熟悉地找到本地物美价廉的商城。此外，对于较少接触微电商的他们来说，线下交易还能给他们带来安全感，毕竟他们自己能看得见摸得着的商品。

5. 微电商将会带有浓浓的O2O气息

几年前，O2O还是不被大多数人所看好的领域，但是几年后的今天，O2O已经成为耳熟能详的商业名词，就好像丑小鸭一下子变成白天鹅，这不仅让小伙伴们都惊呆了，而且还很励志。

O2O在未来十年将会是互联网公司激战的战场。百度推出百度糯米，阿里巴巴推出购便利、收购高德，美团已经开始赢利，万达开启万达电商全力抢占O2O市场，而腾讯的微信O2O更是公认的未来十年内最有潜力的O2O平台。整合了大众点评网，目前已经拥有过亿用户的微信做起O2O来，必将是一艘巨大的航空母舰，战斗力超群！

O2O的不断向前发展必然会导致传统电商的弱化。有人说传统电商在3年之内就会玩完。虽然这有些小看了传统电商的“抗击打能力”，但是也不无道理地指出了O2O的来势凶猛。

微信以其微信公众平台的开放性、微信8亿用户的强关系性，以及优越的社交性和LBS属性等优势具备了玩转O2O所需要的条件。在整合大众点评、开通微信小店、完善广点通、不断升级微信公众账号，又对朋友圈、微信用户整改后，一步步地改造微信的生态系统，一步步地实现商业规划布局，一个完美的微信O2O商业态势已经呼之欲出了。

在微信小店推出之后，口袋通、微店等曾靠着微信这棵大树乘凉的第三方微电商平台迅速走向没落。在传统电商顶着“压力山大”，喘着粗气的背景下，微信一步步发展成为下一个“阿里电商”变成了一件很有可能发生的事情。届时，微电商的时代，或者说以微信O2O为代表的微电商时代将缔造另一个辉煌！

1.4 微电商和微信之间有什么结合点

生活在这个时代，我们不难发现一个有趣的现象，那就是生活中的很多东西都喜欢带一个“微”字，例如“微烤吧”、“微酒吧”、“微电台”、“微小说”、“微游戏”、“微测试”……林林总总，甚至连菜市场里卖萝卜的阿姨都恨不得给自己起一个“微萝卜”的摊名，这简直是无“微”不欢的“微时代”啊！

因为，大家生活在这个“微”时代，所以大家都在讨论“微”生活。当然，当人们一讨论到“微”的时候总也少不了微信。截止到2014年10月31日，微信已经拥有超过8亿的用户。基本上每一台智能手机上都装上了微信。微信的普及率已经达到了惊人的程度。微信已经强大到能影响一个人的正常生活和工作，微信也已经影响到了一个公司的正常运行。微信也在悄然地改变着我们身边的商业形态。那些在招牌上打上“微”的“微饮吧”“微酒店”“微课堂”等，也正是看中了“微”的商机。

而微电商这个稍显“术语”范儿的名词，如今在各行各业中也是用烂了的词语了。虽然是新兴的名词，但是在人手一个微信的社会里（有的人有好几个微信甚至几十个微信号，要说这些人用这么多微信号只是为了和朋友保持联系而不是用微信开发商业价值，你会信吗？），微电商这个名词也随之以闪电般的速度普及开来。那么微电商和微信之间又有什么关系，微电商和微信之间又有哪些结合点呢？我们接着往下聊。

微电商是一种商业形态，而微信最被大多数人所接受的则是它是一款即时聊天手机应用程序。这是微电商和微信最大的也是本质的区别。从这个角度出发，微电商和微信可谓是没有半毛钱的关系。但是事实上，微电商和微信之间的纠缠又何止千丝万缕，以致有些行外的朋友会把两者混为一谈，误认为微电商就是微信，微信也就是微电商，如此而已。

事实上，微信作为一款拥有8亿用户的即时聊天应用程序，同时也就具有了无限的商机。“有人的地方就有商业”，而有微信的地方肯定就会有微电商。这就是微电商和微信两者之间的关系。

微信既然坐拥了庞大的用户数量，那么微信自己及那些企业家们必然要将其利用起来，挖掘其商业价值，创造利益。于是，微信电商的概念也随之而来。

当然，随着微信的不断升级，微信如今已经是集IM、SMS、API开放接口、PayPal等属性于一身，并且不断朝着一个闭环的商业模式发展的商业平台，而不是纯粹的聊天工具了。在这个平台里，微信连接了人与人、人与服务、人与物。在不久的将来，我们就能看到微信所铸造的“未来电商”的完整面目。届时，移动电商将是未来电商的主流模式，而如今依赖于PC端的电商模式将会变成非主流的电商模式。

如今，在朋友圈里面做买卖已经不是什么新奇的事情了，虽然腾讯并不支持朋友圈营销，甚至出台政策打压朋友圈中的恶意营销，但是利用朋友圈做销售的人很乐意将自己变成为“微商”。这些人会利用朋友圈的特点，以及朋友圈的图文、语音、点赞、评论、转发、微信群等功能在朋友圈里面完成电商的推广、客服、销售、支付、代理、后期服务，甚至还有培训等环节。因此，将这种利用朋友圈进行营销的行为称之为微电商也并不为过。

因为微信具有强烈的微电商潜力，因此微信和微电商必将长期地“缠绵”下去。微信电商在不久的未来将会是移动互联网时代的主旋律。

通过上面所罗列的一些现象和场景，我们可以大致将微信与微电商之间的关系进行概括。从这些简单的概括中我们即可直接客观地了解微信与微电商之间的纷繁复杂却又简单明了的关系。

1. 微信和微电商是本质上并不相同的两个东西

（1）微信是一款即时聊天应用程序，是类似于手机QQ为用户提供即时沟通交流的聊天工具。

（2）微信的公众号是一个企业或个人为其受众提供服务、管理、数据分析的CRM管理工具和数据统计分析工具。

（3）微电商只是一个概念，是指在移动互联网时代利用微信、微博或者其他APP从事商业活动的行为。

2. 微信和微电商之间具有强烈的交融关系

（1）微信整合了京东商城、易迅、大众点评、腾讯拍拍，实现了买彩票、买电影票、为手机充值、订飞机票等功能，俨然具有一个综合大型超市的形态，具备强烈的微电商属性。

（2）微信支付是微信最重要的功能之一，是整个微信商业生态中最关键的环节，微信支付的开通让微信拥有了将流量变现的可能。支付，作为微电商需要迫切解决的问题在微信这个平台已经得到解决，这也就让微信变成了一个拥有明显微电商气质的大型平台。

（3）微信具有O2O属性。在二维码发扬光大的历程当中，离不开微信这位大将。反过来，二维码的大热也给微信带来了无限的商机。二维码是打通线上与线下实现O2O闭环的重要一环。通过二维码，微信可以将线上的流量导向线下，也可以将线下的人流导向线上，实现增加用户、完成购买的目的。另外，微信“钱包”功能里的“吃喝玩乐”“电影票”“机票”等功能也都具有O2O属性，有强烈的微电商属性。

1.5 如何搭建一个微信O2O平台

“我在家，想喝杯咖啡，没有外卖电话也不想上网查，怎么办”“我想订机票”“我想叫出租车”“我想购物”“我想叫外卖”……这些你都能用微信解决。

在现实生活中我们有很多生活服务类的需求，如今我们通过一个微信就能把所有的服务都装进口袋里。

同样，当你在逛商场时，你也可以通过微信扫描商品的条形码来了解商品的信息，也可以通过扫描二维码进行支付；你可以通过微信将商品上传到朋友圈，让朋友给你意见再决定要不要购买；你可以直接利用微信在购买商品后选择“送到指定”位置，即可不用带着任何东西继续轻松地逛街。

当你逛累了，你还可以通过微信的“附近的人”或者“我”里面的各种功能查看到附近的电影院、餐厅、饮品店等，然后轻松下单预订，通过LBS服务轻松找到最便捷的到店路线。到店后你就可以愉快地用餐、看电影，然后分享到朋友圈了！

以上这些场景如今通过微信都已经可以实现。而这些便捷的购物、服务场景就是微信O2O的常见场景。

因为微信如此便利，因为微信有如此巨大数量的用户，也因为微信展现出来的无限商机，这让所有有慧眼的人都蠢蠢欲动！通过微信确实能帮助很多生活服务类的中小商家把微信上的流量导入到自己的线下店面内，实现消费，完成O2O闭环；通过微信也可以实现将微信的客户变成自己的客户并对其进行有效的CRM管理，以及挖掘其消费价值。一句话，通过微信确实能实现有效的O2O运作。可关键是这个微信O2O平台怎么搭建，怎么玩转这个微信O2O平台，使其行之有效？

微信有微信个人号及微信公众号两种不同性质的账号形式，而微信公众号又分为订阅号和服务号两种。因此，要利用微信搭建起一个O2O平台就要注意利用不同性质的账号，并且要结合自身的线上及线下的资源同时进行。微信个人号、微信公众号的订阅号和服务号要同时开通，互相配合，才能搭建一个完美的闭环的微信O2O平台。

1. 微信个人号

利用微信个人号来做企业、商户的O2O平台可以在一些细节上面做文章。细节决定成败，这是真理。细节做得好，也能起到四两拨千斤的作用。

（1）个性签名

一个好的个性签名可以吸引粉丝的关注，当有人通过“附近的人”这个功能找到你时，他能通过你的个性签名看到你的地址、服务类型、产品等各种简单介绍，从而有利于你将微信上的流量吸引到你的店里来。

（2）头像

同样的道理，你的头像可以用清晰的带有店名或者店铺招牌的照片，也可以用你自己的照片。总而言之，头像必须真实、清晰。

（3）微信昵称

微信昵称不要用一些非主流的字体，也不要用标点符号或者一些难记难懂的特殊符号等。微信昵称要简单易懂，并且能透露出你个人其企业信息，比如“××公司.×××”这样的格式。

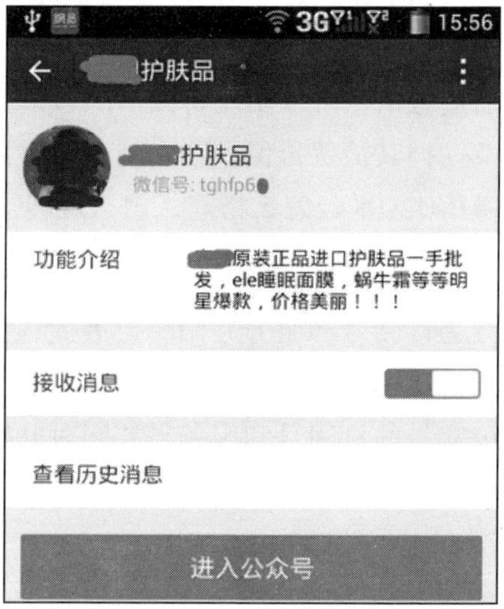

（4）微信号

每个微信个人号都可以设置微信号。微信号可以是字母加数字、手机号码，也可以是QQ号码等。微信号的设置原则是简单易记，切记不要设置得太复杂。

（5）朋友圈

微信的朋友圈很适合做O2O营销。如今在微信朋友圈中卖面膜、卖奢侈品或者推销自己所特有的产品的很多个人微信号都已经赚到了“第一桶金”。虽然微信并不扶持微信朋友圈营销，但是微信朋友圈所特有的营销性质还是很值得利用的。微信朋友圈有利于将线上资源引导到线下，也可以将线下的产品展示到线上。通过微信朋友圈，可以结合线下的活动一起推广，将线上流量导入到线下的实体店内进行消费。当然，我们不提倡在朋友圈内恶意“刷屏”营销，因为这太伤害用户感情了，要知道友情值千金，咱们就“且圈且珍惜”吧！

（6）附近的人

打开“附近的人”功能，那么你附近的人就能搜索得到你，你也可以主动给附近的人发送信息。“附近的人”展示出来的是每一个账号的“昵称”+“头像”+“个性签名”+“距离”。这俨然就是将线下店铺搬到线上的一个“图片”+“招牌”+“广告语”+“店址”的广告位，这个广告位还是广角的，附近所有的人都能看得到。

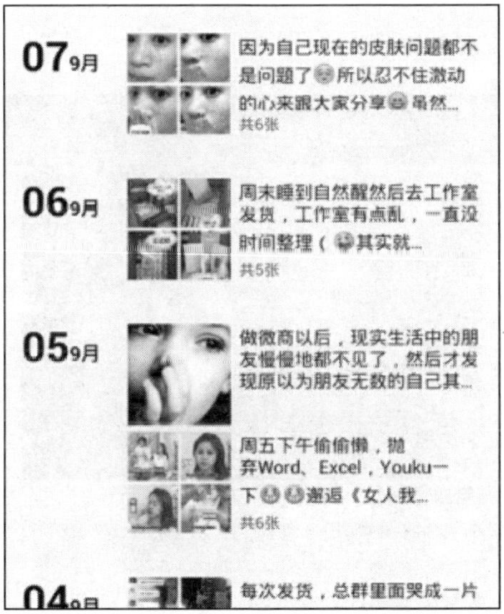

另外，微信的漂流瓶，以及微信的“摇一摇”功能、“雷达加朋友”、“面对面建群”、“微群”等功能都是将线上流量引导到线下的很好途径，也都是可以尝试的。相信未来微信还会推出各式各样的功能来满足广大用户的需求。

2. 微信订阅号

微信公众号的订阅号每天都可以向粉丝推送1次文章，每次最多可以推送9篇文章。虽然微信公众号的订阅号不像服务号那样可以得到微信开放的那么多API功能接口，但是通过微信订阅号自身所拥有的群发、CRM管理、数据统计功能、客服功能等也是可以大玩O2O概念的。

（1）微信订阅号每天都可以向粉丝推送消息，并且能实现百分之百的达到率，是与粉丝实现“亲密接触”的强大武器，并且还能与粉丝进行互动交流。所以微信订阅号很接近用户，也很容易得到粉丝的好感和信任。如果是经过认证的订阅号则更加容易提高用户的信任度。

另外，通过了微信认证的公众号是可以获得微信自定义菜单的接口的。获得这个接口后微信订阅号可以有针对性地规划和开发适合自己的功能，还可以将本账号的内容分门别类，让用户一目了然，也可以通过自定义菜单与用户进行更多的交流沟通，提高用户体验度。

（2）在每篇推送的文章里可以增加连接线下的功能插件和内容，比如凭借此微信内容可到店享受打折优惠等。或者通过线上推送活动内容，线下参加活动的形式将微信上的流量引导到线下店面，比如瑞司大叔的“石头剪刀布，你赢我买单”活动，其通过在线上宣传活动，将微信粉丝引导到线下店面和店员玩“石头剪子布”游戏，若赢了店员则即可免费获得奖品，此活动收到了很好的效果。

（3）要注意推送的文章质量。好的文章有很多标准评判，但是作为微信订阅号的文章起码要具有“好标题”“好封面”“好摘要”“内容价值高”“排版有新意”这几个基本点。

① 一篇好的文章，首先得有好的并且能吸引人的标题，尤其是近期微信公开了文章的阅读数，愈发凸显好标题的重要性。一个好的标题要简短，易于用户阅读，若标题太长，则阅读要花时间，理解标题的意思又要花时间；一个好的标题要精炼，能让用户一眼明晰文章要传达的意图。要注意的是，可别恶意地做一个“标题党”，那是引起用户产生仇恨的举动，搞不好用户就一去不回头了！

② 文章封面图要精美。通常推送文章的封面图和标题要相映衬，用户看标题的时候也会关注图片，图片精致，用户关注度就高。封面图的形象要与标题渗透的意思相符，这样两者才能完美结合，传达意境。若封面图放一个“小猫喵喵喵”，标题却是“小狗汪汪汪”，我想很多用户都会抓狂的。

③ 摘要要抓住读者的好奇心。标题给力，让用户点击进来看文章，是成功的第一步，接下来就是摘要。吸引人的摘要，足以让用户把整篇文章阅读完。摘要讲究简洁明了、概以全意、引人遐想。

④ 内容要相关并且价值高。其实在图文编辑中，内容是最重要的。许多新用户关注你一种情况是觉得你的文章与自己很相关，还有一种情况就是文章与自己不相关，但是很有价值。另外，文章内容不宜过长，大多数用户都是用碎片化时间来阅读内容的，过长的内容只会加重用户的负担。《红楼梦》虽然精彩，但是让我用碎片化的时间捧着手机把它看完，我会崩溃的。

⑤ 文章排版要有新意。文章排版是很重要的，直接关系到用户是否愿意阅读

下去。虽然现在越来越多的文章在排版上已无明显的差异，但是唯独缺少一些新意。文章排版要有新意，不然就会显得乏味。在个性化的时代，创意是最有价值的资源。当然，排版有新意、有创意也需要建立在保证用户体验的基础上。没事弄一个“杀马特”那可不是什么好创意。

3. 微信服务号

微信公众号的服务号相对订阅号来说具有更多的功能，尤其是其开放了“微信支付”这一功能，更是让微信服务号在做O2O方面有闭环的优势。2014年9月10日，微信发布公告称暂时不对需要开通微信支付的商家企业收取原先一直在收取的两万元保证金，这让做微信电商的企业一度兴奋，也拉起了微信O2O狂飙的一个小高潮。

微信服务号拥有多客服功能、微信支付功能、推广功能。另外微信还对服务号开通了十大接口。正因为微信对服务号开通了这些接口，因此激发了第三方开发公司的无限灵感。在接口开通的情况下，微信第三方开发公司创造了很多有利于微信O2O运营的功能，比如，常见的外卖点餐系统、KTV预订系统等。因为这些接口的开放，让服务号的功能变得十分强大。所以运营微信服务号的一个很好的方向就是针对自己的行业开发一个能结合自己O2O优势的第三方系统。

功能权限	普通订阅号	认证订阅号	普通服务号	认证服务号
消息直接显示在好友对话列表中			✔	✔
消息显示在"订阅号"文件夹中	✔	✔		
每天可以群发1条消息	✔	✔		
每个月可以群发4条消息			✔	✔
基本的消息接收/回复接口	✔	✔	✔	✔
聊天界面底部，自定义菜单		✔	✔	✔
九大高级接口				✔
可申请开通微信支付				✔

权限

权限	描述
语音识别	通过语音识别接口，用户发送的语音，将会同时给出语音识别出的文本内容。
客服接口	通过客服接口，公众号可以在用户发送过消息的12小时内，向用户回复消息。
OAuth2.0网页授权	通过网页授权接口，公众号可以请求用户授权。
生成带参数二维码	通过该接口，公众号可以获得一系列携带不同参数的二维码，在用户扫描关注公众号 公众号可以根据参数分析各二维码的效果。
获取用户地理位置	通过该接口，公众号能够获得用户进入公众号会话时的地理位置（需要用户同意）。
获取用户基本信息	通过该接口，公众号可以根据加密后的用户OpenID，获取用户的基础信息，包括头 称、性别、地区。
获取关注者列表	通过该接口，公众号可以获取所有关注者的OpenID。
用户分组接口	通过分组接口，公众号可以在后台为用户移动分组，或创建、修改分组。
上传下载多媒体文件	通过该接口，公众号可以在需要时在微信服务器上传下载多媒体文件。

（1）会员营销

微信服务号之所以叫“服务号”，顾名思义就是要利用此账号为用户提供服务。因此，微信服务号的营销其实就是一种对会员的营销：通过微信服务号的客服功能完成售前与售后的客服工作；通过微信自定义菜单及服务号功能介绍公司及产品详情的环节；通过微信支付完成支付的闭环、开展优惠活动，以及老客户回馈、每个月向用户发送最多4次的各种通告等都是微信服务号进行会员营销的基本功能。

（2）CRM管理

微信服务号连接客户的微信个人号，即可对粉丝进行CRM管理。通过多客服、关键词回复、语音回复，以及人工回复等功能，微信服务号可以进行售前、售中、售后，以及用户建议和意见、用户投诉等管理工作。

（3）数据分析

微信公众号后台有数据分析功能。通过微信收集的关于用户的大数据，即可分析出用户的男女比例、用户所在地、用户喜欢的产品、用户最想要的服务、用户最迫切想要改变产品的哪些功能和缺陷等。只要善于分析和利用这些数据就能很好地对产品和服务进行改善。

4. 第三方平台

前文提到的微信第三方平台是将微信O2O落到实处的一个很好的运营方式。所谓微信第三方平台是指微信向第三方公司开放高级接口，让微信第三方公司基于这些接口，开发出来适合微信公众号使用的具有营销管理和客户管理等功能的第三方管理平台。一般的微信第三方平台都会具有微官网、业务管理、客户管理、营销活动、实用工具等功能。把这些功能运用灵活了，做起微电商来就是轻而易举的了！

通过“微官网”功能企业可以对公司的产品和服务进行展示；通过业务管功能可以对公司业务和服务进行有效管理；通过客户管理功能可以对用户进行调研、分组、互动交流、设置用户权限及用户预约等高效的CRM管理；而通过“刮刮卡”“大转盘”“转发有礼”“摇一摇中奖”“一站到底”等普遍的营销活动，以及一些高级的定制开发功能则可进行有趣且十分有效的O2O营销活动；另外，通过“火车查询”“违章查询”等实用查询功能，“二维码推广”等常用的功能，以及定制开发的实用工具，可以增加用户对微信公众号的黏度，从而起到留住用户的目的。

（第三方平台示例图）

5. 线下配合

O2O是线上与线下的结合，因此线下门店的配合也十分重要。线下的配合主要以二维码、海报及店员引导等方式，将线下用户引导到线上，让其成为线上的会员在线上进行消费，参与线上活动，再通过微信朋友圈将活动及商家的微信公众号分享出去。

综上所述：微信个人号是一个强关系链，只要连接上了并且善于维护，那“掉链子”的可能性就不大，因此利用微信个人号来增加粉丝、维护客户关系、做口碑宣传都是很有利的。而利用“附近的人”“摇一摇”“雷达加朋友”等O2O性质比较强的功能来将粉丝吸引过来并且变成用户，导入公众号，再将其引导到线下消费，则是一个非常完美的O2O过程。

而微信订阅号优质内容的推送，是利用内容营销让用户产生好感，用服务号为用户提供优质的服务可以培养用户对平台的依赖性，塑造平台的良好口碑效应和影响力，从而打造出一个极佳的品牌形象。当良好的品牌形象打造出来以后，其影响力自然而然也能辐射到线下，以及关联这个平台的个人微信号，比如“中微.莫默”就是一个典型的利用“中微”品牌形象的个性账号的昵称。

微信第三方平台的各种营销功能更是直指“线上参与，线下消费”的O2O模式。微信个人号、微信公众号、微信第三方平台相互辅助，发挥各自特有的优势，通过与线下店面有机地结合起来，就能实现一个完善的微信O2O平台体系。

在这个体系中，利用个人号圈住粉丝、引导粉丝；利用订阅号吸引粉丝、教育粉丝，以及推广、利用服务号服务粉丝、分析粉丝打造品牌；利用第三方平台做线上与线下结合的营销；利用线下铺面活动引导消费，从而形成一个系统的有条不紊的微信O2O平台。

第 2 章
微信最新版本的解读

目前微信的最新版本是微信6.0，微信6.0的特色功能有新增小视频和卡包功能、微信钱包、设置手势密码、游戏中心全新改版。相对微信6.0来说，微信5.4的功能更具商业性及O2O的特点。因此，我们把微信的5.4与6.0这两个最新版本（微信没有5.5至5.9的版本，从5.4一下就到了6.0版本，步子迈得可真是大）放在一起聊一聊。

2.1 微信5.4版本主要更新功能及解读

2014年8月14日，微信5.4版本正式发布。微信的版本更新速度一直都是比较快的，并且微信的每一次版本更新都会增加或优化某些能让用户产生尖叫的功能。升级后的微信5.4版本主要在支付、搜索和通信录方面做了调整。

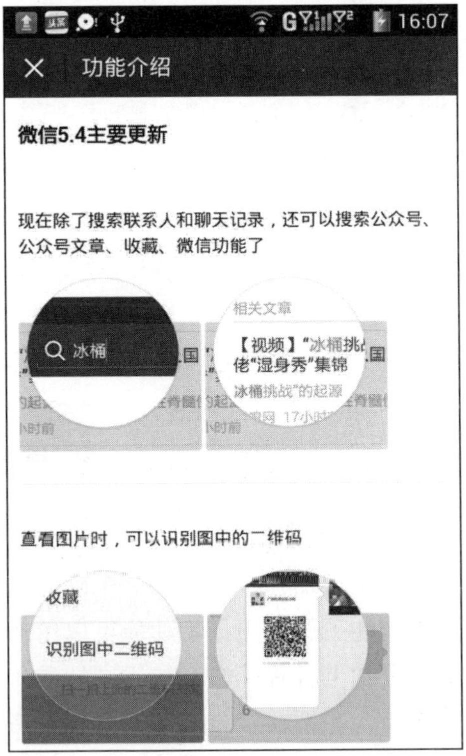

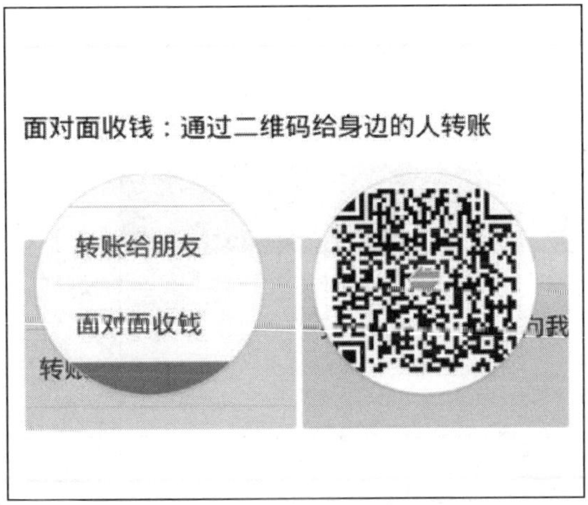

2.1.1 微信5.4版本新增功能介绍

微信5.4版本有哪些新增的功能呢？新增的功能包括“面对面收钱”、加强搜索功能、调整通信录功能等。其中最值得一提的是面对面功能的开通，此功能在后面会介绍，现在我们将新功能分开来一个个地介绍。

1. 微信支付的优化

微信支付这次加入了“面对面收钱”功能，扫描二维码即可转账给旁边的朋友，是极为方便的转账支付功能。

2. 搜索功能的优化

微信5.4版本发布后，其搜索功能比之前版本着实增强了不少。之前的搜索功能只能搜到聊天记录和联系人，微信5.4版本却还能同时搜得到微信公众号、微信公众号文章，甚至还能搜得到收藏、标签等。

3. 订阅号和服务号重新整合

微信公众号在诞生的时候订阅号和服务号是不分开的，直到微信5.0版本之后微信订阅号和服务号被明确拆分开来，让用户了解了订阅号与服务号的区别。但是微信5.4版本又让订阅号和服务号重新整合在了一起。这其中意义何在呢？在接下来的内容里我们会详细讲解。

4. 为通信录增加标签

在通信录中增加标签可谓是“千呼万唤始出来”的功能了，利用标签功能可以给通信录中的好友加上各种标签，按不同性质对好友进行分组，非常便于分类和检索，是一个十分实用的功能。

5. 新功能如何使用

微信5.4版本在用户体验的处理方面做了不少改动，虽然大多是细节方面的优化，但是却使得微信用户在使用微信的过程中所产生的好感大大加强，从而增加了用户使用的黏度和在线时间。当然，这些细节在调整后还有很多用户没“来得及”发现，接下来就介绍其中两种新的功能该怎么玩。

（1）勿扰模式

在勿扰模式状态下，微信不会发出震动提示，非常适合在“休息”“商务谈判”“会议”等需要安静环境的场景下使用。勿扰模式的使用并不复杂，以下是勿扰模式的使用步骤。

①打开新版的5.4版微信。

②点击“我”选项。

③点击“设置”选项。

④点击进入“勿扰模式”设置界面。

⑤点击“勿扰模式”右侧的按钮打开此功能。如果此按钮是绿色的说明这个功能已经打开了。

⑥把开始和结束时间设置好。

⑦设置完成。

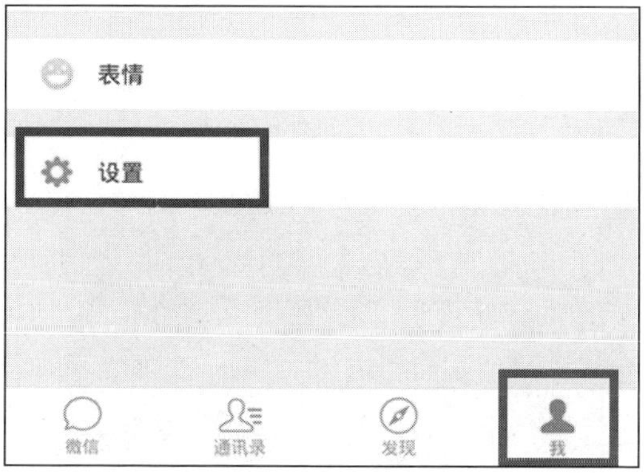

（点击“设置”选项）

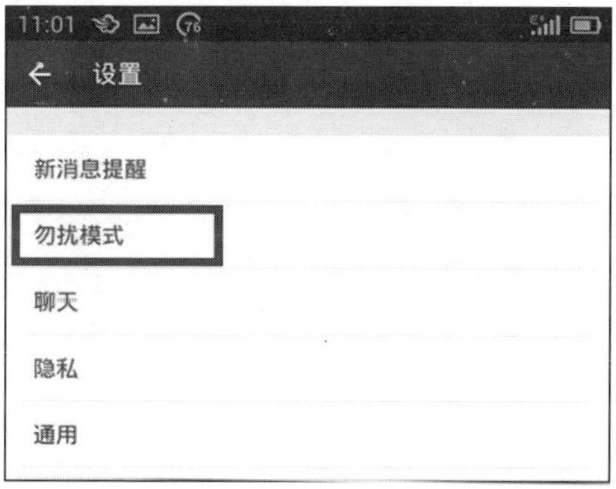

（打开“勿扰模式”设置界面）

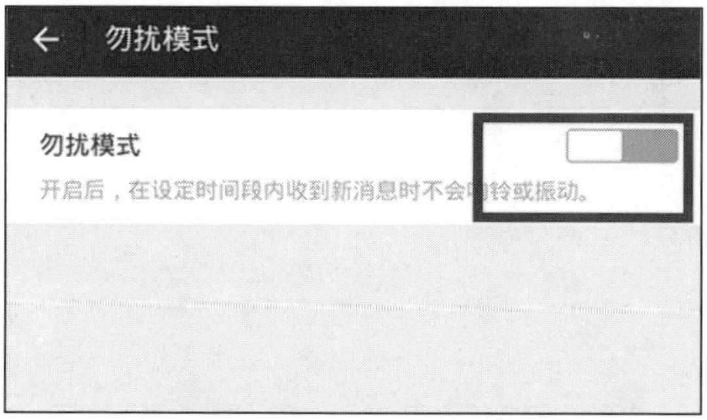

（打开“勿扰模式”按钮）

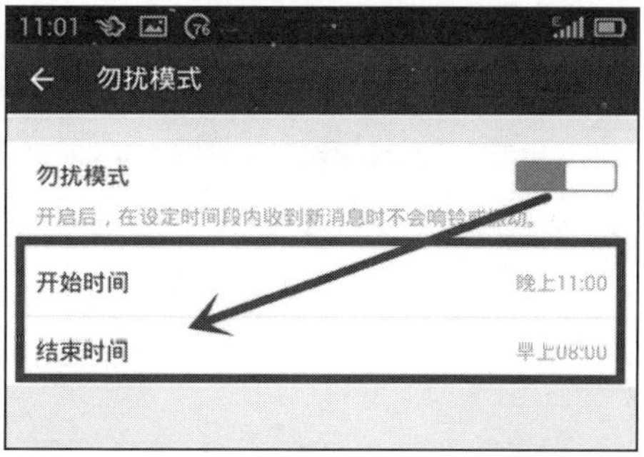

（设置开始和结束时间）

（2）“面对面收钱”功能操作演示图

微信5.4版本中的“面对面收钱”是一个非常方便快捷的支付方式，非常适合朋友之间转账和小商家之间的借款。下面看一看“面对面收钱”功能的详细操作步骤。

①进入到微信5.4版本界面，点击右下角的“我”选项。

②在打开的界面里选择“钱包”选项。

③点击进入“钱包”界面后，点击左上角的“转账”选项就会出现一个漂浮的窗口。

④选择漂浮窗口最后一栏的“面对面收钱”选项。

⑤点击“面对面收钱”选项后出现一个二维码。

⑥此时点击界面右上角的“设置金额”选项。

⑦然后输入收钱的金额并点击“确定”按钮。

⑧让朋友扫描这个二维码，朋友扫描后钱就会自动转到你的账号上了。

（选择“钱包”选项）

（点击“转账”选项）

（选择“面对面收钱”选项）

（点击“设置金额”选项）

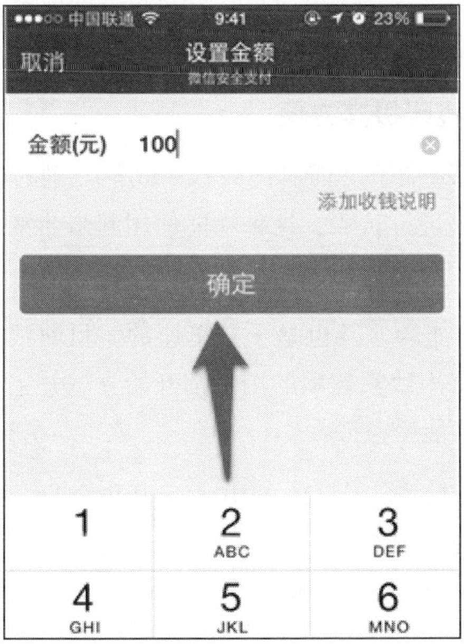

（输入金额）

（让朋友扫描二维码）

6. 其他功能

微信5.4版本的朋友圈权限可以更加私密。不是朋友的评论提醒不会出现在你的朋友圈里。这增加了微信朋友圈的私密性，应该是微信对朋友圈整治的一种措施。另外，在朋友详细资料页面中，视频聊天按钮描述变为微信通话按钮，并且可以选择语音通话和视频聊天，将功能做了细化，改善了用户体验。

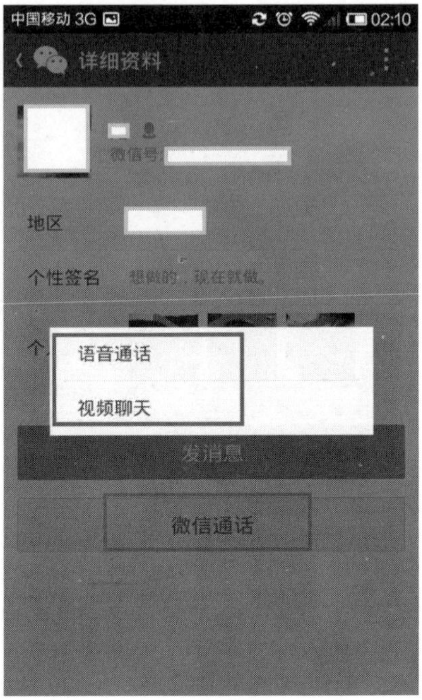

2.1.2　微信5.4版本新增功能解读

微信5.4版本自2014年8月14日发布之后开始就不断引发行业内人士对其功能优化意图的推测和揣摩。微信5.4版本在微信支付、搜索、通信录上的一些细微的功能优化引起了业内的大猜想。微信是移动互联网的航空母舰，微信的一小步改变所引起的风浪足以影响上千万的行业内外人士。而对微信5.4版本新增功能的解读也是业内人士非常热衷的事情。那么，究竟微信5.4版本的改变意味着什么呢?

1. “面对面收钱”功能——二维码转账极其方便

微信5.4版本在支付方面的改变主要是增加了“面对面收钱”功能。通过“面对面收钱”功能，微信用户可以利用二维码进行转账。这种功能使用起来非常方便简洁，跟支付宝的二维码支付有着异曲同工之妙。

而背靠着微信8亿用户的大山，这种功能的普及也是十分迅速的。目前很多需要还钱给朋友的用户，需要跟合作伙伴结算小数额款项的用户都开始尝试并主动传播这样的转账方式，这让“面对面收钱”功能受益颇深。

而这样简捷方便的支付功能，对于天生适合做O2O的中小商家和企业、连锁便利店，以及餐饮行业都有着十分广阔的想象空间。或许过不了多久，我们就能在线上看见满大街的中小型商户和企业将这个功能落地，并结合O2O“玩”得风生水起。

2. 搜索功能的增强

微信一直都在打“强关系链”的牌，而在微信推出的这3年里也证明了微信打的这手牌确实是不折不扣的好牌。但是，微信的搜索功能却显得有些差强人意。在微信5.4版本以前，微信搜索只能搜到联系人、聊天记录等内容，这让用户“很不高兴”。为了“取悦”用户，微信5.4版本的搜索功能还可以搜索微信公众号、微信公众号文章、收藏内容，以及微信功能等。

微信搜索功能的增强是微信5.4版本的最大亮点之一，这对于利用微信公众号来进行企业形象维护、产品推广、活动营销的用户来说，是一个好消息。

在移动互联网飞速普及的年代里，移动互联网的特性也有了不少改变。移动互联网对于类似于百度搜索引擎等的搜索功能的依赖大大被削弱了，但是对于独立的移动互联网应用程序来说，其内部的搜索功能却又凸显出来。一个应用程序的内部搜索做得好，那它的内容在发掘、传播方面就会占据优势，同时带来的就是用户的活跃度，内容的高阅读率和高转发率，以及大量的内容收藏。

而微信5.4版本恰好就在这方面做出了迎合时代步伐的调整。当统一的搜索引擎类的搜索功能逐渐被弱化后，对于拥有八亿用户，以及八百多万个公众号的微信来说，其所面对的就是每天数以亿计的海量信息。所以通过微信搜索功能来进行内容发现就显得尤为重要了。

针对目前微信八百多万个公众号有一万个粉丝以上的不到20%的现状，微信搜索功能的加强来得尤为及时。试想，在拥有不到一万个粉丝的公众号里面，其内容能被多少用户看得到。在每天不断产生海量信息的微信中，其内容及时冲出重围在用户中曝光的几率又有多少？从这个意义上来说，一个微信公众号所造成的波澜并不大，它就像是一艘在微信这片汪洋大海中失联的船只。当然，通过自身运营“掀起巨浪”的公众号也有，但毕竟是少数。而此次搜索功能的加强无疑是绝大多数微信公众号期盼已久的好消息。

相信微信也是意识到了微信公众号所处的这种尴尬境地才在微信搜索上做出了如此精准的调整。这就好比之前微信与搜狗推出的“微信搜索功能”一样，也是奔着为微信用户，尤其是微信公众号解决问题而来的。虽然搜狗的“微信搜索”功能因为是基于PC端的功能起到的作用并不大，但是从这两个举措中我们不难推测出微信正在加强对微信公众号扶持的意图。

也许说到这里，会有不少人对为何搜狗搜索的“微信搜索功能”作用不大感兴趣。其实，微信搜索在刚推出的时候确实引起了不少人的追捧，但细心的人很快就发现了其中的不足。微信主要是在移动设备上使用的，但是搜狗的微信搜索的用户主要是面向PC端的。用户在微信上产生搜索需求的时候再到PC端搜狗的微信搜索上进行搜索是非常麻烦的搜索步骤。这导致用户体验非常差，也降低了用户使用PC进行搜索的欲望。试想，如果能直接在微信上搜索，岂不快哉？于是微信的搜索功能增加便应运而生。

另外，在搜狗的微信搜索上搜到微信公众号的文章后，用户点击阅读的数量是不计算在微信公众号的阅读数量里面的。这对于微信公众号的统计，以及以数据谋取利益的公众号来说，确实是一个尴尬的问题。

在微信的搜索功能增强以后，细心的微信运营者就会发现，通过微信搜索主动去搜索内容的用户行为有所提升，从之前的被动获取内容转变成了主动获取内容。这也是微信公众号运营将来可以利用的一个流量来源渠道。

自微信5.4版本发布以后，基于微信搜索功能的改善，微信公众号与微信用户之间的桥梁又增加了一座。微信在用户与公众号之间的平衡关系整治方面又迈出了坚实的一步。而微信5.4版本搜索功能的加强所散发出来的“微信搜索将会越来越完善”的信号也让微信公众号看到了非常广阔的前景，相信在不久的将来，或许就会出现类似于基于搜索引擎的优化的“SEO”的类似的学问。

3. 通信录栏目的调整

微信5.4版本的通信录栏目中增加了“标签”功能，同时将订阅号和服务号的标签统一为“公众号”。

标签功能是对通信录好友进行更详细地归类的功能，是非常实用和必需的功能，这算是一个不错的功能完善。

比较耐人寻味的是，此前微信公众号的订阅号和服务号是拆分开来的。微信订阅号放在“订阅号”这个“抽屉”里面，而微信服务号却是独立出来的，有消息推送时会有提醒。而微信5.4版本却又把原先已经拆分的微信订阅号和服务号“合二为一”了。这反反复复的动作肯定有是有目的，目前，微信将订阅号和服务号合并起来很有可能是为了给企业号这个“新出生的儿子”腾出生存空间。

2.2 微信6.0版本更新功能及解读

下面再来说一说微信6.0版本的新功能。微信6.0最值得一提的便是“小视频”功能。其有一点用户久久期盼却姗姗来迟的意味，而且好不容易盼来的微信小视频还保留很大的优化空间，好像一个“犹抱琵琶半遮面”的羞涩女孩。另外，微信卡包功能也挺有意思，起到了优化用户体验的作用，也为商家提高了优惠券的使用率。下面就为读者隆重介绍一下微信小视频这个羞涩的小女孩，以及微信卡包等微信6.0的新功能。

2.2.1 微信小视频功能

微信6.0小视频功能可以给好友或者在朋友圈内分享6秒以内的小视频，虽然微信小视频的功能还比较粗糙，比如不能剪切、没有滤镜、不能屏蔽、没有声音特效、更偏向于工具属性，并且只能在微信的强社交关系链中进行分享，相当于一种传递信息的工具，与文字和图片的信息传递功能在本质上是一样的。因此跟美拍等产品比起来，差距还是明显到能让美拍等创业公司暂时睡个安稳觉的。但借助微信的8亿用户，微信小视频的传播力量也非常大。通过微信小视频的传播能给企业或者个人的产品带来极大的曝光率，同时，微信小视频还能给用户带来非常高的信任度，正所谓眼见为实。自微信小视频推出以后，微信在文字、图片、声音、视频的立体式传播模式上又取得了一个里程碑的进步，这是一个即时通信工具不可忽略和省去的发展阶段，微信的生态体系会变得更加完善。

当然，微信不会将小视频这么“随便”地带到世上就不顾不问了，小视频必定会在后期的微信版本中继续优化。微信不会给微视、美拍等产品太多喘气的时间，不久以后微信小视频肯定会从一个羞涩的小女孩长成楚楚动人的大姑娘。届时小视频，除了滤镜、声效等功能，说不定还能分享到微信生态链外面去，那时其他视频类的应用估计别说睡安稳觉了，连打个瞌睡都得战战兢兢了。

以下是微信小视频的三个使用场景及介绍。

（1）在与微信好友交谈的时候，点击输入框旁边的加号按钮便能在打开的页面中找到“小视频”功能，点击进去便能进行拍摄。这种傻瓜式的操作，简单好玩，对微信用户来说极具吸引力。

（2）打开微信朋友圈，点击界面右上角的“相机”按钮，选择“小视频”选项便可以进行拍摄，拍摄结束后即可添加文字分享到朋友圈。对于一直都只能分享图文的朋友圈来说，小视频的加入着实带来了不小的新意，有一种让人耳目一新的感觉。

（3）在微信主界面下，下拉主界面也能出现小视频的拍摄界面。在这个场景下拍摄的小视频可以发送给好友，也可以分享到朋友圈，还可以保存给自己，方便快捷。这里也覆盖了小视频的几种处理方式，使用起来还是挺顺手的。

2.2.2　微信卡包功能

微信卡包功能的主要特点就是将用户的优惠券、机票、电影票、会员卡等放到微信的卡包里面，但是微信卡包是默认隐藏的，在用户没有取得优惠券等信息的时候是不会出现在微信界面当中的。只有当用户扫描了商家的二维码或者以其他方式获得了商家的优惠信息或者会员卡才会出现微信卡包。当用户启动了微信卡包功能后，就可以从商家的微信公众号中获取优惠信息并保存在微信卡包当中，当用户到商家店面消费时便可以省去了携带一大堆传统优惠券及会员卡的麻烦。这对提升商家的优惠活动效果和激活会员消费有不错的效果。

微信卡包的功能起到激发用户从线上领取优惠权限并到线下消费的欲望，是一种典型的O2O运营模式。当用户到达商家线下的店面消费后即可完成一个完整的闭环过程。

值得一提的是，用户通过卡包功能获得的优惠还能通过分享的方式传播或者转送给其微信好友，这相当于为商家免费发传单。微信卡包是一个轻量级的产品，却能承载起从商家优惠券的领取、传播，以及微信用户的到店消费和支付闭环的整个环节，是一款用户和商家都喜欢，微信也能从中获利的产品。一个微信卡包，可谓是一石三鸟，着实厉害！

（微信卡包）

2.2.3 手势密码功能

微信6.0版本的另外一个功能是支持用户为钱包设置手势密码。在微信主界面当中依次点击“我”—“钱包”—右上方的操作按钮—“密码管理”—“开启手势密码”选项，接着输入支付密码验证身份，设置手势密码，便可完成手势密码的操作，从而提高微信支付的安全系数。

（点击“我”——“钱包”选项）

（点击“密码管理”选项）

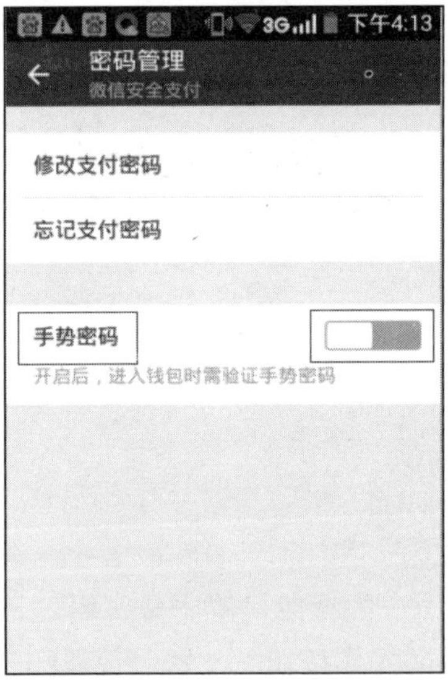

（开启手势密码）

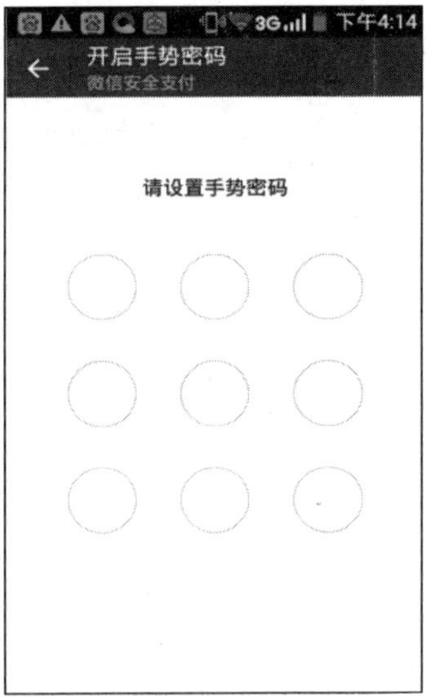

（设置手势密码）

2.2.4 游戏中心改版

游戏中心的改版使得原来游戏中心简单的版式变得多样化起来，界面也显得充实丰富了。通过“好友在玩”功能可以看见好友们都在玩哪些游戏，激发用户玩游戏的欲望。而游戏展示中的“时下热门”功能也对微信用户有着极大的吸引力，另外还新添加了预约功能，帮助用户及时收到上线通知和获取预约礼包。玩游戏是人的天性，微信在激发用户玩游戏的天性上也确实花了不少心思，这对游戏开发商来说是一个好消息。

（微信游戏中心）

综上所述：从微信5.4版本到微信6.0版本，对于之前的版本来说，微信已经进行了相当大的调整，在微信商业化、微信的O2O平台的完善方面有了很大的进步。微信小视频增强了传播功能，微信卡包激发了用户的消费欲望和完成支付闭环，微信支付的优化（面对面付款、手势密码）和微信游戏的完善增加了用户黏度，微信搜索功能增加了信息曝光度，微信通信录的调整是对用户关系的链接继续进行加强。

因此，我们不难看出微信5.4版本及微信6.0版本其实是在对微信用户活跃度进行调整，游戏中心改版和微信小视频的推出，以及通信录的调整都有这方面的作用；用户活跃度提高后便是激发用户的消费欲望，微信卡包的推出，微信搜索功能的增强使得用户不仅能更容易找到商家还能得到商家的优惠，而微信卡包的推出和微信支付的优化不仅让用户到达线下消费更加便捷，也让用户在支付环节上更加方便、安全和有保障，这一系列的动作使得微信的商业化体系更加完善，O2O模式更加趋于完美。

2.3 微信的电商性质

说起电商，网民自然而然地就会想到淘宝、阿里巴巴和马云，尤其是马云，这是一个让女人疯狂，让男人每到“双十一”就为钱包惶恐不安的人。2014年9月19日，阿里巴巴成功在美国上市，成为国内市值最大的互联网公司。而马云也凭借阿里巴巴的成功上市将万达的王健林扯下神坛，成为中国内地首富。马云从来就是网民心目当中，尤其是年轻人心目中“神一样存在”的人物。因此阿里巴巴作为中国最大的电商平台成功上市后，电商在国内引发的探索浪潮将是深远的。

客观地说，腾讯作为阿里巴巴最大的竞争对手之一，此前一直在电商方面稍显劣势。但是微信的崛起，也成为马云最大的“眼中钉”。这是因为移动端电商是未来的趋势，而微信作为移动互联网最大的流量入口，作为拥有超过8亿用户的平台，作为一个社交性、O2O属性都非常浓厚的平台，是最具潜力的移动电商平台，很有可能在将来的移动电商领域超越阿里巴巴一家独大！

2.3.1 腾讯的电商夙愿

电商是一块肥肉，马云将传统电商的肥肉含在嘴里嚼得那叫一个开心。但是移动端的新兴电商，与线下结合的O2O模式的本地化电商至今还没落入阿里巴巴手中，并且还蹿出了一匹与马云一争高低的悍马——马化腾！有人说腾讯是搞社交出身的，没有电商基因，不适合做电商。这些人不过是事后诸葛亮，套用理论的说法罢了。实际上，要是腾讯在电商界占有一席之地，恐怕有的人就又该更新一下说法了。其实说到底，都是因为之前的腾讯在电商上干不过阿里巴巴而已。但腾讯一直都想在电商领域称雄称霸，无奈另一匹悍马着实彪悍。

拍拍网是腾讯的嫡系电商网站，自从2005年成立之后虽然有过不错的开局，但在后来与淘宝的竞争中逐渐败下阵来。易迅网是腾讯阵营中强有力的“电商干将”，但是也没能把阿里巴巴拉下马。两轮交锋下来，腾讯都未占上风。但这也让腾讯做电商的决心更加坚定，可以说做电商一直都是腾讯这个偏向社交化大平台的夙愿。因此，在微信发展如日中天的时候，腾讯将京东也引入到了自己的体系中，让京东成为“微信电商”里的一个“中心化”购物平台，从而一步步走向“腾讯电商”的未来，以完成其多年的夙愿。

从腾讯的电商愿景出发，腾讯一直调整自己，让自己在拥有浓浓的社交属性的同时也希望网民能在其身上看到“电商”的属性。在多年的努力下，配合微信这个突破口，结合自身社交属性优势，腾讯其实已经具备了“社交电商”的新兴电商模式的性质。

2.3.2 微信的社交电商属性

在3年前微信诞生的时候，人们普遍在问一个问题：手机QQ会不会被微信取代？手机QQ此前一直被视为中国网民最常用的手机即时聊天工具，但是3年后微信却取而代之，变成全民化的社交工具。而在商业化方面，微信更是推出了微信订阅号、微信服务号，以及在2014年9月19日问世的微信企业号。这3个“号”具有浓郁的商业社交属性，微信订阅号连接了人与人；微信服务号连接了服务与商业；微信企业号连接了人与企业。在这3个“号”逐渐完善的过程中，微信的商业社交属性也必将凸显出来。

1. 微信支付的社交属性

微信支付并不仅仅是一个简单的支付工具，而更像是一个具有社交属性的简便社交工具。微信在推出了“AA收款”后，又在5.4版本中增加了“面对面收钱”功能，其支付的社交属性不断加强。微信支付通过各种方式完成了对传统支付的一个变革，在支付的流程上、支付的体验上都有了很大突破，尤其是社交属性的逐渐加强。

微信支付只要通过简单的几个步骤完成绑定银行卡后就可以将微信变成一个便捷实用的小钱包。而这个小钱包根据移动支付的场景进行设定，实现了“AA收款”、“面对面收钱”这些场景化非常强且精准，同时又具有社交属性的场景支付。

而值得一提的是，微信支付在开通后，在微信、微信公众号、APP中，以及随处可见的二维码上都可以实现方便快捷的支付。从这个方面来说，微信在支付闭环这个电商必须要面对的难题上已经取得了技术上的突破！

2. 微信朋友圈营销

微信朋友圈营销在2013年和2014年为不少人带来第一桶金，这是社交电商的一次历史性的事件。虽然微信朋友圈营销因为“疯狂刷屏”等原因而饱受诟病，但是不可否认的是这种社交性的电商方式是一种新颖的并且行之有效的方式。别看人家整天“刷”得很累，也别觉得人家“刷”得很没技术含量，但人家真的赚钱了。这种赚钱方式虽然粗放，但随着其逐渐发展成熟，便会慢慢成为人们普遍接受的营销方式。

试想，如果朋友圈里“疯狂刷屏”的现象得到控制，同时每个人都能有足够的朋友圈信息曝光度，则每个人都可以成为一个简单的购物平台。通过朋友圈这个社交属性，并且具有强关系性的平台，每个人都可以卖出属于自己特有的产品。此时，人人都是卖家，人人又同时都是买家，这将是划时代的！这就是微信的社交电商的魅力所在。

3. 微信的社交功能商业化

无论微信版本如何更新都会保留着几大最重要的功能：“查看附近的人”、“摇一摇”及“漂流瓶”。这几大功能是微信的“看家本领”。微信通过这几大功能打造了自己在社交平台中“巨无霸”的地位。而这几大社交功能，其实也具备了微信社交电商的潜质。众所周知，这几大社交功能是微信用户交朋友的利器。然而，其实只要稍微变通，这几大功能也完全可以摇身一变，变成商户手中的电商利器。

（1）附近的人

“附近的人”是指用户可以通过微信搜索附近也正在使用此功能的人。通过搜索附近的人，建立与别人之间的连接，从而达到与其成为朋友的目的。试想，若我们通过“附近的人”功能搜索到的不是附近的人，而是附近的商铺，则将会有无限的商机。当然，我们搜索附近的商家不是为了交友，而是为了找服务。在现代城市生活中，人们的生活节奏非常快，每天在单位和家这两点一线中，除了必要的生活设施，很少注意到单位和家附近有哪些小商铺。连住在家门口对面的邻居是男是女，是老是少都不知道的现代城市居民，对于这么一款只要轻轻按一个键就能了解周边情况的工具简直可以用梦寐以求来形容。“附近的人”就具有成为这种工具的潜质。当然，也许到那个时候“附近的人”就不叫附近的人了，而是叫“附近的店家”、“附近的商店”等。当然，如果有一天你搜一搜发现了“豆腐西施”，那么你买豆腐和交友的目的就可以同时达到了。

（2）摇一摇

“摇一摇”功能是微信里比较有趣的社交功能。通过“摇一摇”功能可以摇到千里之外同时摇着手机的人，也可以摇到身边一起“摇”的朋友，然后跟这些朋友进行交流。微信的“摇一摇”功能目前可以摇到“人”和“音乐”。然而只要稍做改变，“摇一摇”就可以摇到“正在进行的优惠活动”、“正在限时促销的商品”、“正在处理的尾品”等。如果还能在摇到商家或者活动的同时能与一样“摇”到此活动的网友进行互动，那必定更有意思。说不定你能以这样的方式找到一个一同去参加这次摇到的活动的同伴。

（3）漂流瓶

微信的“漂流瓶”功能源自QQ邮箱的“漂流瓶”功能。这个曾经风靡一时的PC端社交工具被微信引入之后，就变成了微信的招牌功能之一。通过“漂流瓶”，微信可谓是火了一把。许多人就是冲着微信的“漂流瓶”而来的。这个新奇的社交方式让网民的生活发生了很大的变化。一时间，用微信“漂流瓶”找到真爱的故事不胜枚举。而微信“漂流瓶”同样也充满着非常大的想象空间。目前，微信“漂流瓶”每天可以捡20个瓶子，扔6个瓶子。这种你扔我捞，我扔你捞的社交性的互动，在商家看来必定是一个很好的营销方式。也许将来的微信会推出类似“集齐5个不同的瓶子就可以获得商家提供的礼品”的活动。

当然，以上关于“附近的人”、“摇一摇”、“漂流瓶”的社交电商的功能都只是一种大胆的猜测。但是，利用微信的“附近的人”、“摇一摇”、“漂流瓶”进行成功营销的案例早已比比皆是。以下几个就是利用这3个功能营销的经典案例。

【案例6】饿的神快餐——“你需要点外卖吗”

有一个叫“饿的神”的微信账号，它是一个经营快餐的外卖账号。运营者利用微信的一个功能——“附近的人”，每天在中午的时候给附近的人“打招呼”，亲切地问上一句：“你需要点外卖吗？”中午是上班族面对老大难问题“今天中午吃什么”的时候。“饿的神”很好地利用了这一点，投其所好，对附近需要点外卖的人展开攻势。结果就是，需要点餐的“附近的人”全面“沦陷”！

【案例7】建设银行——参与“摇一摇”活动赢大奖

“周末尽情摇”活动自2013年7月至12月，每周举办一期。每期活动分为“资格累计期”和“活动摇奖日”两个阶段。建行用户在每周“资格累计期”通过建行手机银行客户端完成指定个人金融业务（例如转账满100元、网购满50元等），即可在每周五“活动摇奖日”参与“摇一摇”赢大奖活动。赢取iPad mini等总价值近千万元的礼品，中奖率极高。

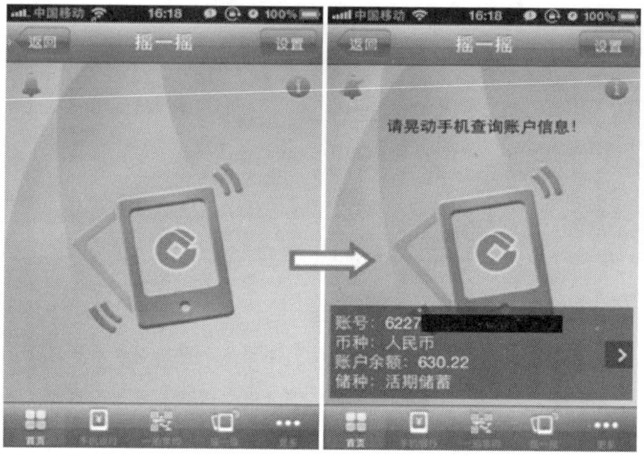

【案例8】招商银行的“爱心漂流瓶”营销

招商银行的“爱心漂流瓶”营销就是一个典型的例子：在活动期间，微信用户用“漂流瓶”功能捡到招商银行的漂流瓶，回复之后招商银行便会通过“小积分，微慈善”平台为自闭症儿童提供帮助。根据观察，在招商银行展开活动期间，用户每捡10次漂流瓶便基本上有1次会捡到招商银行的爱心漂流瓶。招商银行非常完美地利用了“漂流瓶”功能。通过这个活动，招商银行达到了为自己带来高曝光率和打造品牌形象的目的。

2.3.3 微信的O2O性质

微信拥有超过8亿个用户，因此微信能在整个移动互联网中吸引巨大的流量和信息量，其也通过这8亿个用户的强关系链打造了巨大的传播关系网，可以无地域限制地把所有在微信上产生的内容传播给整个移动互联网甚至是PC端的用户。

而微信如此强大的线上资源是完全可以引导到线下来的。一个微信公众号或者企业号、个人号就好比一个巨大的转换平台，不断地将微信的线上流量通过二维码等方式引导到线下，打通线下和线下的通道，建立O2O的完美闭环的桥梁。

微信是做O2O最有利的平台，这是大多数人都认可的观点。因此，微信O2O一定能给“线下有余，线上不足”的传统企业带来难得的机遇。

我们可以设想一下这样的场景：某款新产品上市后，消费者想去购买这款产品。这个时候这个消费者可以选择在传统电商网站上购买，在线上查看产品的功能、特点、性能、物流方式、维修方式、网友评论等，然后直接在线上支付完成购买。如此快捷的方式是年轻人最喜欢的方式。但是不少传统的商家却没有网上商城或者网上商城并不能做到让消费者乐意、知道到这里购买，所以其线下店面就大受影响。

但是在微信O2O的模式下，消费者只需要打开微信找到商家公众号，然后根据商品的各种数据挑选产品，完成下单和支付的步骤。消费者也可以在微信上对产品进行预览和评估，然后再到线下实体店去购买产品。如此一来，商家就可以在微信这个移动互联网平台上直接获得订单，也可以将微信上的客流量导流到线下的实体店面进行转化。这就是传统的商家在微信O2O模式下最普遍可见的“机遇”。

另外，通过微信O2O的模式，商家可以得到由微信O2O平台引导进来的各种线上和线下的数据。对这些数据进行精细化分析之后，就能得出各种关于消费者的消费喜好、消费能力、生活习惯和购买频率等各方面数据，从而利用这些数据做出线上和线下针对不同群类消费者的营销促销方式，真正地做到“投其所好”，提供更多附加的服务，从而带来更多的赢利点！

如今针对微信这个平台的第三方开发公司可谓数不胜数，他们为微信O2O模式提供了各种功能和创意，让微信O2O模式不断地深入各行各业，而其操作性和可实现性也在不断加强。这将会让微信O2O模式对现有的商业模式造成革命性的冲击。

2.3.4 微信的中心化和去中心化电商属性

在这个“去中心化”的时代，我们的信息接收途径早已不再被传统媒体的中心化、广播式的传播方式所束缚了，一个《新闻联播》搞定全国观众已经变得很遥远了；一个百货大楼就把所有的顾客都容纳到一栋房子里面来也快要出现在历史书上了，也许这里还要必须对“百货大楼”这个词进行必要的备注才能有助于读者理解其含义：百货大楼，在互联网普及之前流行的一种购物场所，通过将不同的产品分布到不同的楼层和区域从而方便客户到店挑选……这里所说的当然是玩笑话，但这也是有可能发生的事情。笔者聊这个也只是想告诉大家，互联网的普及对传统商业模式的冲击确实非常大！人们到一个“中心化”的商城进行消费的习惯将受到“去中心化”的商业模式的极大冲击。当然，这里主要指的是线下的中心化商城。

同理，在未来的电商行业中，我们在拥有中心化的电商的同时也必定到处可见去中心化的电商形式。而微信，就是这么一个集中心化和去中心化于一身的商业平台。那么，什么是微信的“中心化电商”，什么又是微信的“去中心化电商”呢？腾讯总裁刘炽平这样解释：“中心化的电商平台，是指即将上线的京东入口，只需要点击进入平台，多种多样的商品就会展现在用户面前；而去中心化的平台，是指商家各自的官方公众号，这类商家主要是有线下实体店的商家。”

这是一个自媒体时代，微信除了拥有商家可以入驻的微信公众号，也有使用微信个人号的8亿用户。无论是公众号还是个人号，每一个账号都是一个自媒体平台和商业平台，它们都是去中心化的平台，这是一个人人都是卖家的时代。

在中心化电商上，微信拥有京东商城这个综合类的巨型网络商城；而在去中心化电商上，也拥有垂直细分的微信小店、广大企业的官方微信，以及微信个人号的精细化“商场”。

腾讯自2014年以来已经加紧了步伐，在吸引传统的零售业、生物服务行业方面做了不少工作。腾讯利用与线下传统企业合作发展微信O2O，可谓是2014年互联网行业乃至全行业最吸引目光的看点，腾讯正将O2O这个新兴的商业模式落到实处。而通过微信O2O，腾讯确实也打造了不少经典的去中心化的O2O案例：天虹商场、王府井百货、绫致服装等都是微信O2O的代表作。

那么，哪些产品或者企业适合做去中心化的电商呢？

目前，中国传统的电子商务普遍遇到两个难以解决的问题，一个是流量少的问题，另一个是留住客户的问题。这与传统电子商务主要靠搜索而完成交易的“主动型电商行为”的模式有关，因此在解决流量和客户这两个问题上，要先解决消费者的交易模式问题。而去中心化的电商模式就是解决这两个问题的最好方式。

现如今，一说到微信电商，人们难免会想到微信朋友圈，会想到面膜，会想到化妆品和女装，还会想到母婴产品、3C产品和各种绿色食品、小零食等。以上所说的产品都是在微信上卖得比较好的产品！这些产品的微信营销都有一个共同的特点，就是垂直化。这些产品的运营者都是个人或者小团队，他们所运营的产品一般只有两到三样，不会有大而全的产品，是典型的去中心化的微信电商模式。

在去中心化的电商模式下，商家做微信电商需要遵循3个基本原则才能获得好的营销效果。

其一，在产品的选择方面上，要选取用户使用频率较高且能带来高重复购买率的产品，比如零食等，但并不是所有快消品都适合。并且，还要辅助一些优惠等营销手段刺激用户的再次购买。

其二，对女性用户下手。女人的钱最容易赚，这句话一点不假，因为女人天生就是购物狂，其购买欲望永远不会消退，看看疯狂的“双十一”和由中国的女人成就了的首富马云你就明白这其中的道理了。在微信营销行业内，针对女性用户的产品销量从来都不会差。女性是感性动物，而微信又是一款极其好用的社交应用软件，并且有数据显示，女性用户使用微信的比例比男性要高。利用微信与女性用户聊天、互动交流从而提高成交量从来都是屡试不爽的“高招”。你若是利用这招失误了，则可真的要好好检查一下是哪个环节出了错。

其三，做好CRM管理，在客户中树立可信任的形象，利用社交关系链来进行营销。

那么，微信号需要培养到什么样的程度才适合做微信电商呢？微信电商的营销利用的是社交关系链的手段，而微信是用户之间的强关系链平台，因此其粉丝不在于多，而在于精。如果你的微信上有超过1000个粉丝，则你通过朋友圈便可以过一把微商的瘾。如果你的微信上有3000个粉丝，则你可以开通微信小店做一个微信创业者；如果有30000个粉丝，则赶紧组建团队有规划地去运营吧！说不定你的第一桶金就要到手了，说不定你就要成为专家们盯紧的成功案例了（声明，笔者可不是什么专家，纯属个人爱好而已）！当然，这些都要建立在你的粉丝是真实的粉丝，而不是“僵尸粉”、“死粉”的基础上，同时你的粉丝要有一定的活跃度，互动率达到10%以上便可将你的粉丝视为健康的粉丝，完全可以开展营销活动了。

【案例9】叁陌绽放的去中心化营销

叁陌绽放原先是两个相爱的年轻人开的淘宝店，这个淘宝店的特点是不开通旺旺，顾客完全自助购物。这个淘宝店后来受到很多年轻人，尤其是文艺小青年的喜欢。但是它的成功并不是因为它没有旺旺，也不是因为它的自助购物模式，而是老板娘茉莉拥有很多忠诚的粉丝。茉莉通过博客、微博分享自己的生活和爱情故事等吸引了一大批粉丝。

而后通过开通微信，叁陌绽放更好地把这些粉丝留在了自己的圈子里面，通过分享感悟、分享旅行的心得，通过与粉丝的沟通交流，叁陌绽放的老板娘茉莉与粉丝成为朋友，因此她的生意也随之火爆。茉莉只要在微信上分享自己喜欢的东西，一件衣服、一双鞋子或者一顶帽子，都会引起粉丝的抢购。比如，有一次她"晒"了自己的鞋子，寥寥几句话在几天之内就能吸引近百个粉丝购买这双售价689元的鞋子。

（叁陌绽放的微信）

爱情、文艺、自助购物、去中性化、粉丝营销、社交营销，这就是叁陌绽放有意思的地方，也是成功的所在。一个很成功的营销案例，也是一个美丽的故事。笔者倒也想尝试这样的模式，但在"爱情"和"文艺"方面，却着实拿不出成绩来，便也就罢了。各位读者也可以将其作为参考之用，但切勿模仿，只有"山寨"没有在原有的基础上进行创新往往只有一种结局：收拾完东西就回老家去吧，家里还有几亩良田。

2.3.5 微信企业号解读

微信企业号在2014年9月8日正式开始了公测，这标志着微信的商业化生态体系又得到了进一步完善。在连接企业与人的过程中，微信企业号创造了一个历史。

微信企业号为企业提供移动互联网应用的入口，可以帮助企业建立与员工之间、与企业的上下游供应商或者合作伙伴之间，以及企业IT系统之间的连接。从而可以快速地实现内部的沟通及企业上下游之间的沟通，减少沟通的成本，也为企业在生产、管理、协作、运营的移动化方面做出贡献，为企业在移动互联网时代的电商之路打下基础。

1. 微信企业号群发消息将不受限制

微信企业号将会具有应用可进行自定义配置、消息可以无限制被群发、关注的安全性极高、使用简洁方便等特点。其中可以不受限制地发送信息，是非常值得关注的特点，它可以实现消息传播的最大化。

另外，微信企业号还拥有一些比较强大且人性化的功能。比如，已经拥有了IT系统的大企业无须将其抛弃，可以将现有的IT系统直接接入微信企业号当中，这既可以保留企业在PC端的使用习惯，也可以确保企业能够快速地介入移动互联网，将IT系统可移动化。

而针对没有IT系统的中小型企业，或者IT能力比较弱的企业，他们也可以直接使用微信企业号建立自己的企业IT系统，实现可移动化的沟通交流平台，和上下游的客户管理、合作伙伴关系维护平台。

在微信的使用率如此之高的背景下，使用微信企业号无疑也是增强企业员工与员工之间，员工与领导之间沟通交流的良好措施。这对加强员工之间的沟通与工作协同，帮助提升企业的文化建设、企业的内部公告通知、企业的知识管理等各方面的能力都具有非常大的作用。

2. 微信企业号与微信公众号的区别

微信公众号已经普遍被大众所接受，也正以惊人的速度在增加，如今微信已经拥有了800万个公众号，可以说用户对微信公众号包括微信订阅号与企业号都已经有了一定的了解。但是当微信企业号上线之后，还是给用户在区分微信公众号与微信企业号方面造成了“小麻烦”。那么微信公众号和微信企业号有什么区别呢？

微信方有关人士强调，微信企业号和微信服务号，以及微信订阅号有着本质的不同。微信企业号是微信为企业员工或合作伙伴提供的一项专门的服务，是专门针对企业内部员工或者其上下游企业而生的。而且微信企业号的群发消息是不受限制的，这和微信订阅号每天只能推送一次消息，微信服务号每个月只能群发4次消息区别非常大。

	企业号	服务号	订阅号
面向人群	面向企业，政府、事业单位和非政府组织，实现生产管理、协作运营的移动化。	面向企业，政府或组织，用以对用户进行服务。	面向媒体和个人提供一种信息传播方式。
消息显示方式	出现在好友会话列表首层。	出现在好友会话列表首层。	折叠在订阅号目录中。
消息次数限制	最高每分钟可群发200次。	每月主动发送消息不超过4条。	每天群发一条。
验证关注者身份	通讯录成员可关注。	任何微信用户扫码即可关注。	任何微信用户扫码即可关注。
消息保密	消息可转发、分享。支持保密消息，防成员转发。	消息可转发、分享。	消息可转发、分享。
高级接口权限	支持	支持	不支持
定制应用	可根据需要定制应用，多个应用聚合成一个企业号	不支持，新增服务号需要重新关注。	不支持，新增服务号需要重新关注。

（企业号与服务号订阅的区别）

（微信企业号注册页面）

3. 微信企业号助企业连接上下游合作伙伴

微信企业号首先是一个有利于企业管理的良好平台，是一个能完成管理闭环的轻应用程序。它能实现企业内、企业与上下游合作伙伴之间点对点的连接。比如，公司内部通信录让部门与部门之间、员工与员工之间、员工与领导之间的沟通问题都能得到良好的连接。而通信录上的“部门”、“成员”、“领导”等标签的删改增加也是非常灵活和方便的。

另外，微信企业号的消息收发接口除了能接收或者发送语音、文字、视频、图文、文件等各种办公所需要的消息，发送消息的条数不受限制，还有一个比较强大的功能——对信息可进行安全设置，这样就能确保信息的安全性和私密性。

此外，微信企业号除有自己特有的功能之外，也可以使用微信已经开放了的接口功能，比如微信的拍照、扫码、开放平台的语音识别、上传地理位置、图像识别的接口与服务、微信支付、企业红包等功能，这就使得微信企业号的功能变得多元化，在办公的时候可以多元、便捷地解决办公问题，也使得办公更加轻松、有趣。

有人拿微信企业号与传统的OA系统进行对比，觉得微信企业号其实与OA系统并无太大的区别。客观来说，微信企业号与传统的OA系统在本质上都是为了解决办公中的沟通问题。但是微信企业号相对于传统的OA系统来说，却又有了非常大的飞跃。在应用场景方面，微信企业号的“可移动化”是传统的OA系统无法比拟的。正是由于微信企业号的“可移动化”，以及微信企业号能连接企业上下游的功能，企业可以利用微信企业号在出差移动办公，一线销售，行销代理，售后服务，巡检安保，以及联系上下游合作伙伴，管理订单，管理供应商，协同工作，连接政府机关、学校医院、事业单位、社会住址等方面起到传统OA系统无法超越的作用。

综上所述，可以看得出微信企业号在使用上是非常便捷简单的，在使用的体验方面也相对轻松有趣，更结合了微信社交元素，让企业通过微信企业号在工作当中更加畅通和愉悦。总的来说，微信企业号具有以下三个方面的优势：

（1）微信企业号可以实现“可移动化办公”，让企业在“移动化岗位”办公方面更加方便和有效率。微信企业号的“可移动化办公”场景非常广泛，基本只要有一台智能手机在手就可实现。

（2）微信企业号可以与企业原有的IT系统进行对接，减少了资源的浪费，也降低了企业对新应用的学习成本。

（3）微信企业号保留了微信现有的使用体验，使得企业对微信企业号的接受程度提高、减少了学习的时间，在使用过程中更加快速，并且增加了微信企业号的活跃度 。

另外，微信企业号的开通也非常简单，与微信订阅号及服务号的开通基本是一致的，在所要提供的材料方面也没有大的区别，因此所有企业都可以尝试申请开通微信企业号。

微信企业号的申请、使用都非常简单并且效果甚佳，因此在未来，微信企业号必定是企业进行内部管理，以及对上下游合作伙伴进行CRM管理的最佳选择之一。而当企业都选择了微信企业号，微信就变成了大量企业涌进的“市场”，起到分发和连接的作用。因此，微信在未来的企业营销中就变得更加重要了。微信就不再只是一个线上偏重的营销手段，也是一个非常“落地”的实用的企业管理、营销的重要工具。鉴于目前O2O模式的发展趋势，届时微信必定也是企业进行O2O营销的最重要手段之一。

2.3.6 微信的广点通广告平台

我们经常在阅读某些微信公众号内容的时候发现在文章的底部会出现图片、文字或者链接形式的广告。这就是腾讯旗下的广点通移动广告联盟，它是一个针对开发者、广告主和广告平台的广告联盟。通过广点通，用户可以在QQ空间、QQ客户端、手机QQ空间、手机QQ等平台投放广告。目前微信是广点通广告联盟中最火爆的平台。只要拥有超过5万个粉丝的微信公众号都可以申请开通广点通广告联盟流量主。当然，前提是所申请的账号不能有违规操作的记录，没有发布过敏感或者违法的内容，微信哪能容忍“老鼠屎”的存在。

（广点通广告联盟）

在国外，移动广告渠道已有了非常精细化的分工，也早已推出了基于移动互联网的实时竞价移动广告体系。在这个移动广告体系中，可以按照人群进行不同的广告投放和销售，使得移动广告更加智能化，转化率也更加有保障。在这个领域，国外已经积累了不少经验，比国内领先不少。而国内的移动广告市场发展还比较粗放，缓慢的发展速度有待提高。腾讯的广点通移动广告联盟在进入微信这个世界级的社交平台后，对国内移动广告的提速发展来说，也算是有一些作用吧，希望有朝一日轮到老外跟在我们屁股后面学！

2.3.7 广点通与微信O2O的结合

2014年无疑是移动互联网发展最火热的一年，这一年“跨界”、“互联网金融”、“微商”、“大数据”等关键词冲击着全行业的革新浪潮。而其中一个关键词“O2O”则几乎是所有企业都在谈论的话题，毋庸置疑它是2014年被探讨得最多的话题之一。团购行业的洗牌结束、打车软件之争落下帷幕使得O2O模式的发展逐渐进入成熟阶段。在4G时代即将来临的背景下，伴随着O2O的不断发展，2014年移动互联网在餐饮、旅游、教育等传统领域有了强劲的发展势头，这些都像是逼着O2O在快速成长。如今O2O模式正走在全面“爆发”的路上，而在这条路上最引人注目的莫过于微信O2O。

广点通在接入微信后会起到O2O当中“2”的作用，即连接、互动的作用。帮助广告主和流量主实现资源精准匹配，并且把流量引导到线下。

利用LBS的定向能力，以及腾讯的大数据分析能力进行精准的智能化推荐，广点通可以将广告主的产品及服务推送到需要此类产品或者服务的用户面前，通过微信这个强社交属性和好友封闭形态的关系圈产生扩大影响力的效果，使用户购买产品或者服务的欲望得以提升，从而提高广告主的广告投放转化率，也提高流量主的流量利用率。

目前，广点通在酒店、旅游、教育、餐饮、家居、房地产等行业都有了不错的成绩。相信伴随着微信O2O的不断成熟，在不久的将来，我们在不同的“应用场景”下都能看得到微信广点通的身影，甚至在京东、大众点评网这些微信的“次平台”上也能看到微信广点通。在向包括线上、线下的全行业渗透当中，微信O2O和广点通是同步发展的。因此，在移动互联网大潮中，广点通结合微信O2O的商机不言而喻！已经有不少“草根”创业者开始尝试通过“养号”的方式赚取广点通的广告费，其中不少人也取得了让人羡慕的成绩，比如在“微商”等垂直方面的例如“笑话百科”类的公众号都具有流量变现的能力。

2.4　微信如何实现O2O闭环

一年前，在谈到O2O模式的时候，大多数人都会嗤之以鼻，他们把O2O当作丑小鸭看待大多数是因为O2O闭环难以实现。但是，当今天O2O闭环的问题变得越来越容易解决的时候，O2O模式也随之产生了质的飞跃，也让更多的人重新认识了O2O。那么，什么是O2O闭环呢？

2.4.1　什么是O2O闭环

O2O的闭环是指两个“O”之间，即线上和线下之间实现了良性的对接和循环。线上的推广宣传、营销活动、品牌打造等营销手段需要将流量引导到线下去体验、消费，当客户在线下拥有良好的用户体验后，再将线下的用户引导到线上进行此次消费的评价、分享、推荐，由此引导更多的线上消费者到线下进行消费。如此线上与线下的循环往复就是O2O闭环。

比如，一家餐厅在线上举行了打折优惠的活动，当线上的客户通过这家餐厅的线上宣传推广看到了这个活动并在线上报名参加了这个活动，他到这家餐厅的实体店面去消费获得了良好用户体验，于是他又回到线上对这家餐厅做出了认可的评价，并且通过微信朋友圈或者其他渠道分享给了自己的朋友，然后他的朋友也在线上参加了这个打折优惠的活动并到线下去消费，再回到线上去评价、分享。这就是一个O2O闭环的过程。

交易的闭环对企业、商家来说是非常重要的环节，对于O2O模式来说更是如此。不管是做团购还是做优惠券的O2O方式，还是餐饮业、打车或租房的商家，他们都在关心O2O的闭环如何实现。因为只有成功完成了一个交易的闭环才称得上实现了一个有效的交易，这里的“有效”指的是这个交易过程可以复制并且循环。

一个闭环就相当于一个交易动作的完成，只有这个动作完成了以后才能产生效益，否则就会造成整个交易的失败。而在O2O模式中，如果闭环能得以完成就意味着一个交易动作的完成，同时也孕育着另外一个交易动作的开始。因此，O2O闭环显得更为重要。

说了这么多，那么，究竟如何实现O2O的闭环呢？

2.4.2 如何实现O2O闭环

O2O闭环如此重要，并不是危言耸听，着实是生死攸关的事情，所以如何实现O2O的闭环也就理所当然地成了所有人都关注的问题。无论是餐饮、娱乐、教育、房地产或者其他行业都在关注着如何解决O2O闭环的问题。就好像大家都关心"中午要吃什么"，既纠结又必须尽快解决，简直就是心理和生理上的双重折磨。只有解决了O2O闭环这个关键点，O2O模式才能良好地运行，从而带来良好的效益。而解决这个关键点，就得露两手——得既"软"又"硬"！

实现O2O的闭环需要从O2O模式的整个流程上的每一个环节着手。在这个流程当中，会涉及O2O模式所需要的"硬件"和"软件"（也就是我们上面聊到的那两手），只有解决好了硬件和软件问题，O2O才能实现完美闭环。

第一点，硬件。

O2O的"硬件"主要包裹良好的网络设施、简单便捷的支付方式、良好的服务及产品、确保质量的快速配送、一定的数量的忠实用户等方面。

网络设施：无论是在传统的PC端，还是在移动手机端，企业和商家都必须拥有一个简洁明了可快速打开浏览信息的网络载体。无论是PC端也好，手机端也好，APP也好，你至少需要一个可以承载和介绍你的服务及产品的网络平台。值得一提的是，微信公众号是如今大多数商家和企业都应选择的一个平台，因为这个平台拥有超过8亿的用户，这个平台能帮你留住客户，让他们成为你的粉丝，与你互动，让你了解用户所想，还能帮你进行口碑宣传。另外，个人微信号也是一个重要的平台。个人号养好了，产生的能力也是不可估量的。

支付方式：只要涉及交易就必然要进行支付，O2O模式更是如此。一个好的支付体验会将用户紧紧地抓住。随着微信O2O的迅猛发展，微信支付如今已经是非常便捷的支付方式了，"面对面支付"更便捷，手势密码让支付更加安全。将来微信支付必定是支付宝最痛恨的对手之一，因此尽早开通微信支付有利无害。目前微信支付只有认证了的服务号才能开通，但已经不收取两万元的保证金，是申请开通的好时机。

产品及服务：产品和服务是企业的生存之道，如果一个企业所提供的产品和服务是劣质的，那企业无论如何都是不可能得以发展的。

配送服务：在配送服务方面，有的企业需要，有的企业并不需要，这要取决于企业的产品和服务的性质。而在需要配送服务的企业当中，有不少企业是将配送环节交给了第三方服务机构的。这种方式不是不可取，但是无论是自身组建的配送队伍，还是第三方的配送团队，企业都必须严格把控配送的服务质量，因为这一环节在O2O模式的逐渐发展过程中会变得越来越重要，会变成客户是否愿意付款或者决定以后是否继续购买你的产品和服务的关键点。

用户基础：有用户才能有销售，才能产生赢利，这是每个企业家都懂得的事实。而在自媒体日益普及的时代背景下，用户除了是产生效益的主体，更是传播信息的主体。所以，拥有“一小撮”忠实用户就成了引爆整个销售体系的导火索。只要利用得好，这“一小撮”用户将会为整个O2O体系营造出超出想象的效益回报。

第二点，软件。

O2O的软件主要包括推广策划、促销活动、分享及评价机制、客户管理、数据分析等方面。

推广策划：推广策划当然是一个企业最不可缺少的营销环节，但是在移动互联网时代，企业所要做的推广策划不能只是不停地在不同的广告渠道花钱打广告，而是要考虑利用微信等自媒体的平台多做文章。

促销活动：O2O模式下的促销活动不能是传统的一对一单循环促销活动，在促销活动中必须要强调社交属性，强调交流互动，必须要加入分享、评论等环节，使其产生以一带多，点面结合的效果。不仅要实现一个客户影响一个朋友圈，更要使这个以一带多，点面结合的流程循环往复，最终形成一个朋友圈影响另一个朋友圈的效果。

分享评论机制：建立一个完善的分享评论机制有利于传播和了解客户需求。当客户对产品和服务比较满意的时候便会自然而然地通过各种方式去传播、分享。如果企业能建立起一个让客户愿意采用的分享渠道，那么客户就成为企业最忠实的传播者。同样，如果企业能建立起一个客户乐于在上面评价、提意见与建议的平台，那企业收获到的将是源源不断地改进产品与服务的灵感与创意，比如网易的“跟帖文化”、小米的“MIUI米柚”论坛等。

客户管理：客户管理是所有传统企业都比较容易忽视的一个环节。而在移动互联网迅猛发展的当下，在自媒体当道的年代，如果企业仍然不落实客户管理，不建立科学有效的CRM管理体系，得到的必将是惨重的代价。

数据分析：每个企业都需要进行数据分析。无论是客户行为分析、销售业绩分析、地域性质分析，都可以用数据说话。网络发展使得用户变得更加“隐秘与复杂”，因此数据分析也变得更加重要。

关于O2O闭环的硬件和软件的这几个主要方向，相信很多企业都已经在着手去做了，但是如何才能将这些方向都落实到地呢？也许有不少商家会担心要完成这些环节所需要投入的资金成本、人力成本会非常巨大，甚至还要涉及系统的开发等较为复杂的工序。其实，对于大多数的商家和企业而言，目前只需要一个微信就能解决大部分问题。

微信5.4以上的版本在“微信连接一切”的口号上愈发彰显实力，在连接人与人、连接人与服务、连接服务与服务上，微信正朝着深入、精细的方向大踏步迈进。在微信O2O模式的闭环打造方面，微信已经变得越来越花心思，其成果也逐渐显现。

1. 微信O2O闭环的几个关键点

（1）O2O网络平台的打造

在O2O的平台建设方面，微信的订阅号、服务号，以及新推出的企业号已经能满足大多数企业的需求。通过微信订阅号，企业可以将促销活动推广出去，承载着推广和宣传企业品牌、产品和服务的需求。而微信服务号则为客户提供必要的售前、售中、售后及投诉建议等服务类目，承载着打造企业完美品牌形象的作用。而微信企业号则是连通企业的上下游合作伙伴，打通企业内部沟通协作渠道的利器，是企业提高运作效率的良好平台。

（2）客户关系管理很关键

目前，微信公众号已经达到800万，微信公众平台的普及率正在一步步提高。微信公众平台的一个比较亮眼的功能就是CRM管理系统。利用微信公众平台的CRM管理系统，能对用户进行按会员类别、按地域、按年龄、按男女等“分门别类”的动作。这样的CRM管理方式有利于下一步制定有针对性的精准营销策略。在微信的O2O运作体系中，CRM管理也是O2O闭环过程中很关键的一环。

（3）丰富多彩——富媒体应用

微信承载了图片、文字、声音、视频等媒体形式，在利用微信进行促销活动及推广策划等方面，可以根据不同的情况采用不同的形式。随着用户个性化需求的不断上升，用不同媒介接收信息也是其必然的需求。正是基于这样的原因，微信订阅号推送的每一篇文章都需要精挑细选，既要做到内容简单极致，也要做到形式精美丰富。

（4）支付平台越来越完善

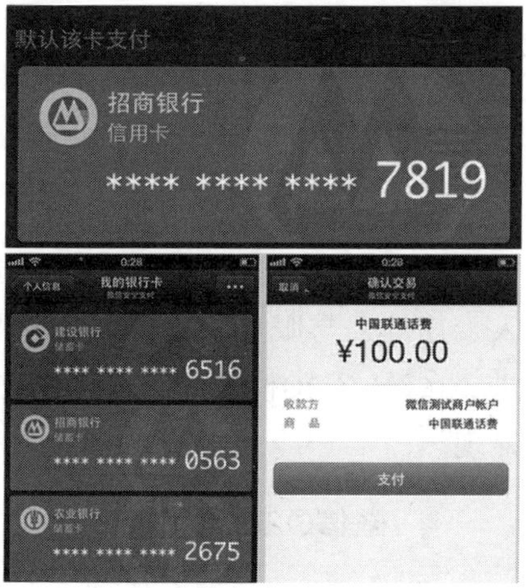

在推出了“AA付款功能”之后，微信5.4版本推出了微信“面对面收钱”功能。在微信的“钱包”功能中，微信支付不仅拥有手机话费充值、购买彩票、购买电影票、打车等基础功能，还可以管理银行卡、进行信用卡还款和刷卡等。微信6.0版本里的“卡包”功能，可以管理各种优惠卡、会员卡。微信支付的功能越来越完善，也越来越场景化。

微信支付具有以下4个优势。

① 微信支付将各种关联到支付的行为都整合在了一起，不仅方便携带，同时也方便线上和线下两种方式的支付，这是微信支付在O2O模式上的优势之一。

② 微信支付的登录、购买、消费通知，都能直接在微信平台实现，免去了登录支付账号等环节，非常简单，大大地提升了用户的使用体验。这样是微信支付的优势之二。

③ 在支付完成后，通过微信朋友圈等方式进行传播，让用户主动分享链接，提高商家企业销售半径，是微信支付的优势之三。

④ 另外，在已经拥有超过8亿用户的微信平台上，微信支付只要做到逐步提升用户体验、具有安全性，做到不断发掘各种场景化支付的完善，微信支付就有发展成为最大的移动支付平台的潜质。

（5）数据分析指导商业决策

数据分析是企业和商家在进行营销时不可或缺的一个环节，而在O2O模式的闭环中，如果没有做好数据分析，也难以将O2O做到极致。目前仍有不少商家的数据分析依赖传统的不够精准的方式，或者微博等社会化媒体做线上影响力分析等。这些方式若在O2O运营当中使用不够精准，难以做到了解用户、分析用户，也不能支撑整个O2O模式的有效运行。

微信公众平台具有的数据分析功能就能有效地为微信O2O提供数据分析功能，为商家做决策提供可靠的依据。微信公众平台的数据统计功能分为用户分析、图文分析、消息分析和开发支持四大部分。

通过这几大功能板块，企业和商家可以分析每一篇文章的效果；可以监测用户的增长曲线等；使用开发模式的管理者还可以在开发支持查看接口调用相关统计，例如失败率、平均耗时和调用次数等数据。

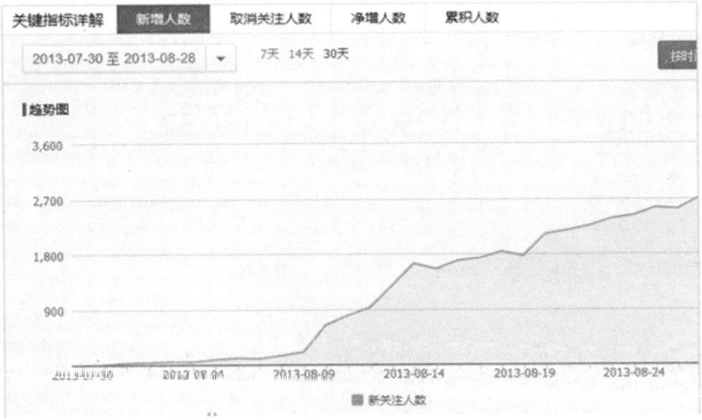

（用户分析）

（图文分析）

（消息分析）

（开发支持）

（6）基于LBS的线下与线下搜索

在LBS方面微信已经在布局。大众点评进入微信后，微信又得到一个有力干将，在O2O领域扩张的道路上又走出了坚实的一步。微信几乎是所有智能手机用户的移动互联网入口之一，当微信用户想要进行某一种服务或者产品的搜索时，微信就是最近的选择。

“查找附近的人”功能除了可以查到普通的微信用户，当然也可以查找到附近的商家，以及附近的优惠活动。当用户处于城市中的某一个位置，想要搜索附近的餐厅、酒店、商场，甚至是公共厕所时，微信即会获取此用户的地理位置。因此，当微信用户主动地获取以上所需要的信息时，亦可被动地获取其他信息。比如，当用户搜索附近的酒店时，也许他在入驻酒店前需要打车服务，这时候微信即可将打车信息推送给用户；当某个用户在搜索餐厅时，也许他在用餐完毕后去餐厅附近的电影院看场电影，此时微信就会推出附近的电影院及其优惠活动。

就此角度来说，微信是一个拥有良好用户体验的O2O流量中转站，既可以将线上流量通过消息引流到线下店面，也可以将线下的用户通过搜索吸引到某个线上的服务与产品页面中。通过这种线上和线下之间流量的精准引导和推荐，微信可以将流量和服务产品做完美的匹配，让用户在寻找服务和产品时事半功倍。如此，微信的用户就会对微信产生更大的黏性，微信也将会因为如此而很有可能成为最大的O2O平台。因此，善于利用微信的基于LBS的功能，对相应的客户设定有针对性的推荐、优惠和促销活动是非常必要的。

（7）基于“大数据”的用户行为精准分析

“大数据”是2014年最热门的关键词之一。所谓大数据，是指数量非常庞大的资料数据，是一般技术所不能进行统计和计算的数据，但也是最有利于分析用户行为习惯的数据。基于大数据的互联网用户行为分析如今是互联网巨头们热衷的事情。同样的道理，利用大数据进行用户行为分析，从而提高产品和服务的满意度也是所有企业和商家都应该做的事情。但这里所指的大数据，不一定是整个互联网的大数据，而是针对企业和商家本身所处的行业的“大数据”。

而用户行为，是指用户从产生需求到信息收集、方案比选、做出购买决策再到购买后行为这5个阶段的行为。企业和商家应善于收集用户这5个行为指向的信息，并进行归纳总结和分析。值得一提的是，在O2O模式下，企业和商家还要特别注意用户购买后行为中包括使用习惯、使用体验、满意度、忠诚度等反应的分析。因为这是促使O2O闭环循环运转的关键所在。如果用户在购买后没有获得良好的消费体验，那他就不会进行分享，更不会进行下一次购买。

2.5 微信O2O的商业前景

我们现在所说的O2O模式的概念是由TrialPay创始人兼CEO AlexRampell 在2010年8月份提出来的，不过这种模式其实在很久以前就已经存在。2006年沃尔玛就尝试过“原始”的O2O模式。当时沃尔玛提出了Site to Store 战略是通过B2C完成订单并且支付，然后到线下的4000多家连锁店取货。这帮助沃尔玛省下了一大笔物流费用和其他运营成本及时间，也帮助沃尔玛的顾客省下了到店选货、排队及支付的时间，大大提高了购物的便捷性，很好地改善了顾客的购物体验度。

这样的模式随着互联网的发展，尤其是移动互联网的迅猛发展到2010年的时候已经得到了国外许多独具慧眼的企业家和创业者的青睐。而在国内，微信在诞生的这三年多以来，也正一步步朝着国内最大的O2O平台发展，正逐渐将O2O的模式完善落地，并且将其本地化。

O2O模式其实是非常简单的模式，但将这种简单的模式做到极致并不是简单的事情。下图是O2O模式的示意图，其清晰地展示了O2O模式的逻辑所在。

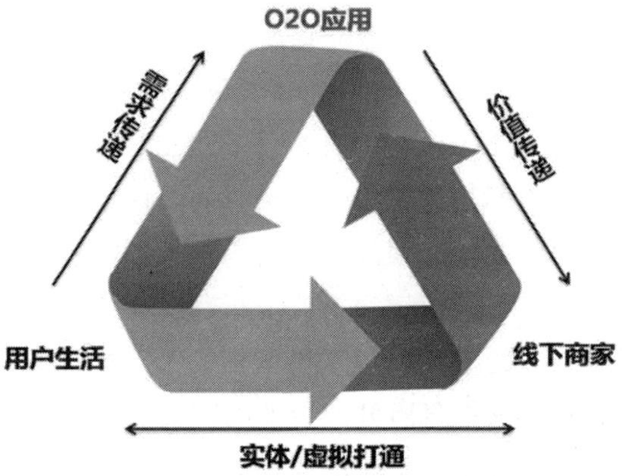

O2O模式示意图

O2O必将是未来电子商务，甚至是未来商业的主流模式，这一点毋庸置疑。

然而微信的O2O将会如何发展，微信O2O在中国的商业领域会扮演着什么样的角色呢？

我们先来看一下国内O2O模式的发展现状。

2.5.1 国内O2O发展现状

国内最早采用O2O模式的可以说是携程，但是携程的O2O模式只注重信息的传递，在支付环节和服务环节都还是在线下实现的。而后跟进的大众点评也是国内O2O模式的早期践行者，虽然效果不尽如人意，但在国内O2O模式向前迈进的进程中踏下了坚实的一步。无路难，开路更难，先行者都是值得尊敬的。虽然他们还不知道螃蟹怎么烹饪最好吃，但毕竟他们吃到螃蟹了！

后来，团购模式的出现实现了信息传递和线上支付的功能。伴随而来的是国内出现的“千团大战”，说他们是“千团大战”完全没有使用夸张的修辞，据统计，2010年下半年全国的团购网站达1500余家。也是从团购模式兴起的时候，中国的O2O开始进入一个新的阶段。但事实上，团购也只是O2O模式的一个“缩影”。只是团购模式真正地实现了将O2O模式在中国具象化，并且将其落地，让商家、企业及消费者都能切切实实地看到O2O模式所带来的好处和前景。

自从2010年O2O模式的概念被提出来以后，国内践行O2O模式的公司并不在少数。在O2O模式被提出的这4年里，有超过100家O2O模式的企业获得了风险投资的青睐。这些风险投资主要针对的是生活服务类的公司。

中国的O2O模式市场前景非常巨大，单单是生活服务类的市场就已经达到了上千亿元的规模。而在O2O模式被提出的4年里，O2O模式从概念到落地再到践行已经占据了其中大部分时间。从2014年开始，O2O模式的巨大潜力才真正被激发出来。2015年是中国全行业，尤其是生活服务类行业O2O模式发展迸发的一年。在这一年中，必将会有无数的企业投身到O2O领域，像当年的“千团大战”一般纷纷抢占属于自己的蛋糕。而未来的中国商业模式必将是以O2O模式为主，如果在2015年不进入O2O领域，那么企业面临的困境是不言而喻的。我们也不难想象得到，届时因此而面临倒闭的企业也不在少数。当然，换言之，若企业能尽早抓住O2O模式的机遇，那么O2O或许能为企业开启一个意想不到的春天。

2.5.2 微信去中心化电商与O2O的结合

纵观中国电子商务发展的十年历程，无外乎三条路径，其一是实体经济的电商化。其二是服务型的电商，围绕着金融服务、品牌宣传推广、产品设计和网络分销等服务产品进行。这个模式和O2O模式一样，存在巨大的发展空间和巨额市场量。其三就是O2O模式的电子商务。

团购模式应该是O2O电子商务模式中最先落地的一个分支，目前国内的团购网站洗牌已经接近尾声。在团购这块市场中的争夺似乎已经尘埃落定。但是，O2O模式的不断向前发展注定团购网站一刻不能松懈。

团购模式的核心商业理念就在于每天都为用户提供物美价廉的商品和服务，不断刺激用户的购买欲望，在线上实现购买、支付，在线下接受服务或者完成取货。团购的模式其实仍然是一种促销的方式，是“每一天”的促销，但是采用了一种O2O的新颖模式，让消费者耳目一新。

而微信所要打造的O2O模式与团购会有所不同，微信的O2O模式应该是一种极致简洁的O2O模式，用最简单、最直接、最接近用户的方式为用户呈现产品和服务。微信本身就是一个“至简主义者”。

微信要把人与服务联系起来，要做线上和线下资源的整合，一方面，微信拥有超过8亿个用户；另一方面，通过微信公众平台微信已经拥有超过800万个公众号，值得一提的是，微信企业号自2014年9月推出以来也受到了企业的好评。通过这种方式，微信很好地将人和服务整合到了同一个平台。接下来，微信要做的就是将这些资源做距离最短的“直线连接”，让人和服务都能通过最简洁的方式找到对方，并且在微信平台上完成咨询、交易、支付等流程，最后到线下完成服务或者取货的环节。从建立人和服务的连接到完成交易整个流程是一个完美的闭环，也是一个至简的流程。

通过将人与服务建立匹配，微信O2O平台最终实现的是各种服务的全面开花，是一种去中心化的电商模式，这就是微信的电商模式。这种模式与马云的淘宝模式不同，与京东的商城模式也不一样。淘宝和京东都是属于控制流量的中心化电商平台，每一个需要购物的消费者都会先进到平台，搜索自己所需要的产品，然后才产生消费，淘宝和京东则通过各种可赢利的方式将流量调配给相对应的商家，从而赚取广告费。微信的电商模式是一种可以与线下流量结合的O2O模式，甚至线下流量将会是整个O2O模式的电子商务过程中最重要的流量入口。

微信这种O2O的电商模式与京东、淘宝不同，其针对的是相对灵活的中小企业，尤其是以生活服务类的中小企业为主。而微信O2O模式整合的资源主要也以中小企业为主，这与在2014年宣布进入O2O领域的万达在产品形态上也有所不同。微信O2O以整合产品和服务为突破口，而万达O2O则以自身的品牌优势为切入点。

正是因为微信O2O模式的电商基因，中小企业在入驻微信平台后必定会得到微信的扶持。微信会为打造一个对用户而言便捷、对商家而言潜力巨大的O2O电商平台而尽力满足商家的各种需求。另一方面，在接下来的1～3年时间里必定是O2O模式发展狂飙的阶段，是互联网巨头们竞争最激烈的领域。此时，商家和消费者就是“鹬蚌相争”的最大获利者，典型的例子就是阿里巴巴和腾讯的打车软件之争。

2.5.3 中小企业如何迎接微信O2O电商

2014年9月19日，阿里巴巴在美国纽约证券交易所上市从而造就了一大批千万富豪和亿万富豪。阿里巴巴的上市代表了一个时代的鼎盛，在淘宝成立的早期成就了不少人的创业梦和致富梦。然而时代总是在不断变迁，伴随着阿里巴巴的成功上市，新时代也迎面扑来。移动互联网时代的来临，是对以淘宝为代表的C2C、以京东为代表的B2C传统电商模式的权威的一大冲击。2014年是O2O模式高亮的一年，这一年微信O2O雏形显现。那么面对微信O2O的强势来袭，中小企业应该如何接招呢？这里要引用马云的一句话：看不见，看不起，看不懂，最终的结果就是跟不上，然后面临被淘汰！

所以，首先我们必须得看见移动互联网所带来的改变，然后对企业进行调整、改革，解决企业内部问题。所谓识时务者为俊杰，古人的这句话让人真心钦佩！

在以淘宝、天猫、京东为代表的传统电商时代，中小企业在淘宝、天猫和京东开店都是为企业多开通一个渠道，对企业本身内部构架影响并不大。许多企业会在原有的销售部里再多开通一个电商部。这个部门所负责的便是如何运营天猫、淘宝、京东店铺。这样就算是"甩开膀子"玩电商了。但是无论是开通直通车、签订物流公司、招聘客服、提供一批产品或者是在内部组织更专业的管理小组对企业的整个运营机构都没有构成太大的冲击。在企业内部的销售体系中，无非就是你开你的淘宝、天猫店，我走我的线下渠道或者开我的专卖店，只要价格不冲突便可相安无事。

但是微信O2O的出现会将企业内部的电商部与传统的销售部相安无事的平静打破，有时候还会引发"大水冲了龙王庙"的闹剧。这是因为O2O的重要一环是Offline，线上和线下已经被串联起来。线上的流量和用户也要靠线下的用户支撑，至少线上肯定"觊觎"线下的那点流量。正因为如此，线下的传统渠道所带来的客户会被线上吸走并且圈起来，传统的销售部哪能允许别人伸手就拿自己那点家当啊，即使是自家兄弟也不能说拿就拿。这便引发了线下渠道的不满。而线上的流量在被引导到线下店面之后，线下销售人员发展自己的顾客群也是无可厚非的事情，张嘴咬一下也就把线上来的顾客给"消化吸收"了。O2O适合于大多数的中小企业，也适合连锁加盟企业，让中小型企业与客户的沟通更加灵活，因此无论是线上或者线下的流量都很有可能被彼此灵活的方式"抢走"，形成内部竞争。因此，中小企业若不把这个内部问题解决好，那O2O模式的实施必定会受到很大的阻力。

2.5.4 微信O2O的大策略

微信既然要打造O2O平台，就避免不了与商家合作。虽然腾讯从来都拥有自己的电商，但面对O2O，腾讯也必须革掉自己的命。

腾讯从来都拥有着自己的电商业务，虽然不能与阿里巴巴抗衡，但也保存了发展壮大的实力。腾讯的电商由两大块组成，一是实物电商，由易迅网+QQ网购+拍拍网组成。另外一块就是服务类的电商，由微生活+微购物组成。

自从腾讯入股京东和大众点评以后，将实物电商交由京东运作，而微生活也早已经被腾讯冷落，剩下的就是服务实体零售业的微购物。微购物就是腾讯的O2O电商的精华所在，也是微信一直致力打造的主要业务。

无论是大型的传统实体商户，还是数量庞大的生活服务类中小型店铺，都是微信O2O模式发展的对象，都是微信O2O平台需要整合的资源。微信会为这两者提供尽可能完善的功能服务和场景化需求以获得这些商家的进驻，从而形成一个庞大的微信O2O平台。

在这个既有实体产品也有服务型产品的大型平台当中，微信会以CRM+会员营销为切入点，帮助这些中小企业和商铺改造内部结构，提升零售的效率，实现整体的O2O模式的转变，从而与天猫、淘宝进行对抗。事实上，微信已经实施了这样的策略。比较引人注目的便是杭州的上品折扣的微信O2O店，从概念到落地都做得相当完美，很有“未来店”的感觉！

另外，微信还会在微信公众号及微信支付这两方面下足功夫。因为这两者关系到流量入口，以及支付闭环的关键环节，是打造微信O2O平台最重要的环节，也是商家和消费者的刚性需求！

【案例10】上品折扣的微信O2O店

作为全国首家微信O2O概念店，上品折扣打通线上与线下，建立了一套全渠道的服务体系。上品折扣总裁李炎称，线下百货业需要借助移动互联网来带动传统的管理体系变革。

（上品折扣微信店）

为了满足消费者在移动时代的购物需求，上品折扣打破了传统百货店的边界。消费者在店里购物时，除了可以在店内用微信支付并现场提货，也可以将商品先放进微信购物车内，即使离开店里，也能随时在微信上支付，并选择将商品快递上门或到店自提。

在上品折扣微信店中，随处可见的微信身影让购物体验变得更加丰富。用户关注“上品折扣杭州”微信公众号后，消费者可以获得包括商品查询、下单、支付、提货、发货、物流和退换货等所有购物流程中消息反馈。

（上品折扣的微商城）

2.5.5 微信O2O的迅猛发展

如今若要做一款互联网产品，想要单靠自己的力量则是很难向前发展的，所以无论是什么产品，想要发展壮大都必须要借助外力，微信也是如此。微信支付联合产品部助理总经理耿志军说，微信其实是整合了各种资源，为用户提供沟通、支付、服务的平台，当微信搭建了这样的平台之后，用户就会利用微信为之提供的基础服务将微信往前推动，让微信往一个更高也更有利于微信平台用户及微信自身发展的方向发展。而微信O2O平台正以这样的方式迅猛地向前发展着。

【案例11】人人湘餐厅——微信点餐

目前有些餐厅已经实现了收银台和点菜都用微信实现，不需要人工操作的方式。这样新颖的方式会帮助餐厅吸引顾客，提高营收。比如北京的人人湘餐厅就利用这一方式将翻台率从原来的3.5%提高到了5%，大大增强了在同行当中的竞争实力。

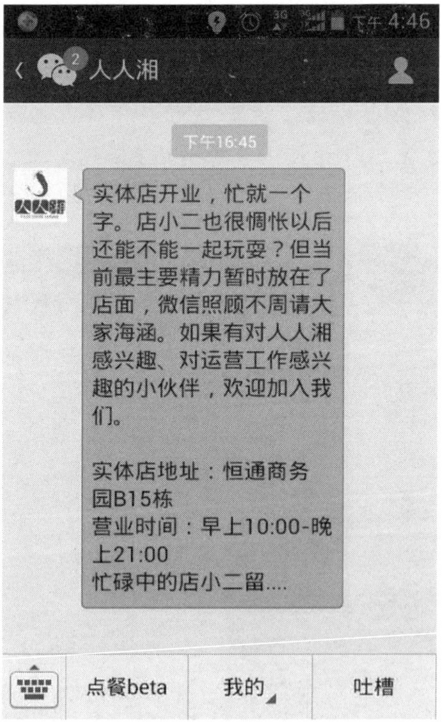

除餐厅以外，医院也是微信践行O2O的有力干将。据了解，全国已有近四十家医院在推进微信全流程体验。

【案例12】广东省妇幼保健院——绑定个人医保卡

广东省妇幼保健院在支付方面做得可圈可点，用户在广东省妇幼保健院的微信公众号上绑定个人医保卡，在产生消费后系统可以直接在医保卡中扣除费用。若需要自费，则用户也可以通过微信支付直接支付，在支付后系统还会将消费明细第一时间发送给用户，提高用户体验度。

通过这种时髦而且全程自助式操作的方式，广东省妇幼保健院的公众号得到了用户较好的评价，订单也随之增长。而加上此公众号还开通了查询、排队、温馨提醒、药单、检查单通知等功能，其用户已经超过10000人，并且以迅猛的速度在增加。与此同时，医院的交易额也随之上升。

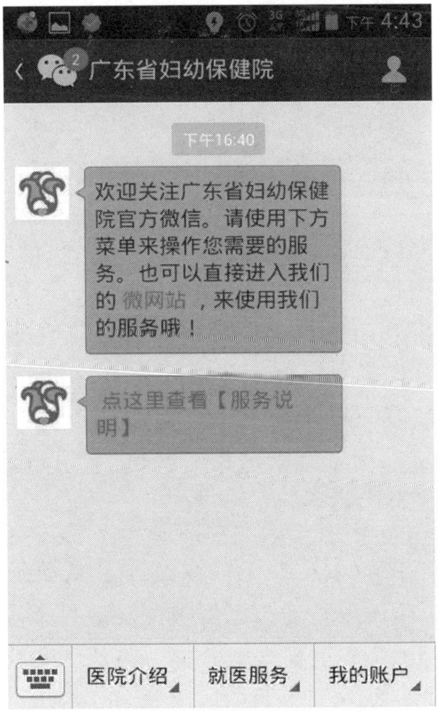

【案例13】杭州街町酒店

在酒店行业方面，杭州的街町酒店算得上是来了一个华丽的转身，在微信O2O的践行上做得更为深入。消费者可以通过微客服进行咨询，可以通过微信自助选房，可以通过微信订房，还可以用微信二维码开房门，非常“高大上”。

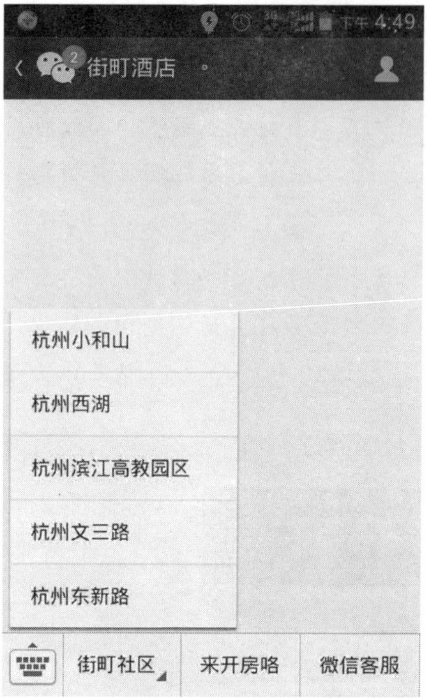

（杭州街町酒店的微信公众号）

微信不仅影响了每个人的日常生活，也影响各行各业的模式。微信在诞生的3年多里，已经对消费者的衣食住行、对商业模式互联网化、对政务服务转型、对医疗行业改革都产生了深远的影响，俨然有要颠覆城市生活模式的势头。也正因为如此，有的城市甚至提出了“微城市”的概念，以微信为契机打造互联网化的智能城市。

当然，要打造一个“微城市”似乎仍然遥远，但是在酒店、餐饮、零售、百货、票务、政务、电商、生鲜等行业都已经被深深地打上了微信的烙印以后，微信若通过其“连接”一切的能力将各行各业打通、将线上与线下打通，成功地将人和服务，将人和人连接起来，那么一个不同以往的“新世界”就会诞生。届时的生活都是智能化的，那么城市当然也会是智能化的“微城市”。

2.5.6 微信O2O的商机

4G时代已经来临了，在一日千里的移动互联网背景下，O2O模式的发展成为下一个互联网十年的主题的趋势已经得到了全球性的认可。在这样的背景下，利用

O2O模式实现个人的价值，实现某个公司的崛起都是下一个十年极有可能发生的事情。微信O2O模式无疑会创造许许多多传奇的人物，但如何抓住机遇让自己成为其中一个呢？

游戏是自从人类文明社会诞生以来就存在的永恒话题，游戏无疑是改变人类社会不可获取的因素。游戏曾经成就了盛大、网易还有腾讯，将来也会带来很多奇迹。虽然游戏也曾引发许多社会问题，但单单就其商业价值来说无疑是巨大的。微信的一个《飞机大战》游戏就让整个中国的网民为之疯狂，一个简简单单的《围住神经猫》游戏也能让整个移动互联网不淡定好几个星期……

因此，游戏的开发是一个商机，利用微信平台通过游戏进行线上与线下结合的营销来玩转各个行业也是一个商机，比如利用微信表情里的“石头、剪刀、布”进行线上比赛线下领奖；比如广西南宁陆大叔鲜花饼通过在线上号召用户到线下跟店员划拳比赛赢取奖品等。

从微信6.0版本开始，小视频被微信直接推到了对话框当中，与图片、位置、名片、转账等功能位于同一层级。互联网的发展逐渐多元化，读文和读图时代的魅力逐渐消退后，视频时代必定会崛起。从2012年开始，百度、腾讯、阿里巴巴三巨头已经开始在整合视频类资源，因此视频也将会是下一个大机遇。结合微信及微信O2O玩转视频，是一个不错的选择。

零售业能与微信O2O进行完美的结合，无论是大型零售商场还是小便利店都有与微信O2O结合的基因。零售业通过建立线上平台，利用微信及线下实体店进行灵活的O2O操作将会是改变如今零售行业形态的一个最切实可行的方式。比如广西南宁的TODAY便利店一直利用新媒体进行营销推广，拥有互联网基因的连锁便利店TODAY在2014年9月获得红杉资本等5500万元的投资，目前估值2.75亿元，这说明了资本市场对这块市场的前景看重。

【案例14】TODAY便利店的成长

一开始TODAY与其他的便利店并没有太大的区别，除24小时的概念、对消费者消费体验的优化之外，最大的亮点便是TODAY的微博营销。微博营销的成功曾让TODAY在微博火热的当时在当地名噪一时。而当O2O模式来临时，TODAY也紧紧抓住了时代给予的机会。TODAY将来的模式将会是“水泥+鼠标”的典型O2O模式，线上与线下结合。将零售、销售和服务一起抓牢，从而实现便利店向电商公司、物流公司的转型发展。

TODAY便利店微信公众号

广点通作为腾讯的广告平台一直不瘟不火，但在微信用户超过8亿人、微信公众号超过800万个时，微信广点通就具有不可估量的价值。因此通过广点通成为流量主或者通过广点通引入流量都会是不错的机遇。

第3章
传统企业微信O2O平台的搭建与规划

有人说4G时代来了，移动互联网来了，O2O来了，所以传统企业的末日也要到了。诚然，移动互联网的到来会给传统企业的经营模式造成一定的影响，在一定程度上让传统企业在效益上一落千丈。但移动互联网及O2O对传统企业来说都是既有“危”也有“机”。“危”在于不思改革，不谋改变，就如马云所说的，对于新事物，许多人一开始看不到，然后是看不起，接着就是看不懂，最后也就跟不上了，到了最后的阶段，企业当然也就危在旦夕了。一个不接受新事物，不随时代进步，不创新的企业，注定是短命的。而对于传统企业来说，移动互联网的“机”就在于传统企业可以利用移动互联网的浪潮来革新自己，布局未来的市场，抢得与同行竞争甚至是跨界竞争的先机。那么，传统企业应该如何把握这里所说的移动互联网机遇呢？首先，得正确认识这个机遇。

3.1 传统企业如何看待O2O机遇

对于企业来说，O2O模式所带来的“机”是大于“危”的。O2O是传统企业开拓市场的新蓝海。正是基于这个原因，传统企业应尽早认识到O2O所带来的想象空间并付诸行动。

O2O的模式适合大多数的行业，适合大多数的传统企业。服装业、餐饮食品、娱乐文化、零售百货、运动健身、酒店旅行等都可以通过O2O的模式进行运作。从团购所覆盖的行业领域看，就不难看出未来O2O模式给全行业所造成的冲击。团购只是O2O模式的一个先行者，从2015年开始，O2O模式会让所有传统企业感受到O2O模式所带来的行业革新及创造价值的力量，同样也会让消费者感到前所未有的消费便捷性及良好的消费体验等。

有人说，O2O模式其实与B2C模式并没有太大的区别，两者都是利用互联网资源对企业的销售体系进行改善而已。这样的看法是片面的，O2O相对于B2C来说有着不可比拟的优势。

优势一：O2O模式充分将线上与线下连通起来，不仅利用了线上的海量信息和巨额流量，也挖掘了线下资源，可进行线上与线下资源的整合。企业可以很好地与客户进行沟通，可以获取大量的客户建议和意见。

优势二：O2O模式对营销的监测有了线上和线下两个方向的数据结合，可以对营销的效果进行评估和追踪。与许多传统模式效果难以追踪，只能靠感觉和经验来判断效果好坏不同，O2O模式可以将效果数据化，更加直观和简洁，更有利于分析和做出判断，也更有有利于做出策略的调整，提供让客户满意而商家获益的产品和服务。

优势三：O2O模式可以帮助企业“砍掉”许多中间环节，淘汰中间商等。因此，在O2O模式下开拓市场的费用会相应减少，产品进入市场的环节也会变少，所以产品的成本降低了，价格也就跟着下降。所以相对传统企业，O2O模式可以使得产品和服务的价格更加便宜，购买也变得便捷，并且客户得到优惠和打折信息、新产品信息等资讯更加快速。这个优势对于服务业来说，是一个非常利好的消息。

优势四：传统的电子商务需要做到规模化才能产生影响力，否则在浩瀚的互联网海洋中就很容易失去踪迹。然而O2O模式将规模化引向了精细化和多元化，让电子商务更加向传统企业靠拢。传统B2C电商模式主要拼的是线上资源，但大多数的传统企业在线上都处于劣势。而O2O模式结合了线下渠道，这样传统的企业有了更大的发挥空间。

传统企业不会被B2C模式的流量所牵制，也不会被传统的线下渠道所限制。无论是大品牌还是小企业在市场上都能处于同一起跑线进行竞争，玩的就是谁能利用好线上的资源，以及对线下产品、服务的调配。O2O市场前景广阔虽然不假，但即使是一大片蓝海出现在你面前，你没有张开双手去拥抱，那最后也只能一无所得。

3.2 传统企业驾驭O2O的六大理念

互联网发展大潮席卷而来，在短短几十年的时间里互联网中诞生了不少奇迹。从B2B到B2C再到O2O，互联网的不断成长给企业带来许多商机，在餐饮娱乐、休闲旅游、家居建材，服务零售等行业中都展现出了令人期待的“钱景”。虽然如今O2O仍是是一种新模式，对于传统企业来说很新鲜，对于传统的互联网企业来说，这样的模式也还没成熟。

但新事物总会带来新的生机，而要驾驭好O2O模式就必须得接受新的挑战，比如企业要保证产品和服务的质量，要保证物流仓储的正常运行……总而言之，传统企业要使用好O2O模式，要有好的理念，在充分理解O2O模式的基础上可从以下几个方面着手。

3.2.1 打造完美的用户体验

国内经济发展逐渐平稳，人们的消费已经从最初的对产品原始功能的消费向拥有高质量且有完美服务体验的产品转变。O2O模式的线上与线下结合本身就是一种新颖的体验方式，对于消费者来说这就是一种创新的体验效果。但无论是在线上还是在线下，企业对用户体验的把握还是要做到更细致完美才行。这就好比一道菜已经做到了色香味俱全，但用户在品尝的时候却发现了一根头发，那么整道菜就失败了。

企业需要让用户从寻找产品、挑选产品、购买产品、使用产品到享受购买后的服务整个过程的每一个场景都有良好的体验，这包括线上的，也包括线下的，当然也包括二维码等连接线上和线下的纽带。线上的体验主要包括感官体验、操作体验、情感体验，以及信任体验等，具体包括平台是否稳定，平台的交互性是否良好，平台有没有推送过多骚扰性的内容等；线下的体验主要是有产品的质量、使用的便捷性、完美的客服体验和售后服务，让客户在视觉、听觉、触觉、嗅觉、味觉等感官及心理方面都能得到完美的体验。

【案例15】三只松鼠的完美用户体验

三只松鼠是一个卖坚果的电商品牌，曾经在淘宝上做到在同类产品中销售遥遥领先。当微信来临时，三只松鼠开通了6个微信公众号，包括松鼠小酷、松鼠小贱、松鼠小美、三只松鼠、松鼠主人服务中心等。通过这些账号，三只松鼠开设了另类的电台、微杂志、松鼠动画等特色的栏目，帮三只松鼠打造了一个时尚、另类个性的平台，给其消费群体带来了完美的用户体验。

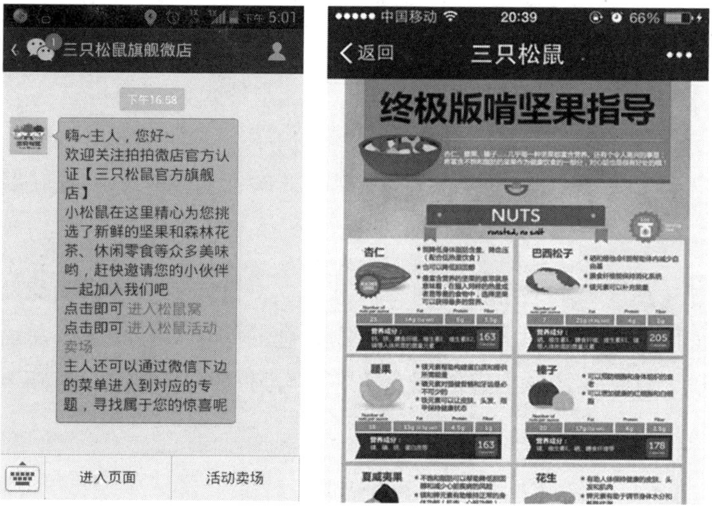

3.2.2 调整销售结构，避免内部竞争

传统模式的企业受电子商务的冲击并不明显，即使在B2B和B2C模式已经十分成熟的情况下也只是为传统企业多增加了一个销售渠道而已，并不会对线下的销售方式和渠道造成太大的影响。而所谓O2O即是把线上与线下结合在一起，这就令传统的销售方式受到了来自线上的挤压。因此调整企业内部的销售结构，让其适应O2O模式的运作，从而缓和内部的利益冲突是必然的举措。

比如，当新产品即将推出时企业可以将产品放到网上进行预售，当新产品推出后企业可以将新产品放到网上进行试销并且收集用户信息，以及用户对新产品的建议和意见。这样操作既获得了大量的用户和信息数据，也削弱了当产品正式发布后对线下销售造成的冲击。

或者可以相仿鸿星尔克的做法。鸿星尔克的线上销售策略其实很简单，就是根据不同款式的市场反映情况等因素将产品分为线下和线上不同的款式，采用不同的销售方式。适合线上的就采用线上的方式销售，适合线下的就采用线下的方式销售，在价格上有较大操作空间的可以选择线上与线下统一销售的方式。这不仅理清了销售渠道与销售效果的关系，也有效防止了线上和线下之间的直接冲击。知名女士服饰品牌茵曼也是如此，茵曼80%的货品在线上和线下是相同的，但会有20%经过精心挑选而专门用于做网络销售的款式。

不少传统企业也有自己的传统电子商务模式，他们大多是简单地将线下产品转移到线上，以零售的方式销售，而非O2O模式般将线上与线下有机结合。这也使得传统企业的传统电子商务难以利用其自身线下优势，造成电子商务屡屡进入盲区，无法突破瓶颈而达到转型的高度。

而O2O模式则不同，它要求将企业的架构，以及销售体系、后勤体系等整个企业的脉络疏通，然后结合互联网尤其是移动互联网的特点进行改造和有机地进行无缝结合，使企业互联网化。在此基础上，企业便可以将其所有的资源与优势通过O2O模式扩散出来。例如，当企业进行O2O模式的改造以后，企业内部的所有员工都将是一线的销售人员，通过微信O2O等方式打通所有员工的圈子，通过这种方式将企业的影响力不断辐射来增加企业的品牌知名度与销售额。当然，通过微信O2O平台，企业也可以间接地将所有员工的朋友圈管理起来，进行销售额、影响度、员工表现、人群属性、产品口碑等数据的分析，从而让企业更加接地气，也更加数据化。

3.2.3 打造完善的数据管理体系

“大数据”是2014年的热门关键词。数据化是每个企业都一直努力在做的事情。但在O2O模式下，大数据的运用与传统方式又有着不太相同的方法。对已经拥有了注册用户的企业来说，无论是线上的用户还是线下的用户都是一笔非常巨大的财富。通过发展大量的粉丝，建立和完善客户管理系统是O2O模式的基础工作。通过CRM管理打造适合企业自身情况的O2O模式是每一个企业都必须要做的功课。

用户是O2O营销的基础，只有有了用户才能正常有效地进行O2O运作。因此发展用户，挖掘用户信息，通过CRM管理收集信息，通过各种营销手段收集各种信息和用户是进行数据分析的前提。

微信公众号已经拥有了较为完善的数据统计和分析的功能，其用户管理及数据分析功能都适合于大多数的企业。因此，通过微信进行O2O营销能为企业省掉建立数据分析系统的费用及时间，这让企业进行O2O的门槛又进一步降低了。

3.2.4 O2O模式也要倚靠坚实的线下资源

O2O是线上与线下结合的模式，除线上的海量资源外，线下的优质有效的资源也是确保O2O模式高效运作的基础。

对O2O最直观的理解便是从线上导流，将客户引导到线下的店面体验、消费。因此若企业拥有大量的零售店、加盟店、特许经营店或者直营店，则对于企业的O2O模式来说都是一种非常有力的支撑。拥有大量的线下店面对企业来说是一种实力的象征，也是线上力量在线下的延伸。如果一个企业拥有大量的线下店面，拥有全国连锁的加盟店，便可以给消费者一种可以信赖的感觉，这对打造企业的O2O品牌和增加用户的黏度都是很有帮助的。而对于企业来说，拥有大量的线下店面是做好服务的有力保障，无论是间接说服客户在线上购买，还是在交易结束后实现承诺的售后服务都是很有帮助的。

【案例16】万达广场是“万达O2O”的重要组成部分

万达拥有强大的线下资源——在全国拥有超过30个万达广场，能将线下的有利资源作为Online环节的强有力保障。因此在2014年万达与百度及腾讯合作进入O2O领域时便是信心满满的态势。“我的下半环已经有了，正在打通上半环，就是把线上与线下融合起来。”王健林如是说。可见线下资源对于O2O模式的重要性，线下资源是撑起O2O模式的半边天！

（作为城市综合体的万达广场是“万达O2O”的重要组成部分）

3.2.5 打造移动互联网品牌

品牌是一个企业的灵魂，在传统的商业模式时代如此，在移动互联网时代也是如此。O2O模式是线上与线下结合的商业模式，能同时吸引线上用户与线下用户的企业必定是拥有良好品牌形象的企业。因此，传统企业打造一个有着时代气息的移动互联网时代的品牌对企业的发展是十分必要的，尤其是此刻，正当微信崛起的时候！

1. 打造微品牌需要练的"内功"

企业的自身形象定位、企业的文化宣传推广是十分必要的。比如万达O2O向外界宣称要打造全国最大的O2O电子商务平台就给用户一个定位十分明确，目标相当清晰并且旨在O2O领域大展拳脚的印象。我们可以形象地把这种策略叫作"练内功"。那么企业在互联网环境下打造自身的品牌需要练好哪些"内功"呢？

（1）品牌的定位要体现核心价值

有了清晰的品牌定位，才能真正打造自己的核心价值，也才能拥有忠实的用户，以及他们强劲的传播力量，才能通过移动互联网的平台将品牌信息传递出去获得更多的关注和认可。

（2）要做既实用又有特色的产品

有用的产品才能得到消费者关注，实用的产品才能得到用户，而有特色又实用的产品就能带来忠实的粉丝。这就好比实力派的影视明星会拥有大批的粉丝，而既有实力又有特点的影视明星则会拥有超高的人气，以及不可替代的影响力。所以，一个有特点且实用的产品才是根本，产品做不好其他一切对于用户来说都可以用两个字概括：忽悠！产品要是做不好，就别整那些虚的了。

（3）要做一个有口碑的企业

这是一个网络发达的年代，信息量爆棚，因此，到处都是"王婆卖瓜"式的推广信息，但孰好孰坏就很难说了。因此，人们都相信自己亲朋好友口耳相传的推荐。所以，把你身边的人搞定，让他再把他身边的亲朋好友搞定。只要你的产品真心有用，就必定能赢得口碑。

（4）做消费者肚子里的"蛔虫"

欲得一人心，最有效的办法就是知道他想要什么，然后投其所好，必能得到他的好感。所以，做品牌得去研究消费者，拿捏他们的心理，做他们肚子里的“蛔虫”，弄清楚他们想要什么，然后就给什么。换句话说，就是抓住消费者的需求点和痛点，那消费者就会心甘情愿地给你“点赞”了！

（5）认真倾听消费者的心声

消费者的每次反馈都是抱着很认真的心态与企业进行对话的，没有谁会没事找企业的客服聊天的。因此，他们要么是对产品在使用或者服务上有不清楚的地方，要么就是权益受损，或者就是真诚地为企业提意见。总之，无论是哪种情况，消费者都是抱着很认真严肃的心态与企业沟通的。若得到的是一句敷衍的话语或者是不负责任的态度，那无疑就伤了用户的心。用户的心都伤了，也别再跟用户谈什么品牌了。正所谓好事不出门，坏事传千里，你对用户敷衍不负责任，那换来的必然是被用户抛弃。真的，用户只需要动动手指在朋友圈发一条信息，企业的品牌形象就会被黑一大块！

（6）互动和沟通很重要

在社交网络时代，与消费者沟通必须得抱着平等的心态。消费者是上帝，这一点不容置疑。所以对待上帝要虔诚，不要弄虚作假，也不能敷衍。另外，在微信公众号或者别的平台上对企业进行宣传的品牌信息内容必须要“高大上”。高层次、大方得体、上档次的内容才能塑造良好的品牌形象。整天推送糗事笑话、星座故事、段子只能拉低企业在消费者心目中的形象！也别用什么官腔套话应付客户，那只能使消费者愈发地远离你。

【案例17】七匹狼的电商化

七匹狼曾是一个典型的传统企业，具有完美的传统企业形象，但是随着O2O模式的到来，七匹狼也跟随着时代的步伐，在品牌形象的打造上朝着具有O2O性质的方向进行。七匹狼电子商务总监钟涛制定的七匹狼电子商务策略的主旨就是要把七匹狼的品牌形象电子商务化，并且要具有明显的O2O气息。

七匹狼在收银台处设置明显的Logo墙，放置具有七匹狼品牌形象的Logo道具，在店面内到处放置着各种形象的海报、易拉宝等。在七匹狼的店面中还有利用各种道具宣传的优惠信息，并且通过二维码、导购员、店内电脑等方式将店面用户引导到线上进行选购。而在七匹狼的网站上设置的加微信、APP、微博、抽奖、优惠、新品推荐、论坛交流等方式也非常有利于七匹狼品牌形象的宣传。

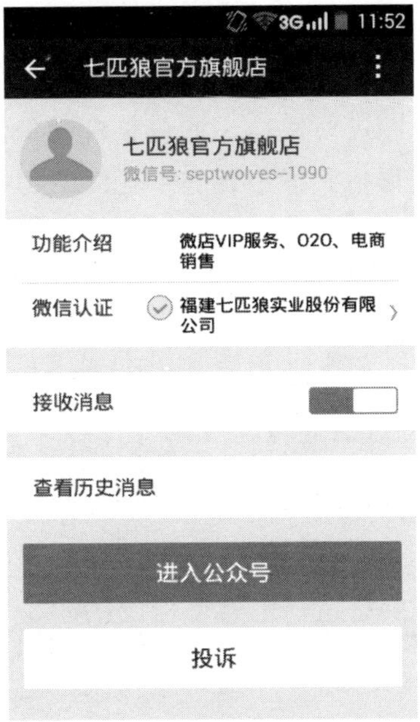

（七匹狼微信公众号）

“练内功”可以帮助企业内练一口气，但光有内功还不够，还要借力“武器”。微信就是一把锋利的武器。那么，如何用微信打造企业的移动互联网品牌形象呢？

2. 怎么用微信打造企业“微品牌”

随着国内经济的快速发展，人们生活水平的提高，人们的消费理念也发生了改变。在注重产品质量的同时，对产品品牌的“消费”也在人们的消费观念中深深扎了根。对于企业来说，品牌具有的商业价值是存在无穷无尽的挖掘空间的。在古时候，商贾会拼命守护自己的招牌和字号，而在现代，社会企业对品牌的打造更是有过之而无不及，这是因为现代社会信息传播速度之迅速、信息更迭之快让消费者更容易淹没在巨大的信息海洋当中而很难对某个品牌产生注意，也就是如今人们常说的——“酒香也怕巷子深”。

品牌是一种生产力，也是一种影响力。小米科技打造了性价比极高的小米手机，从而打造了影响力极大的小米品牌，通过小米品牌，小米科技生产的小米盒子自然而然也会得到用户的青睐。小米科技凭借一台性价比超高的小米手机，通过“饥饿营销”、“粉丝经济”等方式打造了一个现象级的小米品牌。那么企业做微信O2O该如何打造自己的“微品牌”呢？

什么是微品牌——微品牌自然不是微小品牌的意思，微品牌与大品牌并不是相对立的。微品牌是在互联网逐渐普及，移动互联网快速发展背景下产生的一种品牌形式。微品牌善于利用互联网进行传播，通过整合网络营销和网络终端销售的技巧在微信等社交媒体和平台进行自我塑造，它依托线上与线下结合的方式，是一种新兴的网络品牌形式。

（1）微品牌有哪些特点

① 依托新媒体平台

微品牌之所以“微”是因为微品牌的打造依托于微信、微博等移动互联网平台，通过微信、微博等平台进行运营与营销等企业常规动作。新媒体平台有利于培养企业的忠实用户和提高企业的营销额。未来，移动互联网将与人们的生活息息相关，因此企业要生存也必须要打造一个属于自己的微品牌——这个观点得到了大量营销人员的认同。

② 微品牌运营的互动性特征

微品牌是通过微信、微博等自媒体平台运营的网络品牌形式。而微信、微博都是国内大型的社交应用，它们的一大特征便是互动。通过微信、微博等移动互联网运营的微品牌必定要与其用户进行互动沟通，通过互动的形式进行销售，获取用户端建议进行产品改进，通过互动的形式聚集粉丝。这也是决定微品牌运营是否成功的关键点。

③ 消费者口碑传播性强

在移动互联网时代，人们接触最多的将会是手机，接收信息的方式也从被动慢慢转换到主动。以前，企业打广告会通过电视台、纸媒、户外等方式，对消费者进行狂轰滥炸，迫使消费者不得不知晓自己的品牌。而在移动互联网时代，品牌的传播主要通过消费者的口碑。朋友圈的分享、群组的交流、线下的口耳相传都微品牌最主要的传播方式。未来，打动消费者的绝对不只是一个好的广告创意，而是要让消费者愿意主动传播。

（2）为什么要打造微品牌

不同的企业有着不同的打造自己品牌的理念，微品牌是一种新的品牌形式，也是一种新的品牌运营理念。那么企业为什么如此有必要打造微品牌呢？

① 消费者消费理念的改变使得品牌运营理念不得不变。

有这么一个说法："微品牌是传统零售变革的时代产物"，这个说法是基于"终端消费方式"，以及"引导终端进行消费"的方式的改变而提出的。移动互联网的发展，将O2O商业模式直接推到了消费者的面前。消费者通过移动互联网获取消费资讯，使得企业打造品牌的方式发生了巨大的改变，颠覆了传统品牌的运营模式甚至生存基础。因此，企业品牌必须要进行改造。企业不能再以"灌汤"的方式迫使消费者被动地接受企业的品牌灌输，而是要以沟通互动的方式结合线上与线下的模式进行微品牌的打造。

随着移动互联网的高速发展，移动新媒体的逐渐普及，消费者获取消费资讯的方式变得更加快捷和多元化。而市场经济的推动也使得可供消费者选择的产品更加多种多样。所以当消费者有了极大的选择权和获取信息的能力后，对某个传统品牌的依附就会随之降低。在巴西、中国和印度，只有29%的消费者认为忠诚于偏好的品牌能够获得回报。通过互联网，消费者可以更加方便快捷地从亲朋好友处获取消费资讯、优惠信息方式等，而通过亲朋好友获取到的消费信息往往更具可信度，这致使传统品牌对自身品牌形象的维护变得更加困难。

一个名为"消费者将永远不会再像以前一样崇拜品牌"的调查显示，与2009年相比，消费者表示信任例如电视、杂志和报纸广告等付费媒体的比例只有47%，下降达到20%以上；而相信口碑传播，以及亲朋好友的建议的消费者高达92%，比2007年增加了18%；另外，相信网络评论的消费者的比例为70%，在最值得信赖的广告形式中排名第2，在4年内增加了15%。

许多人会感慨"一入商界深似海"。商海的急剧变化让许多人都招架不住，最后面临被淘汰。这世上没有不变的事物，包括早已成熟并"统治"整个商界的品牌运营理念，也包括早已深入民心的大牌子。王老吉的品牌影响力持续下滑，而加多宝却腾空而起便很好地印证了这个道理。在移动互联网的影响下，传统的品牌运营理念已经岌岌可危，创新的微品牌开始逐渐垄断商界。电视广告的观众人群急剧下降，纸媒广告、户外广告的形式也慢慢失去了消费者的认可……品牌运营模式正朝着以微品牌理念为代表的更精细化、更垂直、更不受时间空间限制的方向发展。因此，逐渐削减传统品牌的运营投入是企业迫切要考虑的事情，而微品牌的打造对于传统企业来说，其实也已经是刻不容缓的事情了。

② 打造微品牌拥抱全网化的“云时代”。

“云时代”即将到来，大数据技术的革命性颠覆，使得传统粗放的商业模式面临着向精准营销的方向发展，也打造了一个数据互通、智能化计算的“云时代”。未来的商业模式会由云技术和社交元素主宰。这是因为消费者的生活方式发生了极大的改变。消费者以智能手机、平板电脑、智能电视为主体的生活方式使得传统的品牌运营所依托传统电视广告、纸媒广告、户外广告的方式已慢慢走向衰退。而未来云技术通过全网数据渠道的数据分析为企业和消费者进行对接。因此，通过打造微品牌建立自己的新媒体平台从而拥抱“云时代”是企业走向未来的明智之举。

③ 消费者地位正逐步提高。

曾几何时，消费者遭遇企业店大欺客而无处诉苦；曾几何时，企业服务态度恶劣消费者却只能无奈——这些都是在几年前消费者常常会抱怨的现象。然而，随着移动互联网的发展，随着自媒体的诞生、社交媒体的兴旺，消费者的地位也得到了提升。

“顾客就是上帝”，这是行商最普遍认可的商业准则。然而在以往的商业模式中，商家往往占据了主动，使得有时候“顾客就是上帝”变得有些苍白无力。不过如今消费者的地位却因为消费者们团结了起来而得到了大大的提升。通过移动互联网的社交网络技术，消费者们更便捷地获得其他消费者对某个企业的评价。移动互联网也将企业“网”了进来，暴露在所有消费者的监管之下，因此企业必须做到“顾客就是上帝”，否则后果会是企业最不想看到的。

工业时代的以厂商为中心的B2C模式，正在逐步被信息时代的以消费者为中心的C2B模式所取代！最近流行起来的以信任为基础的商业模式“T2C”也从侧面反映出企业从“信任”方面的深远考虑。在此基础上，企业打造自己的微品牌，通过与消费者的沟通交流，听取消费者的意见和建议，从而获取消费者的信任变得至关重要。

综上所述，企业打造微品牌是时代发展的趋势，也是企业发展的必要措施。若面临时代的急剧变迁而不采取任何措施去变革，那么企业是难以维持的。在微品牌的打造上，企业以互联网为杠杆，在创意以及与消费者互动沟通上下功夫，即使没有大量广告投入，通过消费者的反馈、大数据云计算的方式循序渐进，最终必定能打造完美的微品牌形式，实现赢利和品牌扩张。

（3）企业如何用微信打造微品牌

品牌，是人们对一个企业及其产品、售后服务、文化价值的一种评价和认知，是一种信任，是一种商品综合品质的体现和代表，是可以给其拥有者带来溢价、产生增值的一种无形的资产，它的载体是用以和其他竞争者的产品或劳务相区分的名称、设计、术语、象征、记号或者设计及其组合，增值的源泉来自于消费者心智中形成的关于其载体的印象（内容来自360百科）。

既然微品牌对于一个企业来说如此重要，那么如何用微信来打造企业的微品牌呢？从以上对“品牌”一词的解释中我们可以了解到，品牌最重要的作用在于：区别于其他竞争者；增加产品附加值；形成消费者对产品的认可。针对这几点，下面我们结合微信的特点对“企业如何用微信打造微品牌”进行讲解。

在微信的体系中，微信拥有微信个人号、微信服务号、微信订阅号，以及微信企业号。在企业用微信打造微品牌的过程中应以这几个“账号”为载体进行。微信个人号用于取得用户的信任和认可，以及与用户沟通交流；微信服务号用于营造企业形象，完成预约、售后等各项服务；微信订阅号实现内容推送、传递公司文化和管理用户；微信企业号用于企业上下游合作伙伴的沟通及企业内部文化的塑造。具体来讲，企业要打造微品牌需要从以下几点入手。

① 与用户进行感情沟通，打亲情牌

人们之所以相信自己的亲朋好友是因为他们互相了解，并且和自己的亲朋好友之间存在着深厚的感情。因此，通过微信与用户进行沟通当然不只是对自身的产品和服务进行介绍，更重要的是要培养与用户之间的感情。销售其实就是销售自己，只有别人对你认可了才有可能购买你的产品和服务。用微信与用户建立起一个沟通的纽带，通过微信给予用户关怀，与用户进行探讨从而引起共鸣培养感情，久而久之，用户便会对企业产生信赖感。当然，任何的情感培养都是需要时间和创意的，经常利用微信给用户送出惊喜便会收到意想不到的效果。

【案例18】绝味鸭脖——订阅者的小伙伴

关注了绝味鸭脖订阅号的用户都会发现，绝味鸭脖不像是一个冷冰冰没有生命的机器，而是一个会嘎嘎叫的小鸭子，其名字叫作“绝小鸭”。绝小鸭通过“找你鸭”、“绝味高考”、“猜图”、“绝味最嘎音”、“数鸭子”等趣味游戏与用户在微信中轻松互动，就像一只调皮的小鸭子，与用户在游戏中产生了感情，得到了用户对品牌的认可。

② 强化交互体验性，增强用户体验度

微信的理念是连接人与服务、连接人与人。因此，企业通过微信所要连接的不仅是企业的服务与用户，还要实现人与人的连接。所谓人与人的连接指的是企业也作为一个人存在，与用户进行互动。只要实现了人与人之间的连接，用户才会认可企业的品牌。没有人会喜欢一个不与用户沟通互动、不与用户交流的企业，因为这无法满足用户的消费体验。只有让用户在消费体验上得到了满足，他们才会将企业的品牌推荐给亲朋好友，企业的品牌才能得到普遍的认可。

【案例19】德克士：与代言人罗志祥互动

德克士的微信公众号设有专门的互动板块，包括“德克士传说归来”、“德克士南瓜大搜罗”、“德克士田园薯条”、“意见反馈”、“微博直通车”等。这几种互动方式各有特色，分别以游戏、微博、引导朋友圈分享、直接反馈意见等方式与用户实现沟通。德克士其中一种互动方式是比较值得一提的——与代言人罗志祥互动。只要在德克士公众号中直接发送信息“音乐罗志祥”、“小猪最棒”、“舞王小猪”和“我爱小猪”就能听到代言人罗志祥的回应录音，其中在“音乐罗志祥”里面，有242首歌曲是随机播放的，趣味性很浓。由于罗志祥的高人气，也给德克士带来了很活跃的互动性，拉进了企业与用户之间的距离。

（德克士的微信公众号）

③ 以企业实力为基础，优化微信服务

知己知彼，才能百战百胜，了解用户是一个非常关键的步骤。只有了解了用户的需求才能针对用户需求为用户提供相应优质的产品和服务。在了解用户的需求之后，要为其提供企业核心的价值，并想尽办法解决用户在咨询、预约、订购、售后等各环节上的痛点。如此，才能让企业在用户心中坚实可靠的形象更加深刻。

【案例20】南方航空公司的服务营销

南方航空公司的微信公众号开通于2013年1月底，随后不断实现了机票预订、办登机牌、航班动态查询、里程查询与兑换、出行向导、城市天气查询、机票验真、里程积累等服务功能，通过这些功能用户可以获得快速、便捷的服务。正是基于这些便捷的击中用户痛点的服务，到2013年4月25日南方

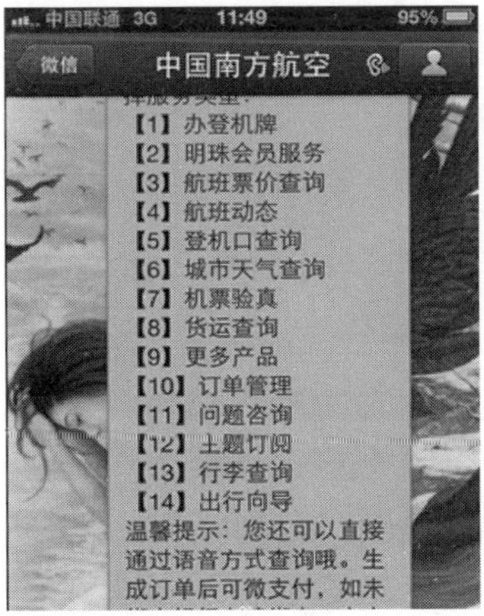

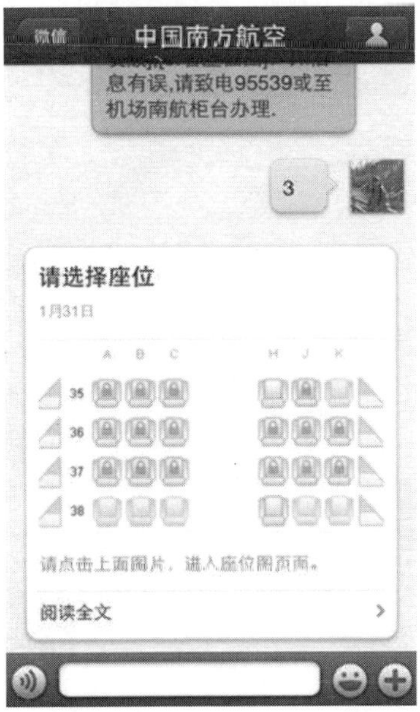

航空公司公众号的用户达到20万人，之后南方航空公司的公众号用户仍持续野蛮地生长。

④ 将趣味的有奖活动与品牌运营结合

在微信平台上，用户对好玩的有奖活动非常感兴趣。因此，通过一些有趣的内容来宣传品牌，通过奖励的方式来运营品牌会给企业的品牌打造带来帮助。企业可以通过举行有趣的、有奖励的同时又易于传播的互动活动来推广企业的品牌。比如企业的卡通Logo头像的创意征集，线上与线下结合的上传趣味图片的有奖评选活动等。

【案例21】深圳圣廷苑酒店“猜歌之王”活动

圣廷苑酒店的“猜歌之王”活动在活动期间于每晚7点左右开始，圣廷苑酒店通过发布一些辨识度非常低的歌曲的前奏或者其他片段让用户猜歌名。用户只要发送“我要猜歌”即可参加“猜歌闯关”。获奖的用户可以获得酒店房券等奖品。

（深圳圣廷苑微信公众号）

⑤ 有品质的内容营销体现企业文化厚度

“内容为王”是永远不会过时的营销手段之一。企业用微信向用户推送内容的质量在很大程度上左右了用户对这个企业品牌的认同与否。企业通过微信向用户推送内容可以实现百分之百的达到率，但也正是因为如此，许多企业便疯狂地向用户推荐企业的各种新产品，这只能让用户反感。微信公众号要服务的是企业的用户，因此要先从用户的角度出发。用户想要看到的是有价值的内容，是有品质、有质量、有深度及有厚度的多样性的内容，而不是漫天的骚扰用户的推销信息。只有利用高质量的内容，真正是用户需要的内容，才能留住用户并且自然而然地达到企业的销售目的。

【案例22】深圳芙蓉楼微信内容营销

在2013年国庆节期间，电影《小时代》上映，芙蓉楼借助了这部热映电影之势推出了“大食代”专题得到了许多喜欢电影《小时代》的消费者的共鸣，获得了极高的曝光度。接着，芙蓉楼又根据国庆节的阅兵式推出了芙蓉楼的“阅兵仪式”——“招牌美食大阅兵、调味品牌大阅兵、服务亮剑大阅兵”活动。“阅兵仪式”活动同样也受到了用户的欢迎。活动内容原文如下面两张图所示。

《小时代》刚刚落幕，大时代悄然登台！
我们甚至来不及回忆那些泛黄的片段……
崭新的篇章正在翻开！
感谢您，中国！
辉煌的大时代……
祖国，64华诞！有您，有梦，有未来！

企业可以用微信打造自我品牌，因为微信是一个非常适合且有效的平台。然而除了微信公众号，微信个人号也可以成为企业打造微品牌的有力工具。一个微信个人号就代表了企业的一分子，企业的每个员工的微信个人号就是企业的一分子。通过员工的个人号，或者企业另外开通的微信个人号，都能进行微品牌的运营。这种方式与在微博火热的时候企业高层纷纷开通微博“大V”账号进行品牌传播是一样的道理。那么，在微信个人号上如何打造微品牌呢？

（4）在微信个人号上如何打造微品牌

① 微信的名称与头像的设置

微信的名称和头像是每个微信账号最个性也是最容易区别于其他微信账号的内容。有很多微信用户尤其是年轻用户的微信名称和头像都非常有个性，比如有的用户的微信名称是“火星文”、长串的英文字母、各种符号等，不过让人难以记忆。然而，对于企业用来运营微品牌的微信个人号来说，太个性以至于令人难以记忆的微信名称是不可取的，应尽量简单明了并且能体现企业的元素，比如用企业名+个人姓名、产品名+个人昵称等方式，例如×××企业×××，或者×××品牌×××等。这样的名称不仅直接明了容易记忆，而且还体现了企业的元素，让人感觉很真实。另外，微信名称最好不要常常改动。常常改动的微信名称会给别人一种不稳定、不靠谱的感觉，不利于品牌形象的塑造。

另外，微信头像也尽量要真实，最好能用本人的真实照片。当然，照片最好是近照并且能让人产生亲切感，可以是自己与公司背景墙的合照，也可以是自己身着制服的照片等。不要用一些天马行空的图片作为头像，让人不知所云。而个人资料等信息当然也要真实可靠，尤其是国籍和城市。把自己的国籍写成美国、加拿大等外国不利于取得好友的信任。

② 微信内容要真实展现自己

要想取得别人的信任，就必须要展示真实的自己，因此你在微信里的一言一行都必须是真实的内容。微信个人号的内容发布主要靠朋友圈，所以在朋友圈里面发布的内容必须要真实而且不矫揉造作。

可以通过朋友圈、微群发布或者分享一些好的文章，不必硬生生地将自己的企业和品牌套进去，也可以发布一些自己的工作、生活的感悟和照片。总之，要让通过你的内容知道这个账号背后是一个真实的和自己一样生活的人。只有拉近了自己与别人的距离，别人才能相信你，相信了你也就不会对你所代表的企业或者品牌方案有疑问，反之你的好友还会对你在哪个单位工作，这个单位是什么样的单位感兴趣。

总而言之，你必须与他们聊天，将自己的生活、工作展示出来（当然不是将所有隐私都摆在众目睽睽之下，因为这也是一种不真实、不正常的现象），以一个真实的自己拉进与他们的距离进而打动他们的心，才能取得他们的信任并且信任你所代表的品牌与企业。

③ 多种渠道展示自己

我们不难会发现一个现象，经常走进你的视野的人会比较容易获得你的信任。因此，要懂得展示自己，在不同的平台以不同的方式尽量展示自己，让别人能在不同的渠道看得到你，你便容易获得信任。在自媒体时代，每个人都是信息的产生者和传播者。所以，将自己所写的对生活的感悟、对工作的经验总结，你所拍的好的照片或是其他内容尽量用更多的方式展示出来，让更多的人关注你。除了微信，QQ空间、微博、本地论坛、贴吧等都是很好的展现平台。

④ 借助外力提升自己

微信将人与人的距离拉进了，无论是身边的亲朋好友还是明星大腕仿佛就在我们身边。它让你与你的朋友距离更近了，自然你的朋友与他的朋友之间的距离也会拉进。因此在微信上借助别人的力量来推广宣传自己是非常有效的方式。朋友的力量是不可小觑的，而另外有一种人的力量更强大。在微信中，常常会有很多行业大佬或者明星建立的各种群，因此你可以加入这些群并成为活跃分子，得到大佬们的青睐，与他们成为朋友，他们会非常乐意为你传播你的品牌的。所有的大佬其实都是普通人，他们也一样喜欢帮助自己的朋友。但前提是你必须要真诚谦逊、必须要以真实的面目面对他们。就像前文提到过的——你必须要展示真实的自己才能打动别人。

3.2.6 提升O2O创新能力

O2O模式目前仍是新事物，对于许多中小企业来说，O2O模式仍是难以利用的“空谈”而已。其实无论何种新事物，在其刚出现时都难免会被斥为“怪咖”，不过新事物在成熟之后人们就乐于接受了。而O2O这种新的商业模式从出现到成熟，必定需要所有企业的共同运用、挖掘和创新才能将它的优势发挥得淋漓尽致。而在挖掘和创新的过程当中，哪个企业走得最早最快，获利也相应最大。如果等O2O模式“瓜熟蒂落”，等O2O模式已经形成固有的套路再按照套路走，那就好比如今个人用户想要在淘宝淘金一样艰难无比；也好比团购一般，等团购模式已经成型得变成“傻瓜式”的套路，行业洗牌已经完成，届时再想要进入团购领域开拓市场，其难度可想而知。因此，企业必须要学会在O2O领域创新，并且能建立起有利于提升O2O模式创新能力的体制。

创新能力一直是国内企业所缺乏的精神，尤其是互联网企业。中国互联网企业一直被称“总是山寨国外模式”，这当然不是我们想要看到的状况，因此也急需改观。目前国内O2O模式的运营状况多为团购模式，在运营的灵活度、创新能力及赢利能力上都比较弱。所以，企业必须学会创新，在营销手段上、赢利方式和模式上都必须学会“耍花样”！

比如，鲜花店可以为购买鲜花的顾客提供带有参数的二维码，让顾客自定义输入自己想要对收到鲜花的亲朋好友所有说的话。当对方收到鲜花的时候通过手机扫描二维码就能看到送花者的文字、声音等形式的祝福。

【案例23】胡须先生鲜花的O2O模式：上门服务

胡须先生是一个垂直的电商品牌，主要产品为鲜花，以提供鲜花送货上门服务为主要特点。其模式是客户在网上订购（以移动互联网为主），线下上门服务，提供个性化定制的模式。胡须先生在保证鲜花的优质品质的同时（胡须先生引进荷兰高端花卉，与全球领先的鲜花供应商安祖、西露丝、Kapiteyn建立了长期合作），尤其注重线下配送能力，在供应链衔接、仓储物流等方面加强把控，确保了线下的控制能力，完美解决最后一公里的配送问题。

另外，胡须先生使用微信扫码支付的方式解决支付问题，微信用户在公众号内输入收件人、手机号、收货地址等基本信息后就可以直接下单，并通过微信快捷支付，形成O2O闭环。另外，为完善整个O2O体系，胡须先生还在北京、杭州等地方开设线下体验店，供用户到店体验和消费。

再比如，母婴产品企业可以利用年轻父母初为人父、人母的心理，只要用户将线下所有关于婴儿的照片都上传到企业的系统平台上，通过相应的评分机制而得到不同的得分可以获得不同礼品的策略来吸纳粉丝。而在这个免费为用户送礼的过程中，企业不仅可以收获大量的粉丝，还可以在这个过程中合理添加能产生营收的环节。

（胡须先生的微信公众号）

【案例24】母婴连锁零售乐友孕婴童的“三位一体”O2O模式

国内母婴连锁零售企业乐友孕婴童的“三位一体”模式是沿用了很久的模式，但是具有强烈的O2O气息，也给乐友带来了巨大的成功。乐友的“三位一体”模式是“连锁店+网上商城+APP”的模式。其优势是和厂商直接对话，将产品同时放在线上和线下渠道进行推广、销售，直接省去中间的流通的环节，从而大大减少成本获得巨大的利益空间，让消费者能同时在线上和线下渠道获得足够的优惠。

（乐友母婴微信公众号）

另外，在O2O创新方面已经有不少知名企业付诸实践了，无论是互联网企业中的淘宝、当当、麦考林，还是传统企业中的徐福记、沃尔玛、统一，它们都处于O2O模式的践行当中。只有根据线上和线下的不同情况做出调整，实现线上和线下完美结合才能推进O2O模式的顺利发展。

【案例25】Giftly创新O2O送礼方式

Giftly 是一个电子卡片赠送平台。Giftly 的O2O模式创新的地方是，通过赠送朋友现金券把朋友从线上引导到线下店面中。

这种方式是一种比较有意思的方式。按照传统方式，我们给亲朋好友送礼通常都是抱着礼物直接找到受赠对象将礼物亲手交给对方，并说上几句祝福语。但Giftly是把受赠对象直接带到线下商家店面中。具体的操作方式是，用户通过Giftly平台制作一个卡片，在这个卡片上写上祝福语、挑选要赠送的礼物并完成支付，然后便可以将这个卡片通过微信、微博或者手机短信等方式发送给受赠的对象。当受赠的对象收到卡片后，就可以拿着卡片到线下的商家店面进行消费。Giftly还在平台上加入LBS定位、用户评论等特色服务，使平台功能更加吸引用户。这是一个完整的O2O闭环过程，也是一个创新好玩的O2O模式。

（Giftlty）

3.3 哪些类型的传统企业适合做微信O2O

O2O模式的概念虽然诞生时间并不长，但是O2O模式早已经存在，并且近年来，O2O的市场规模在不断上升，如下图所示，将来O2O模式将是主流的商业模式，也是企业商家最优先考虑的商业模式。如今已经相当成熟的团购也是O2O模式的一种，从如今的美团、大众点评等团购类网站上我们不难发现，其产品以服务类型的居多。那么O2O模式又适合什么样的产品和什么样的企业呢？

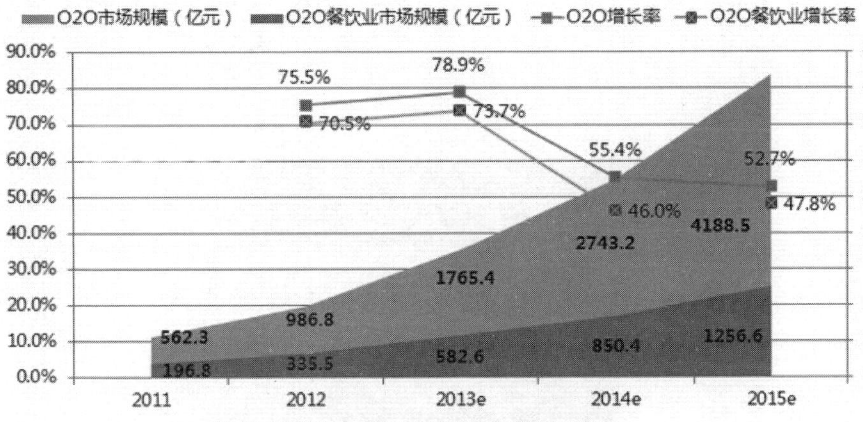

2011-2015 年中国020市场规模及预测

3.3.1 O2O模式下产品的特性

O2O模式是要用线上的推广宣传把线下的用户吸引到线上指定的平台上，然后通过平台的引导再将用户导入到线下企业的各个门店，在用户到达门店后又通过各种营销手段将用户圈在自己的平台中并促使用户再次到线上了解企业的产品，到线下消费，如此循环往复。因此，O2O模式下的产品应是服务性质较强的产品，例如餐饮娱乐、休闲服务、电影等行业，而不是打印机、大型家具等对库存要求较高的商品。另外，O2O模式下的产品具有比较偏向线下服务的特征，例如健身、零售、美容养生等，而不太具有可送货上门的商品性质。

3.3.2 O2O模式适合哪些企业

根据O2O模式的性质和特点，我们不难分析出O2O企业适合经营什么类型的产品，当然也不难看出哪些企业适合O2O模式。我们可以得出一个大概的方向：O2O

模式偏向服务型的产品和企业；偏向本地化的企业；偏向运营和操作比较灵活的中小型企业；偏向具有大量流量和用户的企业；偏向价格不能过低并且是标准化的非定制性的产品。那么究竟是哪些企业可以采用O2O的模式进行改革，帮助企业向前发展呢?

1. 连锁餐饮企业

餐饮行业是团购行业里最受欢迎的行业，无论是消费者还是餐饮公司及团购平台，他们都欢迎这种团购模式。O2O模式也同样适合餐饮行业，尤其适合大型连锁餐饮企业。连锁餐饮企业有大量的门店，适合进行O2O的线下运作，同时也很适合进行线上的操作。比如广西的“柳盛快餐”，消费者既可以在微信上直接实现订餐叫外卖，也可以在门店就餐。

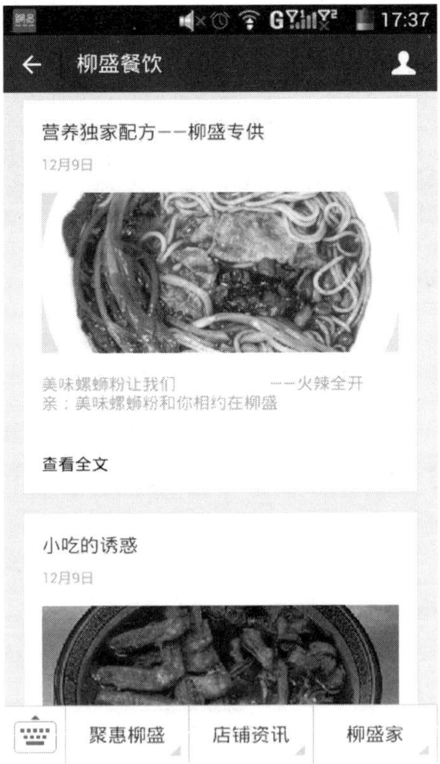

（柳盛的微信公众号）

餐饮业是O2O的重要领域，近几年来餐饮O2O的市场规模在不断扩大，目前呈现高歌猛进的趋势。

2. 连锁零售百货类公司

便利店或者百货公司以线下销售为主，在拥有大量的线下店面的同时加强线上的推广即可增加线下的销量。用户在线上下单，在上班或者回家的路上经过便利店时到店里取货，这样的场景将是零售百货类公司最主要的O2O模式之一。

3. 生活服务行业

生活服务行业的服务性质是本地化，客人只有到门面才能接受服务，但是如何才能将用户引导到店面，一直让很多生活服务类企业所头痛。比如很多美容养生的店面就很难招揽生意，以至于有不少这样的企业只能将店面开到小区里面。虽然小区经济也是目前发展比较蓬勃的模式，但是美容养生类的店面在小区里经营难免会屏蔽大量小区外的客户。

而O2O模式则有利于生活服务类的企业将线上的流量引导到离用户最近的店面进行消费，大大扩大了生活服务类企业的客户来源，其中涉及的企业有酒吧、咖啡厅、电影院等。

4. 本地化网站

本地化网站和论坛通常是最了解本地文化、经济、商业、历史等领域的平台，也是最能整合本地资源和组织本地网民参与活动的平台。因此，本地化网站和论坛结合自身的影响力进行O2O运营，整合本地的商家资源和相应的用户进行匹配，利用微信等第三方平台，以及自身的平台进行运作，也是一条很好的O2O运作之路。

5. 具有团购性质的网站

团购网站本身就具有O2O的属性，因此一些专门针对地域化或者针对某个行业的垂直类的网站做O2O也是比较有优势的，比如本地化的建材类团购网站可以整合本地的建材商家资源与消费者进行匹配，通过线上团购，线下送货的方式操作。

随着O2O模式的不断变化，以及传统企业的不断互联网化，会有更多的行业和产品可以采用O2O模式进行运作。但对于想要运作O2O模式的企业来说，首先要建立一个微信O2O平台。这个平台当然可以用微信公众号来搭建，还可以用订阅号和服务号搭建，两者也可以同时搭建，甚至可以同时做多个公众号。公众号要有必要的展示页面，比如微官网，也要有微商城这样不可或缺的重要销售渠道。微信公众号是做好O2O的一个非常有优势的第三方平台，并且微信适合大企业也适合中小型企业。

3.3.3 企业做O2O需要注意什么

O2O模式仍在不断地发展当中，在发展的道路上仍会出现这样或那样的问题。在O2O模式还没有成熟之前会有各种模式上的弊端，这些问题都需要企业去留意，去想方设法解决。当然，这也是行业的问题，如果能解决行业内的其中一个问题，那么那你就处于行业中的领先地位，说不定还能当上行业老大哥。

那么，O2O模式又有哪些不足，企业应该怎么解决呢？

1. 解决诚信问题

在商者，诚信为本。这是所有从商者都必须要遵守的基本商业规则和道德原则。O2O模式是信任的模式，必定会引起许多人的不信任，就好比当年马云在推广他的电子商务时被当作骗子一样。因此，企业运作O2O模式一定要以诚信为本！在2011年到2012年团购行业“千团大战”的时候，许多团购网站因为资金周转困难而拖欠商家款项的事情，曾一度造成让商家抵制团购，团购业务发展停滞。曾经发展迅猛的24券也正因如此而轰然坍塌。这就是诚信问题所造成的恶果。

因此，企业应该建立起完善的诚信机制。无论是在第三方平台上，比如微信，还是在线下店面或是在企业内部体制上，都要将诚信机制完善，并且能够呈现给消费者看。要引入第三方的监督、重视工商部门和消费者的意见和建议，当有不利于塑造企业诚信形象的情况发生时，必须采取快速的解决方法，给消费者一个满意的回答。当然，必要时给自己一些惩罚也是很有用处的。

2. 模式固化问题

O2O是一种商业模式不假，但是任何一种商业模式都如“武林秘笈”一般以无招胜有招。所以，O2O模式不能固化，不能只按照某一种固定的套路来，而是要结合具体的情况进行创新和调整。

（1）尽量多挖掘赢利点

无论是纵向还是横向，每个企业都会拥有可产生赢利的环节，再加上线上资源的引入，企业并不会缺少赢利点，关键在于如何挖掘。无论是在企业原有的生态体系上，还是扩展渠道，抑或是跟其他企业合作，企业都能从线下到线上寻找到合适的赢利点。比如便利店可以跟生鲜供应商合作，在承担“取货点”角色的同时也可以挖掘更多的赢利点——客户购买了一只鸡想要炖鸡汤，便利店就为其精选清补凉等炖鸡汤的材料；客户买了排骨，便利店就为其准备烹饪糖醋排骨的醋和糖……这些不胜枚举的消费场景即是可挖掘的O2O创新的赢利点。

（2）注重线下体验

O2O是从线上到线下，再从线下到线上的过程。在这个过程中，线下的体验至关重要，如果用户在线下体验差就失去了重返线上的动力，也就失去了连接O2O的纽带，这便是一个失败的O2O操作。

因此线下的服务必须要做到位，也必须做得新颖，能让用户产生想要分享的心理便算是成功的。线下的免费项目、互动环节、咨询服务、促销活动等都是刺激用户再次消费和在线下及线上口碑扩散的重要方式，在这方面，商家和企业必须拿出比传统模式更多的精力去探索。

（3）流量导入的问题

流量问题是基础的问题，如何获得流量是所有做电子商务的企业必须要解决的问题。传统B2C模式的流量主要来自线上，通过淘宝、搜索引擎和网站导航等方式进行分发。自移动互联网诞生之后，流量的入口变成了APP、WAP等方式。其中微信变成了一个最大也是最活跃的流量入口。因此在传统企业进入移动互联网领域运作O2O时，利用微信O2O带来流量是一个最直接也是最有效的途径。

微信作为一个重要的流量来源，主要体现在以下几个方面。

① 微信公众号：企业可以利用微信公众号吸引用户并且通过内容推送、高质

量的服务等方式培养忠实粉丝，通过平台的影响力及公众号中用户的口碑传播可以产生稳定流量。

② 微信朋友圈：微信朋友圈是目前微信平台上用户使用最多的功能之一。在微信朋友圈中，用户可以分享大量的内容，这些分享传播的内容会给企业带来大量的流量。

③ “附近的人”功能、LBS入口：通过“附近的人”功能，微信用户可以搜索到附近的店面，从而进入店面的页面；而通过微信的LBS功能，比如地图功能，即可找到附近的商家。

④ 关联的流量：微信是腾讯目前最重要的产品之一，通过各种方式给微信带来流量也是腾讯必然会去探索的问题。在目前看来，腾讯微博、QQ空间也是微信流量的重要来源。

⑤ 扫一扫：通过二维码将线下的用户变成公众号的粉丝，或者将线下的用户引导到线上参加线上活动也是一个很好的导流方式。当然，微信的扫一扫功能除能扫描二维码以外，还可以扫描封面、街景、条形码等，这也能带来一定的流量。

⑥ 广点通：广点通将会是微信重点打造的在微信内分发流量的一个重要平台，通过广点通商家可以获得精准的流量，便于营销。

3.4 微信有哪些O2O属性

微信公众平台每天新增超过8000个用户，这表明了企业对于微信的认可。这不仅因为微信已经成为移动互联网最大的流量入口，也因为微信为企业打造了许多结合现实又充满想象的触点场景。微信的一大功能就是将用户行为场景化，并将这些场景化的操作行为向消费行为引导，这就是微信最大的O2O性质所在。微信O2O充当的不是简单地将线上流量通过各种接口或者功能引导到商家页面或直接引导到线下的角色，其更重要的功能是打通线下到线下的联合，增加线下用户对线下店面的精准性引导，以及用户对线下店面、商家的黏度和忠诚度。

前面提到过微信具有成为最大O2O平台的潜力，这是因为微信具有许多O2O的属性。这些属性不仅让微信抓住了超过8亿的用户，更让其抓住了成千上万的商家。那么微信究竟有哪些O2O的属性呢？

3.4.1 微信的极简主义

当今社会，城市化越来越明显，人们为了工作起早贪黑，疲于奔波，生活的节奏越来越快，人们连思考的时间都很少，恨不得吃饭都能有人代劳，一切从简逐渐成了人们生活的原则甚至法则。

微信是人们使用最多的社交软件，只要是智能手机其中都会装一款微信，这是因为微信功能强大，使用却又极其简捷，就好比威力无比的机关枪，只要扣一下扳机就能发射一般。微信可以使用QQ号直接登录，非常便捷；微信搜索可以让用户方便地搜索公众号、相关文章、好友及聊天记录，寻找任何相关信息都非常简单；微信朋友圈提倡发图片而不是发文字也体现了微信站在用户角度思考的原则，发图片不用付诸过多的思考，而发文字则需要创作过程；微信具备了购物、充话费、管理银行卡、购票等功能，它们都是通过简单的步骤就能进行操作的……微信简洁的操作是其用户黏性不断提高的一个原因，极简主义符合当代人的生活规律。当碎片化时间占据人们生活中越来越重要的位置时，这种以简单为出发点的创意无疑会受到用户欢迎的。

3.4.2 微信的O2O平台属性

微信的目标是连接一切——连接人与人、连接人与服务。既然作为一个连接的载体，那么微信在成为人与人、人与服务之间的连接时，也注定了微信必然会是一个良好的中介平台。这个平台连接了商家和用户，成为商家和用户之间中间枢纽，以及资源匹配的平台。另外一方面，微信用户从线上到线下的距离非常短，用户能很简单地从线下通过微信到达线上，也可以从线上便捷地到达线下，这非常便于商家进行O2O营销操作。

微信对于商家来说，是一个可以进行营销的工具。企业和商家可以通过微信的公众号培养属于自己的忠实粉丝，通过微信个人号进行信息的传播，通过微信企业号对企业内部，以及企业的上下游合作伙伴进行结构和合作关系上的梳理；微信对于消费者来说，是一个强关系的社交工具，是一个在生活上开拓人际关系，在工作上联系上下级、合作伙伴及客户的工具，也是一个可以在其中消费的“集市”。而对于微信来说，微信是为商家提供客户来源、数据分析、营销工具、推广宣传渠道、CRM管理等功能和资源的平台；当然，同时微信也是给消费者提供社交、即时聊天、地图查找、分享评论、消费资讯、休闲游戏等功能的实用工具。总而言之，微信就是一个汇集了商家资源和用户需求的大型的整合资源的适合O2O模式营销的平台。

3.4.3 O2O的闭环环节——支付

2013年8月5日，微信支付问世。在这一天，很多人都会问起关于微信支付是什么的问题——微信支付是什么？微信支付有什么用？微信支付相对于支付宝来说有什么优势？其实，微信支付并不神秘。微信支付与支付宝的性质一样，是一款第三方支付的平台。只不过支付宝属于阿里体系，而微信支付属于腾讯体系。微信支付的开通对支付宝来说是一个坏消息。

微信支付的开通让腾讯以微信O2O为主要模式的电子商务在支付上形成闭环，为其将来的电商帝国打造奠定了坚实的基础。而事实也证明了微信支付在诞生后的几个月内就实现了AA付款、面对面付款等O2O移动场景化性质十分明显的支付功能。而到2013年10月，微信支付诞生仅仅两个多月的时候，选择用微信支付的订单累计达到35万单，订单金额突破1亿元。不到3个月的时间，微信支付订单总额已经占到易迅订单总额的5%以上，增长速度十分惊人。

微信支付的开通，让微信的个人号+微信公众号+微信小店+微信支付的O2O模式得以形成闭环，形成了一个完整的生态体系。在这个生态体系内，微信可以产生流量，可以将流量按照精准的方向进行分发、分组，可以将流量引导到微信公众号、微信小店进行消费，然后在最后的支付环节完成闭环。

3.4.4 微信是移动互联网的超级流量入口

微信精准流量产生的逻辑是：通过购买频繁的行业入手，尤其是针对交易金额较小容易成交的产品，借助微信二维码等连接线上与线下的工具实现O2O的基本模式，通过微信公众号达成购买双方的沟通与交流，以及利用微信公众号达到让流量沉淀及培养和教育客户的目的，然后采用微信支付等手段完成第一轮的O2O闭环后，再通过朋友圈分享点评及CRM管理系统进行流量的裂变，从而实现在留住了老客户并保持了稳定的流量的情况下，挖掘更多新客户，产生更多流量和更大裂变基础基数的目的。

拥有巨额的线上流量来支撑线下的运作是每个企业做O2O时最期盼的，而微信恰恰就是移动互联网的“超级流量入口”（微信的流量来源我们在前面已经探讨过了），作为一个“超级流量入口”，通过线上的流量支持线下的营销是企业进行O2O模式运作的典型方法，这也是为什么有那么多人会选择用微信来做O2O。也正是基于这个原因，微信将会朝着国内最大的O2O平台的方向发展。

3.4.5 微信具有整合线上与线下资源的能力

有人说，微信正在朝着一个超级APP的方向成长。APP如今是移动互联网最普遍的流量入口，但既然微信已经是一个超级流量入口，那么微信是否会成为一个超级APP就实在没有多少意义了。而当微信具备了大量的线上流量时，那么微信也就具备了从线上通往线下的有力优势，起码在O2O模式中Online这一环节上，微信已经取得了超级VIP级别的入场券。

在流量入口的问题上，微信与其他移动互联网流量入口，例如APP、浏览器、手机游戏等相比取得了巨大优势。那么，在流量转换到offline上微信又有哪些流量“出口”和优势呢？

微信产品部副总经理张颖说过一句话，让我们可以从中窥探到一些关于微信如何将线上流量导流到线下的信息——“经纬度（还）是（一个）很抽象的东西，我们通过经纬度返回一个信息给用户，先定位，再提供给云存储，然后到云检索，之后是二维地图和街景地图，包括后面还有一个导航”。这是对基于LBS功能的服务一个方面的说法。在把线上流量引导到线下方面，微信有“附近的人”功能，它是围绕微信平台，基于LBS功能的服务，它能将商家与消费者进行匹配，形成一个消费场景；而二维码功能、扫街景功能等也是很好地将线上流量导到线下的方式。

微信可以通过线上和线下资源的不断调配，将线上和线下的资源进行整合和匹配，让商家可以同时得到线上和线下的资源；而通过大数据云计算的方式，微信也能给用户匹配精准的产品。

目前，腾讯已经入股以本地生活服务类业务为主的大众点评，也将京东纳入了其电子商务版图当中，并把易迅、拍拍、QQ网购和QQ商城等交由京东进行整合，还有其早前投资的滴滴打车与快的进行“烧钱大战”，接入电影票购买、机票购买功能等，这些举措无一不是腾讯整合线上和线下资源的重要举措。

【案例26】北京王府井百货集团O2O新模式

北京王府井百货集团与微信的合作是一种创新的模式，让O2O真正得到了落地，也起到了意料之中的喜人效果。北京王府井百货集团与微信达成了长期的战略合作计划，双方在技术、平台、媒体等方面建立了合作关系，结合双方的优势资源展开了O2O模式的落地操作。强强联合总能制造出一些奇迹，北京王府井百货集团和微信的这次合作让O2O的模式也大放异彩。

微信在微信公众平台的商户功能、微信支付等方面给予北京王府井百货集团以支持，在技术、市场资源、数据共享和分析，以及业务拓展等方面给予北京王府井百货集团以帮助。双方共同打造北京王府井百货集团的O2O项目。目前，北京王府井百货集团的O2O模式运营已经取得了不小的成绩，相信这将会成为国内O2O模式不断发展成熟中的行业标杆。

（北京王府井百货集团的微信公众号）

3.4.6 微信自媒体具有O2O属性

微信每天处理的信息量巨大，在2014年春节期间，平均每分钟就有1000万条微信信息发出。每个人都被浸泡在微信信息当中，甚至有人说“微信绑架了我们的生活”，这是因为我们的生活已经离不开微信了。艾媒咨询的《2013中国微信公众平台用户研究报告》显示，用户使用微信的比例非常高，近九成的用户在近半年内使用过微信，占比达到88.3%。而在微信公众平台方面，最近在《中国微信500强月度报告》中也有数据显示：中国人平均每个月阅读3篇微信文章。

早上起床后的第一件事是看看微信，晚上睡觉前也要看看微信有没有信息，看看哪些公众号推送了哪些有意思的内容——这是我们在生活中使用微信的真实写照。利用微信，每个人都能将自己的生活和工作，以及观点和态度展示给其“读者”看，拥有微信的每个人都是一个“自媒体”。

微信具有让信息传播便捷和范围广、信息产生量和地域无限制等特点。利用这些特性，微信能结合线上和线下的资源促成线上到线下的贯通，这也就为O2O的交易制造了条件，再配合二维码，以及微信公众号和微网站等工具，一个微信账号就成了一个天然的小型卖场。这个卖场的辐射范围包括微信账号主人身边的朋友、线上的好友，当然也包括微信账号里的粉丝。

除了微信的极简主义、流量入口、O2O平台属性，微信支付是O2O闭环的关键点，微信整合线上、线下资源的能力等微信主要的O2O属性，以及其他一些特性也让其具备了O2O的性质。比如微信的点对点或者多客服的客服功能；微信可以实现个性化的运营模式；微信可以通过高级接口定制开发用以进行O2O运营的高级功能；微信的社交属性让其具备了社交电商的潜质；微信具有将O2O交易场景细化的功能；微信小店让所有中小企业进入移动电子商务领域的门槛降低，让未来移动电子商务充满了想象空间；微信的灵活操作性，可用个人号+公众号+企业号+微信小店+第三方平台功能的方式进行O2O的运营等。

3.5 微信O2O的优势

O2O只是一种电子商务模式，不是《葵花宝典》，也不是什么神秘的武林秘笈。O2O也是一种思维方式，或者说是一种概念，谁都可以利用O2O的思维进行营销或者其他事情。所以，用O2O的方式进行商业操作其实没有任何固定的套路。同理，用什么样的平台和工具来进行O2O的运作，在本质上也是没有区别的，重点在于究竟用哪种方式，哪个平台或者哪个工具来进行O2O的营销才是最有效，并且最容易操作的。

微信具有O2O方面的多种属性，也就是说，微信非常适合做O2O模式商业操作，但这仅仅说明了微信在O2O方面的属性。于是我们不禁要问：微信确实可以用来做O2O，但是微信做O2O跟其他方式有什么区别呢？微信O2O有什么优势？用一个微网站或者一款APP，甚至是其他的比如陌陌、米聊等第三方平台，一样可以进行O2O电子商务的操作，我们为什么非得要用微信不可？下面了解一下微信O2O的优势。

3.5.1 微信拥有庞大的用户数量

目前微信已经拥有超过8亿的用户，这是一个非常巨大的用户量。打一个简单粗暴的比方，若以每个人拥有一个微信账号来计算，在中国14亿人口中，已经有超过一半的人口拥有微信号。换一个角度看，就是微信已经征服了一大半的中国人。当然这只是玩笑式的说法。事实上，同一个人拥有几个甚至几十个微信账号也是常常能见到的事情，这种情况产生的原因一般都是账号的注册者想利用微信账号进行微信营销。但是不可否定的是，微信在国内外已经拥有了大量的用户，并且正以爆发式的速度在增长。

微信在诞生的前几个月虽然并不顺利，从0个用户到1亿个用户用了14个月的时间，但是从拥有1亿个用户开始，微信就进入了增长的“快车道”当中——从1亿个用户到2亿个用户，微信只用了半年，从2亿个用户到3亿个用户只用了4个月，然后便保持每5个月就增长1亿个用户的大好势头！

再做一个比较——中国移动、中国联通和中国电信是国内三大运营商，这三大运营商目前在国内占据了将近100%的市场。而中国移动虽然已经占据了其中三分之二的市场，用户也只有7.55亿并且增长无力，中国联通和中国电信的用户加起来也不超过4亿。因此，三大运营商的用户为11.55亿。但目前微信已经拥有8亿的用户并且还在迅猛增长，预计在2015年年中就可达到10亿，在2015年年底将会超过三大运营商的用户总量。

微信的强势发展并不只限于国内，在国外微信也已经变成了Line、Whatsapp的强劲对手。同时，微信的发展比起Twitter、微博、易信、来往、Facebook等都毫不逊色，甚至处于明显的优势地位。

微信本身就拥有了超过8亿的用户数量，而腾讯本身就是做社交起家的，在QQ、朋友网等其他产品上也拥有大量的用户。因此，微信其实除本身就具有巨大的用户量外，还拥抱了腾讯的巨额用户基础。这对微信的用户持续增长，以及后期推广和维护有非常重要的意义。

3.5.2 微信拥有强大的O2O功能

微信拥有图片、文字、视频（微信在2014年9月30日推出的微信6.0版本增加了“小视频”功能）、声音等多种富媒体的功能。另外，微信还有基于LBS服务的功能，以及二维码、会员卡、会员管理、优惠券等功能。这些功能都是在微信进行O2O操作时可实现连接线上和线下场景的功能。除此之外，微信还为第三方公司开放API接口，用于开发更多新颖且实用的O2O功能，为商家进行O2O运营提供了切实可行的功能服务。

之前我们提及过微信电商有“去中心化”和“中心化”两种发展方式。其实，从另一个角度看，微信电商也可以说是由两部分组成的。一部分是微信打造自己在移动端的“微信商城”，即微信的“每日精选”；另外一部分即是为全行业的商家提供解决O2O运营的工具和方案，将自己打造成一个“微生活”的平台，让其成为一个拥有全行业、不分地域的“微生活”的生态圈。目前看来，微信在打造O2O平台这一方面发展顺利，许多商家已经在微信上找到了O2O解决方案。基于这个原因，相信微信在今后的规划当中，还会为商家们提供更多的基于O2O的功能。可以说，微信将会成为武功高强的“O2O一代宗师”。

微信的公众号其实就是一个非常实用的O2O工具。通过微信公众号，商家可以实现线上推广、粉丝管理、微信购买、线上支付、导流到线下、数据管理分析等功能。这一套流程化的工作，也说明了微信O2O的模式正向成熟迈进，商家只要与微信实现接口对接，套用微信公众号这个模式，就可以拥有一个基础的O2O运营平台。当然，在这个简单的基础模式上，商家利用微信提供的O2O工具，或者接入微信的API接口开发更丰富的功能，就可以让这个O2O平台更加完善、成熟和个性化。

3.5.3 微信具有无可比拟的灵活性

有一个很有意思的故事——曾经有一个卖煎饼的阿姨，她主要的客户是学生。因为学生要上课，所以出来买煎饼的时间有限。但是在上课时，同学们有一个习惯就是玩手机并且喜欢上手机QQ。抓住了同学们的这个习惯，阿姨便建立了一个QQ群，让同学们在QQ群里下订单。而阿姨把下了订单的同学的QQ昵称记下，做好煎饼后再用纸条做好备注，等同学一下课就可以直接过来付钱拿煎饼。据说阿姨用这种方式赚了不少钱。相比这个阿姨，估计有不少人会自惭形秽。

虽然这个故事的真实性还有待商榷，但是这种故事的发生其实已经具备了可能性，并不是异想天开，这就是典型的O2O案例。在今天看来，这种销售模式已经迅速蔓延，很快就会进入全行业的集体效仿阶段。

在这个故事里，卖煎饼的阿姨灵活地利用了QQ群的特性进行营销。然而在QQ

群营销早已经成熟的今天，微信又成为一个非常灵活的O2O营销工具。

商家在微信中可以采用图片、文字、声音、视频等方式针对不同的人群进行灵活的广告投放，利用LBS服务的功能，让附近的客户找离商家最近的店面支付取货。相对QQ群来说，微信更加方便，可操作的空间更大，发展的局限性大大降低，不仅方便了商家，对客户来说也是非常“有意思”，非常有吸引力。

在移动互联网时代，“移动”始终是绕不开的主题。微信作为“每台智能手机必备的工具”，具有无比优越的可移动性，这就让其可以非常灵活地捕捉到身处任何位置“突然”想要购买某种产品或者某种服务的客户。客户想要消费，只要拿起手机进入微信，就能获得消费资讯、产品及服务介绍，在了解产品后直接使用微信支付进行付费，接着利用微信的LBS功能找到最近的店面，并在微信里直接导航采纳最短的线路到达店面消费，消费过后再用微信朋友圈分享消费的感受和评价——这就是一个典型微信O2O的闭环场景。这其中的每一个步骤都是极其灵活简捷的。

其实，在我们身边，早已存在很多利用微信做O2O的案例——快餐店利用微信为客户提供订餐、送餐服务；商场利用微信发放在线下消费可使用的优惠券；便利店利用微信“附近的人”功能，让正在寻找便利店的客户“找上门”；医院、酒店等利用微信提供预约功能；朋友之间利用微信的“用AA付款”和“当面收钱”功能进行转账等，微信各种便捷灵活的功能已经让我们的生活变得越来越简单，越来越方便。

3.5.4 微信有成为一个超级新媒体的潜力

自微信诞生后，总会有人将微信和微博进行比较。然而微信和微博之间是有本质的区别的。微博是一个开放的自媒体平台，每个微博博主所面对的都是无数的不认识的粉丝；而微信虽然也有自媒体的属性，但微信是一个封闭的生态系统，每一个微信账号所面对的粉丝是以熟人圈子或者某个主题为中心进行辐射的。

“我们不希望微信上的媒体路走偏。”一位腾讯内部人士指出。微信是受到客户高度关注的产品，因此不少传统的杂志、报刊、电视媒体等都进入到了微信平台，利用微信增加自身的曝光度。而微信虽然同时也是一个新兴的自媒体平台，但微信更重要的还是它的社交平台的属性。

微博在一开始时也是一个社交平台，但是由于用户只想在微博上获取新闻、资讯等消息，而很少发布自己的原创微博，于是，微博的社交属性也就越来越弱。因此，微博主之间的互动也就越来越少，长此以往，微博的活跃性就会变弱，用户就会“外逃”，其影响力也就逐渐变弱。

微信并不想走微博的老路，因此，微信才会有订阅号每天只能推送一次信息，服务号每个月也只能推送4次信息的规则。但也正是因为如此，微信的针对性变得更强了，只有对微信公众平台中提供的内容真正感兴趣的粉丝才会关注这个平台，因此这个平台中的粉丝虽很难达到微博中动辄几百万的粉丝数量，但影响力巨大。微信走的就是这样一条极其垂直细化的自媒体平台，帮助商家培养忠实的粉丝。同理，微信对个人号也有粉丝数量限制的要求——每个微信个人号的粉丝数量最高限制为5000人。微信在以这样的方式打击微信个人号过渡营销的现象的同时，也让每个个人号所发展的粉丝都变得弥足珍贵，让其又不得不采取寻找最精准匹配的用户的措施。

3.5.5 微信的到达率、曝光率、用户黏性、精准度极高

曾经，当传统商家要进行打折之类的促销活动时，他们会想到发手机短信，他们购买几十万条手机短信广告，不分人群，不分时段，更不管有没有骚扰手机主；他们也会到报纸、电视上花巨资购买广告位（比如在20世纪90年代曾经轰动一时的秦池酒业花了3.2亿元购买央视广告位）；或者为了节省成本，他们也会雇几十个人到街上见人就塞传单，或者干脆让这几十个人统一着装，举着牌子，在街上边喊口号边“游行”；当然，还有商家会购买高速路口的“高炮”广告位，打造自己的品牌形象……

但是，试想一下，这些方式在移动互联网极速发展的当下究竟起了多大的作用？或者换一个角度思考，谁曾见到微信在电视及在各大报刊中大幅度进行“广而告之”，但其却“轻而易举”坐拥8亿的用户；小米手机也不曾有过大肆的广告投入，但成就了中国的“苹果”手机的神话。这就是移动互联网颠覆传统广告的典型案例。

到达率、曝光率、精准度是广告营销效果好坏的重要判断标准，传统的报纸广告、电视广告、手机短信广告，甚至是微博广告在这几个方面都稍稍欠佳。报纸和电视广告欠缺精准度并且花费巨大；手机短信广告和邮件群发广告容易对用户造成骚扰而被用户屏蔽，导致打开率微乎其微；而微博在曝光率上则显得乏力。另外，这些广告方式的渠道（除微博之外），都是掌握在别人手里的，商家处于被动地

位，欠缺对广告的掌控，发言权不高。

而微信具有8亿的用户，并且用户的活跃度和黏度都极高，微信的每一条推送信息都能确保让百分之百的用户收到，曝光率的优势不言而喻。因为微信公众号所针对的都是对公众号内容感兴趣的忠实粉丝，因此，在精准度和打开率方面，微信也颇有优势。

1. 微信的用户具有高度黏性

微信是一个强关系链的社交平台，一般都是朋友之间、同事之间互相关注，是建立在信任基础上的社交平台。对于好友在朋友圈里面发布的信息，用户比较容易接受，对于朋友推荐的微信公众号也很信任，对于朋友推送的内容也更加容易相信和进行再次传播，因此微信推广效果更好，而且容易培养忠诚度高的用户。如果用户是出于兴趣爱好或者有其他目的性而去关注某个微信公众号，那么这样的用户流失几率更低，其忠诚度和黏度就更强。

2. 微信的高精准度

在微信用户关注某个微信公众号之后，这个微信公众号就可以在后台获取用户的OpenID。通过OpenID，这个微信公众号的管理者对用户的性别、年龄、昵称、所在区域、个性签名等资料一目了然，再根据这些信息将用户进行分组便可进行精准营销，在推送的内容、促销活动等方面都能进行适当的调整。

3.6 怎么搭建微信公众平台

微信营销一直是一股热潮，用微信进行电子商务操作已经成为国内见惯不怪的事情，这在半年前还是很多人难以想象的。但是现在“微商”的百度指数已经达到了惊人的18000，而在2014年5月，“微商”的百度指数只有3000多。可见微商的发展势头是多么汹涌！当然，微商大多时候是个人行为，并且使用的是微信个人号。那么作为企业，是否该开通微信公众号来迎接这一浪潮呢?

这个问题的回答必然是肯定的！为什么？看一看以下几个原因。

（1）原因一：时代大潮的推动

移动互联网是未来的趋势，无论是在改变人们的生活还是在改变商务模式方面，移动互联网在将来都必然会大放光芒。需要注意的是，移动互联网产业并不会颠覆传统的行业，移动互联网只会带着传统行业跟着时代的浪潮迎接改革。当然，在这个过程中，有些企业会放弃移动互联网或者跟不上时代的变化，那么这样的企业就很有可能面临被淘汰。移动互联网只是一种工具，好比代步的汽车，有汽车你不开非要跑步前进，那你就只能被甩得远远的了！

有句老话说：“哪里有人，哪里就有生意。”如今互联网的普及程度已经越来越高，移动互联网又来势汹涌，人们都跑到网上去了，所以电子商务才能如此方兴未艾！而微信拥有8亿的用户并且正在快速增长当中，国内微信公众号的增长速度在每天8000个左右。因此，做生意当然也要跑到微信上去，用户就在那里，抢到人就是抢到钱，你抢不抢？所以，企业注册微信公众号是大势所趋。

（2）原因二：微信营销可挖掘巨大的商业利益

当年马云看到了电子商务的未来，但是，当他在推广他的电子商务的时候，人们纷纷把他当成骗子。据说还有人采访了马云，他听了马云的宏伟目标之后，目瞪口呆地得出一个结论：“傻子”。这都是因为他们没能看得到未来。马云现在已经成为中国内地的新首富，他的成功是因为他能预见未来的市场，他也用他的成功狠狠地扇了那些“目光短浅”的人的嘴巴。

马云的淘宝在成立之初，为许许多多“小白”用户带来了源源不断的财富，也为不少企业带来了一片未开发过的蓝海。后来，微博营销成为互联网的趋势，其在改变了人们的生活的同时，也改变了整个商业模式的格局，让像马云一般能审时度势或者顺势而为地利用互联网发展取得了巨大的成功。

而如今，微信的崛起是移动互联网时代背景下的又一个机遇。微信营销会帮助许许多多的企业，以及个人，实现自身愿望并且获得巨额的财富。当然，面对机遇我们也必须能抓住机会，然后加以不断学习才能利用脑袋里新学来的知识取得成功。但第一步必须是先跨出去——拥有一个微信公众号。

【案例27】包谷包养：6根玉米棒子卖出10000元天价！

包谷包养利用名人效应、创意经济、“卖服务”等概念，在微信朋友圈里15天内成功预售2000盒玉米。最好的成绩是6根玉米卖到了10000元的价格！

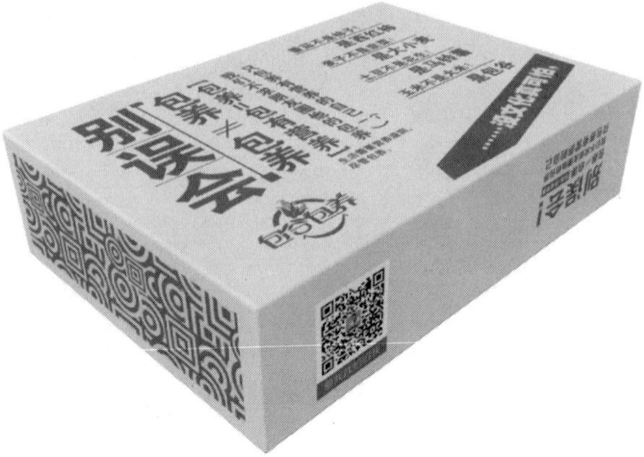

（包谷包养个性产品包装）

【案例28】从绝望到逆袭：硕士弃年薪30万元工作卖茶叶

从小就是“学霸”的硕士放弃了年薪30万元的工作做起了有机茶的生意，在利用传统渠道失败，又面临着合伙人离去的巨大困难后，他利用圈子营销的方式让朋友在微信朋友圈里传播茶叶打开了销售局面，最后成功取得了大逆转！

（利用朋友圈卖有机茶叶）

（3）原因三：微信成了生活必备品

微信是移动互联网当中用户活跃率最高的平台，2013年的一组数据表明：微信的装机率为63.1%，用户的日活跃率为49.9%。一位从事面膜微商的销售人员介绍：每次只要“刷”微信朋友圈，都会有少则十几个人，多则上百个人“点赞”和评论。这充分说明了微信的用户活跃率是非常可观的。

没有人会天天上淘宝，即使是“剁手党”也很难做到。也没有人会天天“刷”微博，有数据显示，微博用户的日活跃率已经低至6.9%。但是人们每天都会使用微信。这是因为微信首先是一种通信工具，人们利用微信跟朋友交流、跟亲人联系、跟上下级同事沟通；另外，微信是一种社交工具，人们使用微信认识更多的朋友，在朋友圈中分享在一天的生活中和工作上的感受和心得。因此，人们的生活已经离不开微信了。

俗话说，热闹的地方总是很容易做生意。微信拥有如此多的用户，并且氛围如此热闹，若不到微信里来做生意岂不是“亏大”了？

（4）原因四：微信帮助企业的各职能部门有效运转

微信包括微信公众号和微信企业号两种专门为企业提供服务的账号类型。其中微信公众号又按照不同的功能性质分为微信订阅号和微信服务号。

微信订阅号可以帮助企业实现“媒体发布平台”、“资讯发布平台”、“企业活动发布平台”、“企业调研平台”、“企业人才招聘平台”、“企业宣传推广平台”等功能。

微信服务号可以帮助企业实现“支付平台”、“售前和售后服务平台”、“投诉建议处理平台”等功能。微信服务号还能开通微信小店，实现电子商务等功能。而微信为微信服务号开放了十大接口，也赋予微信服务号更大的开发空间和营销的想象空间。

微信企业号可以帮助企业完成企业内部的沟通交流、协调工作、绩效考核、层级管理、奖罚管理、考勤管理等职能；也能帮助企业实现与上下游合作商及对客户的沟通交流和管理。

综上所述，企业开通微信是企业进行微信营销、提高业绩的必要手段。运营好微信，不仅可以帮助企业实现品牌打造和产品销售，也能为企业带来意想不到的影响力——一个微信公众号拥有十万个粉丝就好比一个地方性的报纸，而拥有100万个粉丝的微信公众号则与全国性的报纸中的头条消息的影响力相近。

企业通过微信能做的事情有很多，例如，日常的人才招聘、在线互动、促销活动、新品试用、送货服务等都能实现。因此，微信不仅仅是人们生活的必备工具，如今也成了企业进行运营的必备工具。

1. 微信公众号的申请

怎么样才能拥有一个微信公众号——这是许多传统企业常常问及的一个问题。微信公众号的申请其实并不难，直接进入微信公众号的官方网站（https://mp.weixin.qq.com）申请即可。但在申请微信公众号之前，有必要对微信公众号进行合理的规划，以便日后方便进行运营和营销。

2. 微信公众号的定位

微信营销是企业对自身所拥有的产品的营销，做好自身的定位就完成了“我是谁”和“我要做什么”的基本形态。当一个企业知道自己是谁和要去做什么的时候，做起事情来便会有方向。微信公众号的定位也是基于这个原理之上的。

如果没有给微信公众号定位好就急匆匆地进行微信营销，那么用4个字便可概括其必然的下场——不预则废！当微信公众号有了清晰明确的定位之后，便可以为微信公众号起适当的名字、发展围绕主题方向的粉丝、运营精准的内容、做适合自身定位和粉丝喜欢的产品……

定位如此重要，那么如何对微信公众号进行定位？

首先，微信公众号的定位需要考虑自身和客户两个角度。从自身出发，考虑本企业或者个人最擅长或者最感兴趣的是什么，抑或是企业最主要的产品或者最重要的服务是什么？只有做自己最擅长和最重要的事情才会更容易成功。从客户角度出发，考虑用户最关注的是什么，是这个账号提供的核心产品价值还是服务作用，抑或是仅仅为了看账号每天推送的小笑话？换句话说，也就是我们能提供给用户最想要的是什么东西。无论是从自身的角度出发，还是从用户的角度出发，我们都要明确这个账号所要提供的核心价值是什么，要同时满足这两个角度的需求，否则即使账号做得再好，也难以达到实现所设定的目标。

其次，在明确了以上两点之后，就要给账号赋予一定的“性格特征”。如今已经没有人喜欢死板的没有生命力的媒体。微信公众号虽然是一个为客户提供服务的账号，但是也要像是一个真实的人一样为用户提供信息，和客户成为朋友。那么此时你就要定夺，究竟你的微信公众号是以一种“调皮有趣”的形象出现，还是以一种“沉稳大方”的形象示人，抑或是以一种“老好人”的样子为客户解决所有问题？

最后，要明确一个问题：微信公众号是建立在强关系链生态圈当中的一员，而不是以一个广播站的形式出现。微信公众号最大的功能是可以给客户推送内容，但请搞清楚，即使是“推送”内容，也不能“硬推”。微信公众号对每个用户的信息推送应该像是在讲“悄悄话”似的。

3. 微信公众号的运营规划

在明确了微信公众号的定位后，便要开始对微信公众号的运营进行整体规划。只有目标明确、思路清晰的运营规划才能帮助微信公众号达到运营目的。

微信公众平台的核心是帮助企业进行推广宣传，打造品牌影响力。因此，企业公众号的运营一定要经过反复推敲，选择最合适最有效的方式。结合企业的具体情况，以及将来的形式进行规划，考虑到运营当中可能遇到的各种情况，才能将微信公众号运营得当，才能提升企业的形象从而吸引新客户，稳住老客户，最终提高企业效益。

下面我们聊一聊如何对微信公众号的运营进行合理的规划。

（1）“表面功夫”也很重要

要出门约会了，总得先好好收拾一下自己，把自己打扮得帅气一点才能获得高印象分。当然，在打扮之前，你必须得确定自己是“干什么的”，即定位。定位好了才能给自己的打扮定方向和主题。微信公众号也是如此，先得清晰地明确自身的定位是什么，才有利于“打扮”。比如你给自己的定位是“零食送货上门，为吃货服务”，总不能给自己起一个“隔壁家老王”的名字吧。

在定位清晰后，接下来的工作就相对简单了，起名字、功能描述、填写资料、设置二维码、设置头像、认证公众号、给客服起一个小名（这是一个常用的做法，有利于亲近用户）等。完成了这些“表面功夫”后，微信公众号给用户的第一印象也就完成了。不要小看这些细小的动作，人们对于个人或者事物的第一印象通常是非常深刻的，一旦第一印象形成了就难以改变。所以，为了良好的“品牌形象”，必须得好好地为自己“打扮”一番，要知道，小米为了给自己起一个好名字耗时接近两年！

（2）要干什么，怎么干

既然已经把自己打扮好了，那接下来就要开始做正事了——微信公众平台初步建设完成后，就要开始做内容推广和功能建设了。在规划内容方面时，必须一开始就要清楚地知道自己要推送哪种类型的内容，以什么样的方式推送：是每天都推送，还是每周推送两三次；是以单图文形式推送，还是以多图文、语音、视频或者其他方式推送；是推送实用信息，还是推送优惠信息或者活动，抑或是推送休闲娱乐内容，以及这些内容是都包括，还是分在不同栏目，在不同的时间推送等，这些问题都必须做到心中有数。而公众号的运营者应该更加清楚一个原则——宁可没有内容推送，也不要推送对用户毫无作用，反倒有可能骚扰用户的内容。

另外，我们要在微信公众号里面实现哪些功能，怎么实现也必须要清晰明朗：微官网、微商城、微团购、微客服等服务需不需要？若需要，则应根据企业具体情况制定这些功能的建设、维护、推广的规划工作。总而言之，得知道我们要干什么，怎么干。

（3）带兵打仗，得有兵马

知道了要干什么，也知道该怎么干了，接下来还有什么好想的，放手去干呗！但任何事情都是由人去完成的，所以干活必须得先有人。光杆司令是很难打胜仗的。所以，我们还必须先招兵买马，才能启动战斗。搭建团队，是微信公众号运营团队必须先解决的一个硬性问题。那么，怎么搭建一个完善的微信公众号运营团队呢？一般情况下，至少需要策划、美工、编辑、推广、客服等岗位。

策划：负责策划线上、线下的活动和话题等，增加账号的曝光度、提高用户的活跃度，增加用户对公众号的黏度。

美工：负责活动的海报、内容的配图等设计工作。

推广：负责将微信公众号利用线上和线下的方式推广出去，增加公众号的曝光度和关注度。

编辑：负责公众号的内容规划、内容编辑，以及参与活动的策划、与用户的互动等工作。

客服：负责为用户答疑解惑，与用户互动，为编辑、策划反馈用户动态，另外还负责收集各种数据，与其他队员一起分析数据。

（4）执行力是硬道理：步步为营，稳扎稳打

有了策略，也有了兵马，接下来就是实打实地运营了。在运营当中，最关键的因素莫过于执行力了。有了一流的点子，配合三流的执行力得到的结果——失

败！但只要有了一流的执行力，即使点子是三流的，也能成功。所以，在指定好目标，安排好各岗位人员的工作后，拼的就是执行力了，执行到位便能使得公众号的影响力越来越大，粉丝也越来越多。这里有一点很重要，即团队内部关于账号的运营探讨、分析、创新尝试是必要的，在这一方面建立相应的机制有助于账号的快速发展。

微信公众号的规划要遵循用户至上的原则。用户不仅是遥不可及的上帝，还是最亲近的家人，对家人好就一定能得到家人的回应。在公众号的规划中，对用户的需求、用户的实际利益、用户的体验等都要细细考量，否则家人也会有翻脸的时候！

4. 微信公众号申请流程

微信公众号的注册其实非常简单，具体操作如下所示。

（1）直接在浏览器的地址栏中输入“https://mp.weixin.qq.com”，或者可以在百度中搜索“微信公众平台”即可进入微信公众平台。

（2）进入微信公众平台后，点击右上角的“注册”按钮就可以开始注册微信公众号。可用邮箱、微信号和QQ号三种方式注册微信公众号。

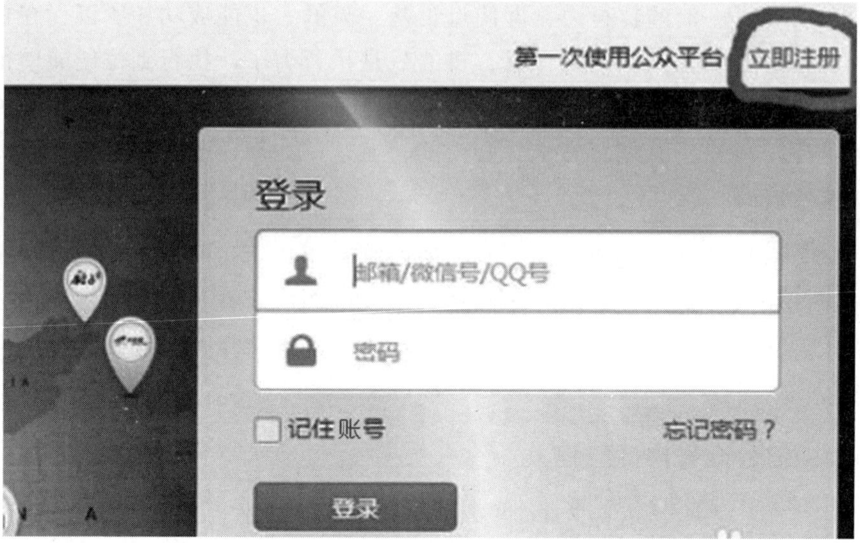

（3）按照提示要求填写注册信息，并勾选同意协议，点击“注册”按钮后即可进入下一步。

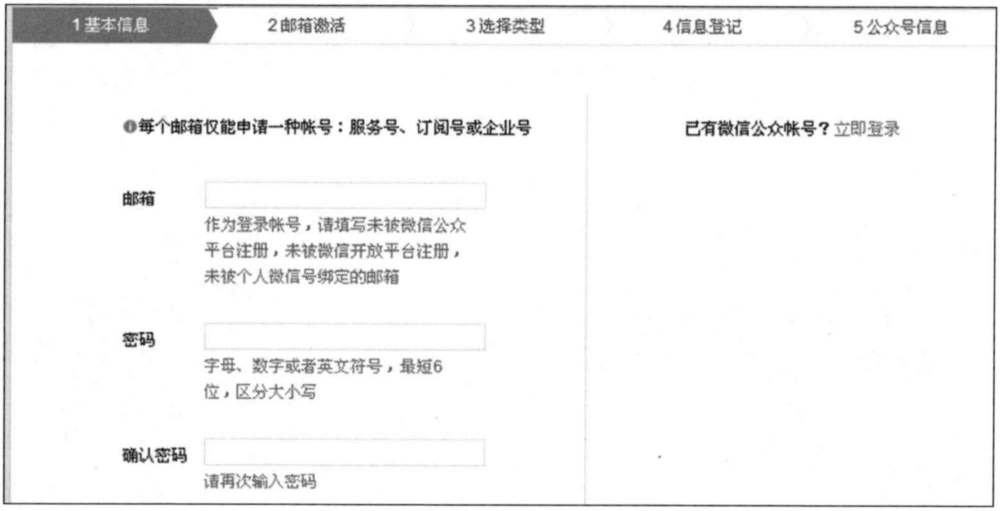

（4）当用户按照提示输入了注册信息并点击“注册”按钮成功后，系统会向注册的邮箱发送一封激活账号的邮件，此时注册用户需要登录注册时填写的邮箱并点击激活链接。

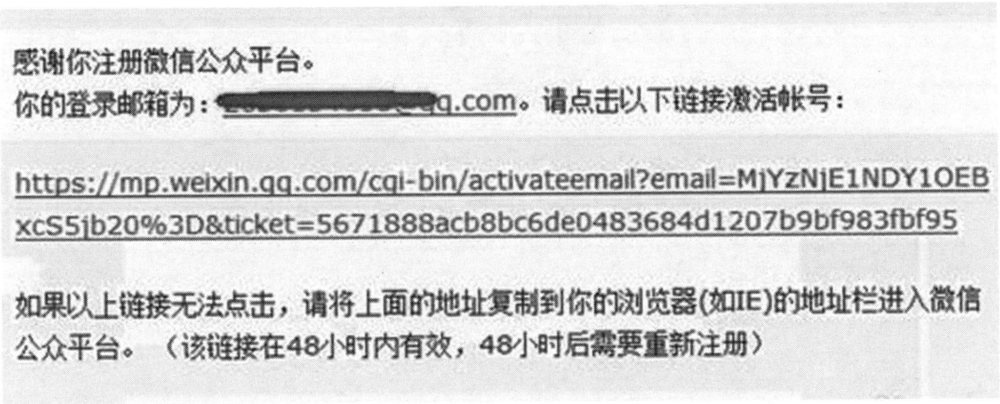

（5）激活后会进入“信息登记”页面，此时注册用户需要填写企业信息并点击“确定”按钮。

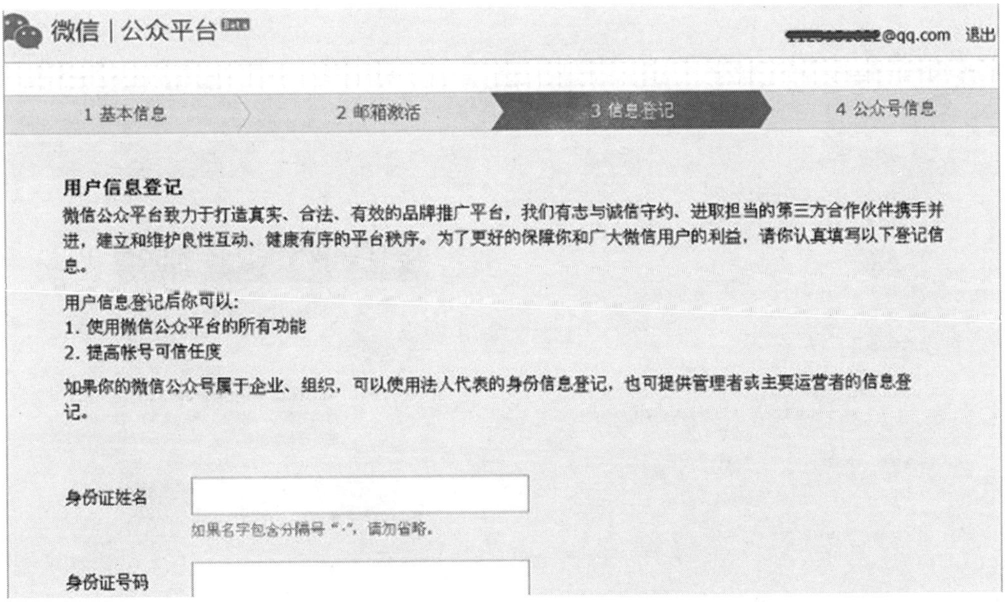

（6）确定信息后用户需要做出选择——选择微信公众号的“类型”。此时注册用户有两个选择：订阅号与服务号，做出选择后，点击“确定”按钮进入下一个步骤。

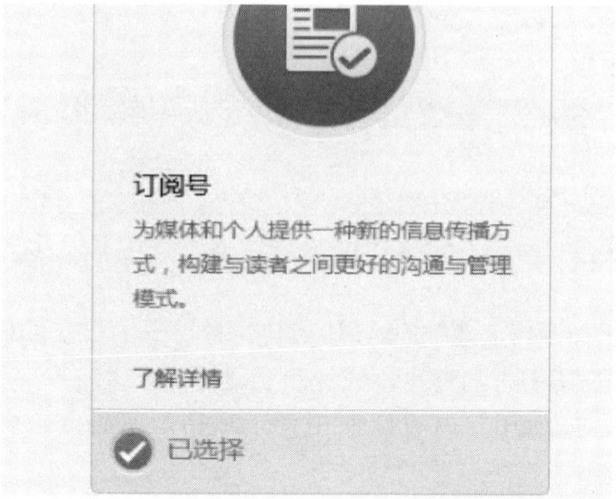

（7）选择账号类型并确定后，注册用户需要填写自己微信号的信息并完成注册。

（8）输入正确信息并点击“完成”按钮后，便会出现成功提示信息，此时微信公众号已经注册成功。

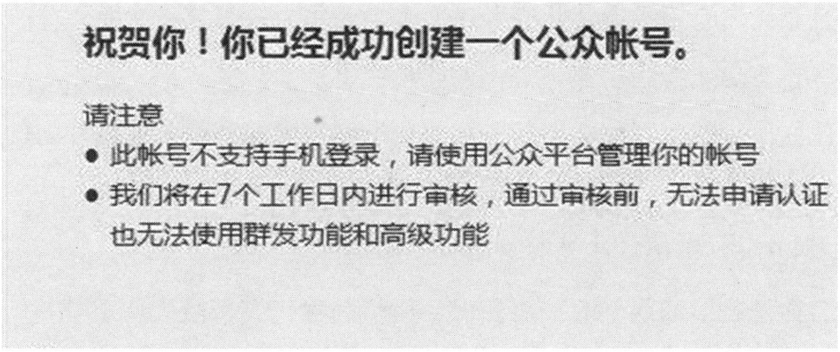

（9）注册成功后，注册用户就可以使用登录邮箱及密码登录微信公众号的首页进行查看或者其他操作了。

5. 微信公众号如何设置

微信公众号的申请并不是一件困难的事情，在做好定位和规划之后，微信公众号面临的最直接的问题就是怎么将一个公众号的基础信息设置完善，以及怎么将微信公众号设置得对以后的运营有所帮助。微信公众号的设置并不是技术上的问题，而是对细节处理的问题。那么微信公众号的设置应该注意哪些细节呢？

在开始设置之前，我们要先了解一个前提——微信中有些资料在设置之后是很难更改的。比如微信昵称的设置，在确定了昵称之后，只有在认证账号时才有唯一一次机会可以进行更改，而一旦更改后就再也没有更改的机会了。另外，在选取微信公众号的昵称时，还要考虑到认证的问题，若公众号昵称与企业名称不相关，则认证基本无法通过。所以在为微信公众号确定昵称时一定要经过深思熟虑。下面来了解微信公众号设置的细节问题。

（1）细节一：微信公众号头像设置。

微信公众号的头像就像是一个店铺的招牌，是一个店铺的象征。因此，微信公众号的设置要突出微信公众号的特点，以及其核心价值所在。微信公众号的头像可以是企业原有的Logo，也可以是可清晰明确代表企业身份的图片。

图片不能模糊，也不宜过大，可以进行创意设计，但是不要太晦涩，让人难以得知其中的含义。可以用代表企业的吉祥物作为头像，但是不要选择不够严谨的卡通图片。在设计上以简洁大方的风格为主，因为头像在手机上呈现时，由于手机屏幕尺寸的原因会导致头像显示略小，所以最好不要采用复杂的设计风格。另外，建议不要以纯文字作为头像，纯文字的头像看起来简陋难看，在影响用户体验的同时也传递了企业并没有用心运营此账号和这个企业实力较弱等负面的信息。

微信公众号的头像会生成正方形和圆形两种效果，圆形的头像是在正方形的头像基础上截取形成的，因此圆形的头像在截取时有可能致使某些图片上的信息被切除，所以企业在头像设置之初就要考虑好如何处理这个细节问题。

（2）细节二：微信公众号的微信名称设置。

微信名称是微信公众号的主要标识，微信名称代表着微信公众号。用户可以通过微信公众号的微信名称进行初步判断，而这个判断对用户是否关注此账号会产生非常大的影响。一个好的微信名称会引来无数粉丝的关注，相反，一个质量差的微信名称则会让账号“默默无闻”。那么，给微信公众号起名需要注意哪些因素呢?

在注册微信公众号前，对于微信名称的设置就应该有一个大概的思路，因为微信公众号在申请认证时需要与企业的名称相关才能认证成功，并且微信名称一旦确定便不能修改。在明确这一点之后，下面看一看微信公众号起名的方法。

方法一：善用网民搜索习惯。

在PC端，当网民有疑惑需要解决时，会使用搜索引擎直接搜索想要知道的答案。而在移动端，微信用户也会利用微信搜索想要寻找的公众号或者想要浏览的文章。而用户常用的搜索方式是输入“×××怎么办”、“×××怎么好”、“×××是什么”来寻求答案。因此，微信公众号的命名也可以“投其所好”，比如起名为“什么电影好看”、“什么餐馆好吃”等。但是有一点要注意，若后期账号需要认证则不能以这样的方式命名，用这种方式命名的公众号有利于企业推广，却难以通过微信认证。因此使用这种方式命名的微信公众号比较适合作为微信运营矩阵中的一员。

方法二：用行业名称命名。

用行业的名称给微信公众号命名有助于吸引精准的粉丝，是一种常用的命名方式。比如“投资潮”、“餐饮O2O”、“电影商学院”、“中国微营销网”等都是采用这样的命名方式。这种命名方式能给用户一种“高大上”的感觉，对品牌的打造也有一定的帮助。

方法三：新鲜有趣的风格命名。

移动互联网终端的使用者大多为年轻的用户，年轻人对新鲜有趣、新颖好玩的内容比较感兴趣，而网络文化也常常被贴上另类、时髦、潮流等标签。因此微信公众号在命名时若从这个角度出发也必然会获取更多的关注，比如“吃粉么”、“饿的神”、“搞笑集中营”、“小推鸡”等。

方法四：塑造企业形象。

前面提到过，运营微信公众号时，不能把账号变得很死板，而是要将其塑造成一个比较立体的形象，这样可以把企业生硬的商业形象变得更加贴近网民，比如“南宁车之家”、“瑞司大叔烘培”、“小娴助理”、“杨小贤幸福的味道”等。

方法五：打实用功能牌。

微信成为人们日常生活中最常用的工具，是因为微信确确实实给我们带来了实在的好处。人们可以用微信跟亲朋好友联系，可以用微信工作，还可以用微信社交拓展人脉。当然，微信用户也可以通过关注一些实用的微信公众号来解决自己所关心的问题。目前生活百科类的微信公众号的阅读率和关注度都在其他类型的公众号之上，也正好说明了这个问题。

也正是基于用户对于实用功能的需求，微信公众号也可以打“实用功能”这手好牌——在微信昵称上明确微信公众号的实用功能，会自然而然地吸引有需要的粉丝关注，比如“应用试客”、“原生态商城”、“南宁欧诺酒店用品”、“南宁美大租车”等。

方法六：利用地名命名。

每个城市的市民对于本地的事物总会更加关注，同样一件事情，发生在其他城市可能市民的兴趣并不大，但若发生在市民所处的城市，便会引起市民极大的关注。同样，市民对于本地企业的关注度也会超越其他城市的同类企业。因此，在企业的微信名称上加上地域名称可以获得市民更多的关注。这种方式也是极为常见的命名方式，比如“北海百事通”、“广西全民猎聘”、“南宁学生圈”、“南宁大小事”、“淮南微社区”、“宁波微生活”等。

方法七：使用企业名称命名。

微信公众号作为企业运营的主要平台之一，其中所承担的一个重要使命便是企业品牌的推广宣传，因此直接使用企业的名称命名微信公众号也是最常见的做法之一，比如“王府井”、“鲜果地带”、“好药师”、“同程网”、“雕爷牛腩”等公众号。

方法八：其他命名方法。

微信公众号的命名其实并无什么规范化的套路可言，唯一的原则就是有利于微信公众号今后的运营。因此，只要符合企业运营要求，微信的命名方法便充满了宽广的想象空间。不过虽然微信的取名方式和方法都很多，却也有需要注意的地方，了解微信取名的禁忌对于微信公众号的命名也有很大的帮助。

下面是微信取名的禁忌。

① 微信名称不宜过于稀奇古怪。微信营销最重要的一点就是吸引尽量多的用户关注，增加微信公众号的粉丝数量。这就必然要求微信公众号的名称便于用户记忆和搜索，否则用户很难找到此账号，更别提关注你了。即使关注了你，之后也会因为微信名称不知所云而导致用户纷纷取消关注。当然，如果你的这个微信名称早已做出了品牌知名度或者内容质量极高，那就另当别论了。比如，你的企业所从事的是餐饮行业，你为企业的公众号起名为“蕲鎂”，想必给用户带来的最直观的感受便是：这是什么玩意，做什么的？而接下来此用户便会对此账号忽略。

② 微信名称的含义不宜过于宽泛。一位有丰富SEO（搜索引擎优化）经验的网络营销人员说过，在做搜索引擎优化的时候，最忌讳的便是使用过于宽泛的字眼作为关键词进行优化。因为关键词越宽泛，主题越不明确，便越不能带来精准的流量，对优化的目的来说意义非常低。对于微信名称的命名也是如此，若使用过于宽泛的关键词作为微信名称，即使是费了九牛二虎之力吸引了大量的粉丝，最后你也会发现这些粉丝对你来说价值并不高。比如，北京一家做KTV的企业为微信公众号命名为“KTV”，与命名为“北京高档KTV”所得到的效果是完全不一样的。

（3）细节三：微信公众号的微信号设置。

微信公众号的微信号是方便微信公众号运营的一个细节元素。在微信公众号开通之初，微信号是空白的，需要运营者手工添加。微信号在设置好之后有助于对此公众号感兴趣的微信好友进行关注——用户只需要在微信搜索里输入微信号即可找到此微信公众号，然后一键关注此账号即可；当微信号设置好之后，会增加微信公众号的运营者推广此账号和增加粉丝的便利。

微信公众号的微信号与微博的个性域名有相似之处，两者都是代表此账号的唯一身份凭证，并且在设置好之后是不能修改的，因此在确定微信公众号的微信号时必须先推敲好。

微信号的设置要考虑几个因素：容易记忆、便于输入、有一定含义——微信号的主要作用是用于推广，因此，微信号一定要让用户容易记住。当用户记住了微信公众号的微信号之后，微信用户便能通过搜索微信号来关注此微信公众号。有数据显示，通过微信号搜索和微信二维码扫描关注微信公众号是目前两个最有效的增加粉丝的通道。比如，在中国微营销网的公众号中，通过搜索微信公众号、搜索微信公众号昵称和通过微信二维码扫描关注中国微营销网的粉丝占其所有粉丝的80%左右。其中通过微信号搜索关注的粉丝占粉丝总数的30%左右。

而微信号在容易记忆的同时，也需要做到便于输入。当用户记住了微信公众号的微信号之后，下一步动作便是在搜索栏中输入微信号进行搜索关注，此时若微信号难以输入，则会降低关注的成功率。比如，中国微营销网的微信号为chinawyxcom，是其官网的域名，可拆分来记忆：china——“中国”的意思；wyx——“微营销”的拼音缩写；com——网站后缀，整个微信号只有字母，非常便于记忆和输入。试想，假如中国微营销网的微信号设定为“chind#￥*123”，那么用户便会难以记忆，更别说在搜索栏中输入此微信号进行搜索了，而相应地，中国微营销网通过搜索带来的粉丝增加量和阅读量都会相应下降。

另外，微信号也需要具有一定的意义，以便于方便打造微信公众号的品牌形象和增加用户对此账号的记忆和口耳传播的几率。比如，中国微营销网的微信号直接对应的便是中国微营销网的昵称。除了对应昵称，微信号取名的含义也可以从行业角度出发考虑，例如餐饮行业的微信号可取名为“dycy”——“第一餐饮”；电影行业的微信号可以取名为“akdy”——“爱看电影”等。当然，除了这几种方式，企业还可考虑从地域、功能或者其他角度出发给微信公众号确定微信号。

（4）细节四：微信公众号二维码的设置。

微信二维码是进行微信O2O最直接的工具之一，因此二维码的设置也至关重要。微信公众号二维码的设置关键在于位于二维码中间的图片，要使用清晰、构图简单的图片，以免在线下打印使用时会出现看不清图片构造的现象，从而影响效果。使用一个简单清晰的Logo图片就好，千万不要用一个“清明上河图”之类构造复杂的图片。另外，若对二维码中间的图片不满意需要修改，可在上传图片后的一个月之后进行更改，一个月之内是不可修改的，所以上传图片时需要谨慎。

（5）细节五：微信公众号功能介绍的设置。

微信公众号的功能介绍最直接的效果是告诉微信用户这个微信公众号的作用

是什么，有什么功能，能给用户提供什么价值。微信公众号的功能介绍要根据企业的真实情况来填写，主要包含的元素有：企业名称及简介、企业所提供的产品和服务、企业的宗旨和文化、企业的服务理念及定位等。

功能介绍在公众号的账号信息里呈现，数字在30～40个。大多数的用户在关注一个公众号时，并不会详细研究此账号的功能介绍。相反，长篇大论的功能介绍甚至有可能引起用户的反感，这也是微信只为公众号提供40个字的展示内容的原因。因此，在设置微信公众号的功能介绍时，最好尽量控制在40个字之内，并且不要使用自卖自夸的方式，可以尝试使用向用户传递账号的实用功能的信息，或者以一种轻松幽默的方式撰写功能介绍。

另外，微信公众号还有“详细地理位置”、“登录邮箱”、“主体信息”等选项需要设置。只要在微信公众号申请之初，做好了微信公众号的定位和运营规划，那么，这些信息只要遵循与“定位”及“运营规划”相符的原则，便不难设置。

综上所述，微信公众号的这些信息设置至关重要。这些关键的设置确保了一个账号的基础定位。做好这些基础设置，是确保公众号能正常运营的前提，对以后账号的粉丝增长，阅读量、转发量，以及微信影响力的提高都有很好的帮助。

3.7 微信公众号的搭建

微信公众号在设置完成之后就要进行有规划和有目的的运营了。但问题又来了，微信公众号有哪些基础功能，这些功能又怎么使用呢？虽然如今微信公众号已经达到800万，但仍有不少企业并不了解微信公众号是什么，其与微信个人号有什么区别。下面一一解释。

1. 微信公众号

微信公众号是微信为商家和企业，以及开发者在微信公众平台上申请的应用账号。通过这个账号，商家可以在微信平台上与关注其账号的粉丝进行互动交流，具有向其粉丝推送图文、视频、语音等内容的功能。同时，微信还为微信公众号用户开放API接口，以便用户进行第三方功能的开发。

2. 微信个人号与微信公众号的区别

微信个人号是可以通过QQ和手机注册的个人账号。通过这个账号，个人用户可以实现IM功能，也可以关注微信公众号获取微信公众号推送的信息。微信个人号主要用于亲朋好友、同事之间的沟通交流，同时也有开拓人际关系的SNS社交功能；而微信公众号则是一个具有“媒体属性”的账号，它实现了集微博、博客、手机应用、手机网站于一体的目的，可以向关注了此“媒体”账号的粉丝推送消息。此外，微信公众号还可以通过开发者模式开发查询、微商城、在线团购、预订，以及大转盘等各种营销功能。

3.7.1 微信公众号基础功能介绍

相对微信个人号来说，微信公众号是一个非常适合企业进行营销的平台。那么，在这个平台注册完成之后账号拥有了哪些功能，这些功能又有什么作用？对企业营销又有什么帮助呢？接下来让我们一起看看微信公众号的基础功能介绍。

1. 微信公众号首页

登录微信公众号后，首先进入的是微信公众号的首页，在首页为用户提供了“功能”、“管理”、“推广”、“设置”、“统计”、“开发者中心”等选项。通过这些选项可以查看微信公众号收发信息的情况、账号关注人数、用户管理、群发功能、数据统计分析（包括图文分析和用户分析等）、成为开发者等功能。

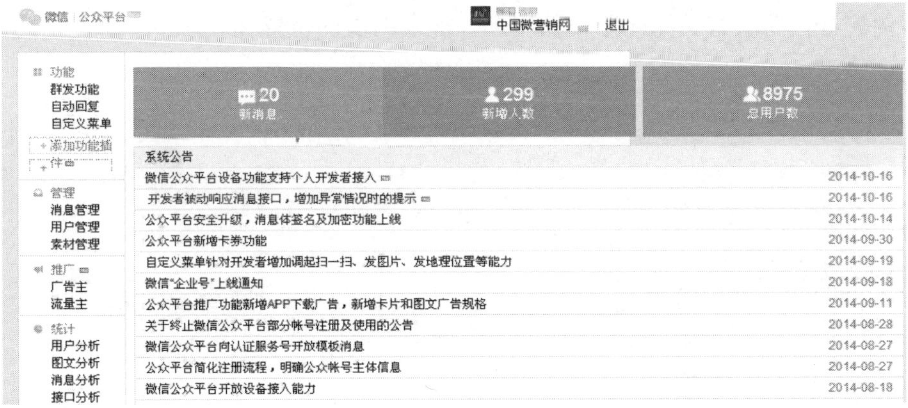

2. 消息管理

在微信公众号首页的正上方有一个提示栏，提示栏的最左边是“新消息”提醒功能按钮。通过这个按钮，微信公众号的运营者可以实时关注粉丝最新发来的互动消息并且可以通过点击该按钮进入消息管理页面进行处理。

在微信首页左边的微信公众号的导航栏中，“管理”选项中也有“消息管理”功能，通过这个按钮同样可以进入到信息管理页面进行消息的处理。

值得注意的是，在消息管理页面中，粉丝发来的消息只可以保留5天，并且只能在24小时之内对粉丝发来的消息进行回复。超过24小时的消息，微信公众号只会继续保留至第5天，但不能进行回复，因此，必须要及时处理，否则超过一定的时间，粉丝就会遗忘或者产生不被重视的负面心理，这对账号的运营是十分不好的。

3. 用户管理

在微信公众号首页中间的“提示栏”中，中间的按钮和最右边的按钮都属于用户管理的按钮。中间的按钮是新增用户的提示，而最右边的按钮是用户总数的快捷显示。点击这两个按钮都能进入到用户管理页面中。而在左边导航栏的“管理”选项中也能找到用户管理页面的入口。

在用户管理页面中包括给用户分组、查看用户基本资料等功能。账号运营者可针对不同用户的不同属性对用户进行分类，方便管理和有针对性地推广宣传。

4. 消息群发

消息群发是微信公众号最重要的一个功能。通过消息群发功能，微信公众号可以将内容推送给所有关注此账号的用户。群发功能的位置在导航栏中的“功能”选项下面。

目前群发功能支持图片、文字、声音、图文等形式的内容。其中图文消息还可以分为单图文和多图文的形式。在推送对象方面，群发功能可以选择不同的用户分类进行推送，以便达到精准推送的效果。

在群发功能页面当中，还可以查到以往已经发送的内容。若需要将以往推送过的内容再次推送给其他分组的用户，则可在素材管理页面中直接找到已经发过的内容并再次推送。

5. 素材管理

通过素材管理功能，微信公众号的运营者可以将要推送的内容编辑好并保存下来。遇到节假日等情况，运营者就可以很方便地进入素材库找到需要推送的内容直接推送即可，省去了重新编辑的麻烦。

另外，素材管理可以保存已经推送过的内容，而这些被保存的素材也可以再次进行编辑，方便了运营者使用相似或者相同的素材。

6. 数据统计功能

在微信公众号导航栏中有一项重要的功能，即“统计”功能，其中包括“用户分析”、“消息分析”、“图文分析”和“接口分析”四个功能选项。

（1）用户分析

通过“用户分析”功能，运营者可以查看任意时间段内用户数的增长、取消关注和用户属性等数据。

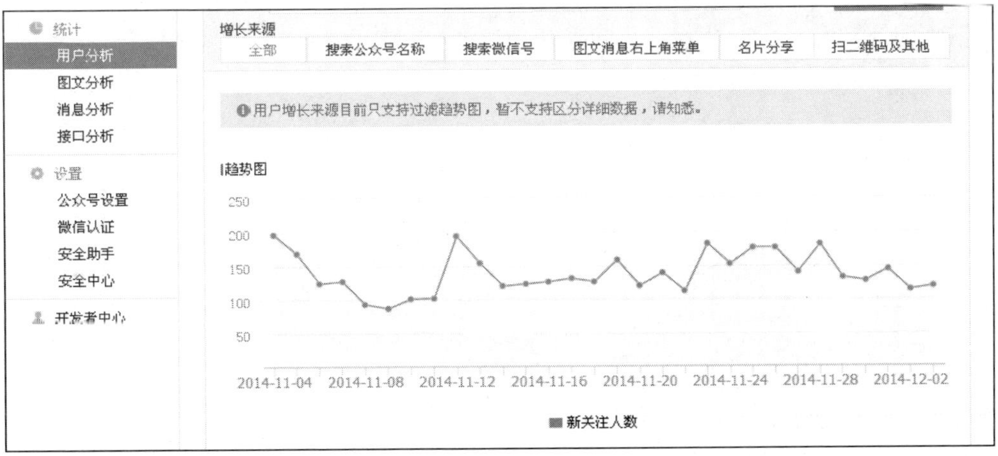

省份	用户数
未知	1,753
北京	701
广东省	2,013
上海	425
河南省	735
重庆	255
四川省	440
陕西省	398
浙江省	737
湖北省	451

1/4 跳转

（2）图文分析

通过“图文分析”功能，微信公众号的运营者可以轻松查看任意一篇图文内容的效果，其中包括阅读次数、转发次数和分享人数等重要的运营数据。

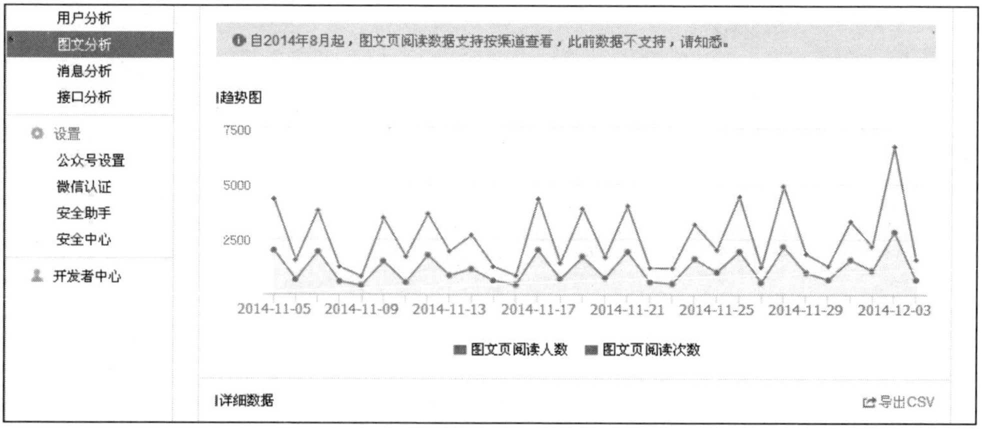

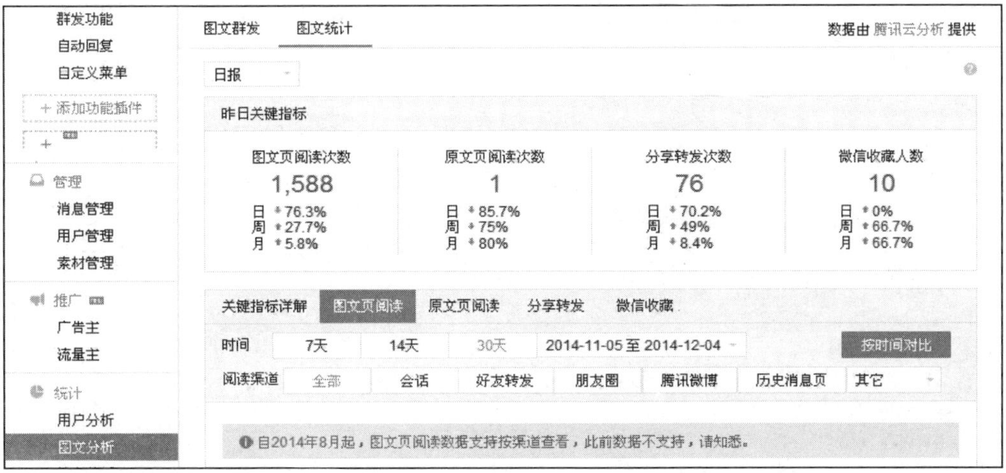

（3）消息分析

通过“消息分析”功能，微信公众号的运营者可以查看消息发送人数、消息发送次数、人均发送次数、接收消息关键词等数据。

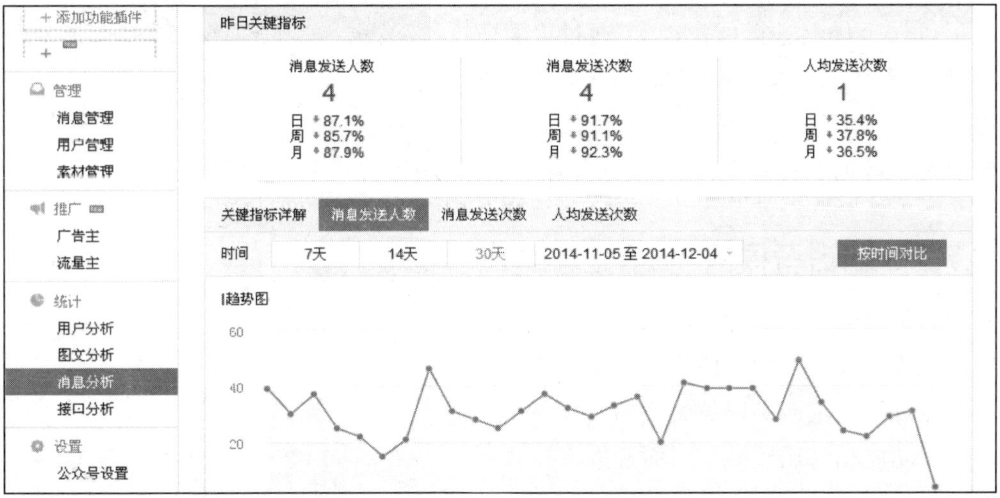

（4）接口分析

通过“接口分析”功能，已经成为开发者的微信公众号可以查看接口调用的相关数据统计和分析。

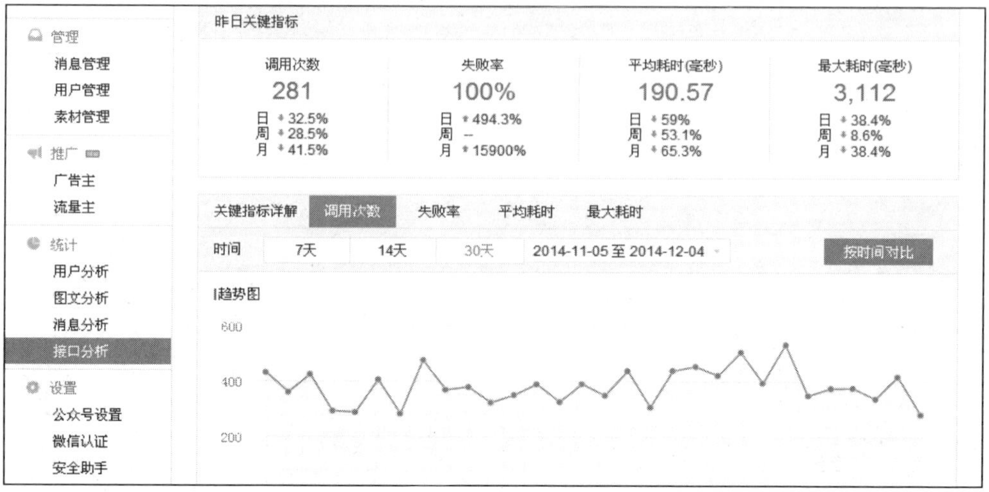

7. 安全助手

微信公众号在绑定公众号安全助手后，可以实现三个功能：① 通过绑定微信号可以在手机上进行群发；② 通过设置安全微信保护，可以保护公众号的安全；③ 通过设置微信安全提醒，可以在公众号可能出现风险时，提示公众号的运营者。

3.7.2 编辑者模式与开发者模式

微信公众号有两种不同的形态——“编辑者模式”和“开发者模式”。编辑者模式可通过规则设定而实现被关注回复和自定义回复，功能相对比较简单。而开发者模式则可通过接口接入第三方平台实现更多高级功能的开发和使用。

相对编辑者模式来说，开发者模式更加适合企业进行微信运营。这是因为成为微信公众平台开发者后，微信公众号可以使用微信公众平台提供的开发接口，通过企业的服务器接收微信信息，可以结合自己的系统做出相应的反应，比编辑者模式的关键词回复灵活得多，其中可实现查询天气预报、订餐系统、搜寻附近的店铺、会员的积分查询等功能。此外，微信公众平台还会为开发者模式的微信公众号提供五大高级接口，帮助开发者模式的微信号实现以下功能：

（编辑者模式和开发者模式）

（1）会话界面的自定义菜单。

（2）多客服接口，提供贴心、快捷的客户服务。

（3）获取用户地址位置，精确提供服务。

（4）高级群发接口，实现更灵活的群发能力。

（5）用户分组接口，方便管理用户。

之所以说相对编辑者模式来说，开发者模式更适合微信公众号运营，是因为开发者模式的功能更加强大，但是这也要求企业有足够的技术开发能力。总的来说，编辑者模式和开发者模式各有优点与缺点。

1. 编辑模式和开发者模式的区别

在编辑者模式下的微信公众号是刚完成注册后就具有的状态，在这种状态下，编辑者模式下的微信公众号具有了图片、文字、语音、视频、图文等形式的内容推送功能和被关注自动回复、关键词自动回复等基本功能。另外，账号通过认证后，订阅号与服务号都能得到微信公众平台的自定义菜单接口，这对提升微信交互界面用户体验有很好的帮助。微信公众号的运营者可以通过自定义菜单的设置，设计出适合账号定位的风格以增加粉丝的黏性和活跃度。

编辑者模式是微信公众号的基础模式，了解编辑者模式的特点有助于微信公众号运营者的规划和操作。

（1）微信公众平台编辑者模式的优点

① 编辑者模式便于学习，不需要学习代码等技术知识也可轻松掌握，适合“技术小白”类的编辑人员使用。

② 因为在编辑者模式下不用重新搭建新的服务器，所以编辑者模式下的微信公众号响应速度比较快。

（2）微信公众平台编辑者模式的缺点

① 编辑者模式下的“文字回复”有字数上的限制——不能多于300个，而“关键字回复”条数的上限也只有200条。这对需要处理大量数据的公众号来说就显得非常局限，对账号的长远发展也不利。

② 编辑者模式下的微信公众号的扩展功能有限，不能调用网络平台上面的地理位置、API等信息。

③ 编辑者模式下的微信公众号没有自己的数据库，无法对接自己原有网站上的数据或者会员数据库等。

开发者模式相对编辑者模式来说功能更强大，但开发者模式也有自己的优点和缺点。

（3）微信公众平台开发者模式的优点

开发者模式下的微信公众号拥有编辑者模式的绝大多数功能，同时，开发者模式还能通过接口接入更多的功能。总的来说，开发者模式的优点有以下几点。

① 开发者模式下的微信公众号可以通过微信公众平台提供的网络API接口查询天气、股票、快递、笑话、影讯、新闻、翻译等信息。

② 开发者模式下的微信公众号，用户的回复消息可突破300个字的限制。

③ 可实现与原有的数据库进行对接。当企业拥有自己的数据库需要进行数据对接时，编辑者模式是实现不了的，但通过开发者模式，企业可以将自己的网站

上、会员系统或者其他地方的数据库与公众号进行对接。

④ 开发者模式下的微信公众号还可以实现一个比较强大、也是许多企业想要拥有的功能——在线移动支付。通过对开发者模式的二次开发，开发者模式的微信公众号便可以实现基于手机端的移动支付，大大地增强了企业在移动端的营销能力。

（4）微信公众平台开发者模式的缺点

开发者模式功能虽然强大，但需要运营者有相关的代码知识才能更好地运行，否则比较困难。

编辑者模式和开发者模式各有优点和缺点，也适合不同的企业和运营者，所以究竟自己需要哪一种模式的微信公众号，可以根据自身情况自行决定。而我们在明确了开发者模式比编辑者模式更加强大的基础上，相信很多人都会提及一个问题：如何开启开发者模式？

2. 如何开启开发者模式

开启微信公众号开发者模式的步骤如下。

（1）成为开发者模式的微信公众号需要一定的条件——确定认你的账号资料是否已经填写完善并且已经通过了审核；确定微信公众号的头像上传成功；确定及成功设置微信号；确定微信公众号的功能介绍已经填写；确定地区信息等其他相关信息已经填写完善。

（2）登录已经注册好的公众号，在公众号首页的导航栏最下方找到“开发者中心”选项，点击进入，在“我同意《微信公众平台开发者服务协议》”选项前打钩，点击“成为开发者”按钮。

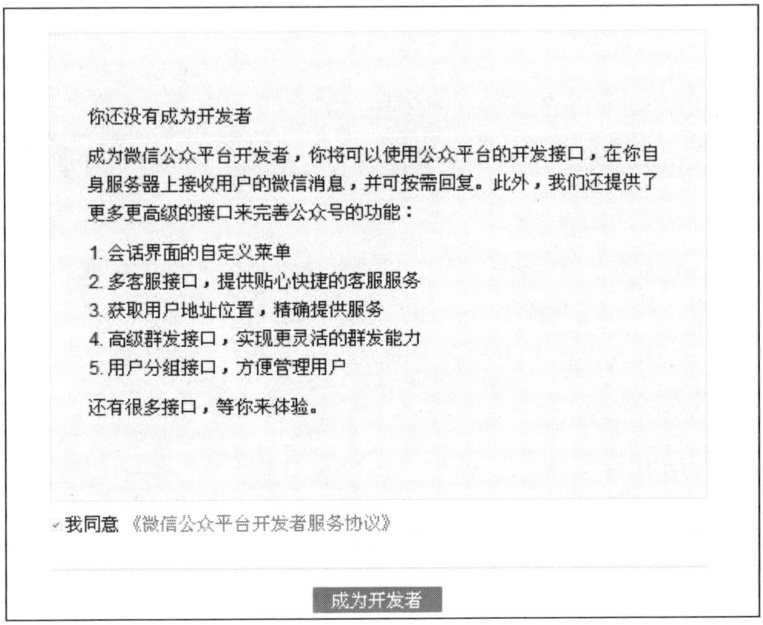

（3）接着点击“修改配置”按钮进入“配置项”页面并填写资料。

（4）在进入“开发者中心”页面后，去哪里找到URL和Token成为困扰许多人的问题。URL和Token的填写需要用到微信第三方平台。

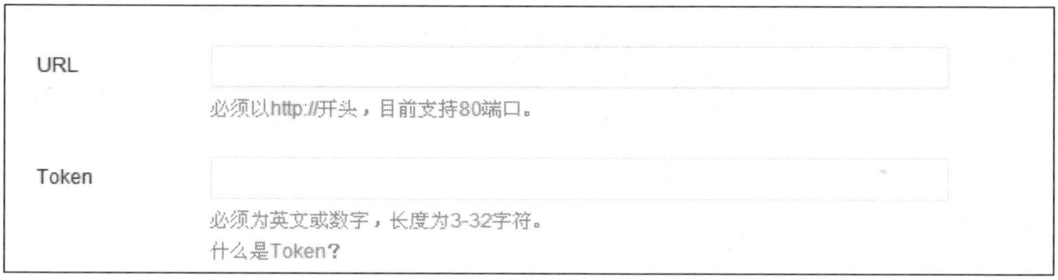

什么是微信第三方平台？微信第三方平台是指微信为开发者提供了开放接口后，第三方公司通过这些接口开发出的辅助企业利用微信进行营销的工具。这些工具一般包括各种营销功能、微官网、会员系统功能、互动功能等。目前市面上存在着许多微信第三方平台可供企业选择。

（5）上面我们提到了需要用到微信第三方平台。这里以“微联”为例来介绍具体的操作步骤。首先，在“微联”微信第三方平台注册账号并且登录。

（6）市面上有很多微信第三方平台可供企业选择。当企业选择了一个合适的第三方平台后，先要在第三方平台上填写相关信息以便进行管理。在填写完善信息后进入API接口，便会找到URL和Token。

以下是“微联”第三方平台的演示图。

（7）得到了URL和Token后，即可将其填入到“开发者中心”页面的相关栏目中，然后生成EncodingAESKey，选择适合的“消息加解密方式”，再点击“提交”按钮。

（8）提交成功后便可以成为开发者模式的微信公众号，此时便可以使用微信公众平台的高级功能，比如微官网、自定义菜单、微信商城、互联网接口等功能。

3.7.3 微官网对微信O2O运营的作用

前文我们提到了，通过微信第三方平台可以建立微官网，企业通过微官网对运营微信O2O有极大的帮助。那么微官网是什么呢？在企业的O2O运营当中又起到一种什么样的作用呢？

顾名思义，微官网是在移动互联网时代产生的微型官方网站（通过第三方平台可以搭建这样的网站），微官网的特点是微型和简洁，是基于WebApp和传统PC版网站相融合的新型网站。目前微官网可兼容苹果iOS系统和安卓系统。由于苹果iOS操作系统和安卓手机操作系统占据了绝大部分的市场份额，所以市场上大部分的手机都能兼容微官网。而通过微信第三方平台、微博等方式也能与微官网实现链接，这让微官网的使用频率大大增强。

在微信公众号上，微官网是非常重要的功能之一。通过微官网将企业的简介、图片、产品、服务，以及各种营销方式展示出来，不仅在展示方式上更加适合现代网民的审美，提高了用户体验，也能让企业信息在网民中得到了充分的展示。而通过微信朋友圈等方式的分享和传播，更让企业的品牌影响力得到进一步的提升。这让企业的口碑从线上延伸至线下。

企业微官网除了作为基础的展示平台，还是一个新兴的创意服务平台。通过微官网，企业可以为移动互联网上数亿的网民提供服务，用优质的服务、有影响力的品牌效应和高质量的营销活动吸引、留住用户，并最终将其引导到线下，将其培养成为企业的忠实用户。

微官网是一个简洁的微型网站，这样的网站使用起来固然方便，但和传统网站一样，微官网也需要推广才能吸引更多的用户使用。那么，微官网有哪些推广方式呢？

（1）从身边的朋友做起

通过口耳相传的方式向身边的朋友介绍自己的微官网是一种看似简单却效果甚佳的方式。因为是朋友，他们很乐意为你主动传播信息，即使可能眼下他们不需要或者身边没有需要的朋友，但当他们有朋友正好有对应你的企业的服务的需求时，他们当然会在第一时间推荐你，将你的信息通过微信朋友圈、QQ好友、微博好友、QQ空间、QQ群等方式传播出去，只要够诚恳，朋友们总会买你的账的。

（2）线下推广

线下店面的海报、展架、杂志、DM、电视、公交车广告、户外广告等都是可以进行高效推广的方式。这些方式通常结合二维码来进行，效果甚佳。

（3）资源互换

找到同样需要推广的合作对象，与对方进行互推，利用别人的资源扩展推广范围也是非常有效的推广方式。

（4）口碑宣传

口碑传播是最好的推广方式之一，虽然其见效慢，但“治本”。通过口碑传播而得来的流量都是潜在的客户，因此，虽然通过口碑宣传来的客户不一定多，但一定够精准。口碑宣传的精髓在于：好好做内容，好好做活动，产品质量好，服务质量好。总之，一切从客户的角度出发，为客户着想，把客户当家人一样对待，必有回报！

（5）活动策划

“无活动，不营销”已经是一句营销界的至理名言了，通过各种各样的线上结合线下的有创意并且是专门为推广微官网而设计的活动，必定能为微官网带来巨大的曝光率和传播率。

（6）全方位推广

只要是能进行曝光推广的地方全部都要利用起来。互联网的一大特点是免费，在线上，有许许多多可以利用的免费推广资源。俗话说：“不用白不用”。微博、博客、网络收藏夹、论坛、贴吧、QQ群、QQ签名、邮件、友情链接互换等，只要能放上二维码的地方绝对不要放过，只要是能放文字、链接、图片的资源全都采取“拿来主义”！

（7）病毒式推广

通过开发适合病毒式传播的系统，或者设计能充分调动网民分享欲望的活动等方式进行推广，效果通常会出乎意料得好。

【案例29】金鑫建材用微官网提升竞争力

传统建材行业的销售靠走渠道，而金鑫建材却玩起了移动互联网，是较早的移动互联网化的传统企业之一。金鑫建材在云南是最大的瓷砖批发企业之一，也是出于为了更好地服务客户的目的，金鑫建材开通了微信，搭建了微官网。通过对微信公众号和微官网的精心规划、设计和推广，让金鑫建材的实力在线上得到了延伸。在微官网上，用户可以快捷查询各种商品，可以与客服交流，一键拨打的功能是其亮点。通过一段时间的运营，微官网起到了很好地提升金鑫建材品牌竞争力的作用。

金鑫建材微信及微官网

3.7.4 微信公众号自定义菜单的设置技巧

在微信公众号通过认证之后，微信公众平台会为账号提供自定义菜单的接口。通过这个接口，微信公众号可以设置在微信对话框底部出现的自定义菜单的风格、选项等。

微信自定义菜单的主要功能是将“回复文字×××，进入×××”的操作动作直接变成了方便快捷的菜单操作。自定义菜单除了能代替关键词回复触发内容的功能，也能通过与微官网的结合引伸出更多的功能，对提高用户体验有着非常好的帮助。

微信自定义菜单可分为两个层级，第一层级是可直接出现在微信对话框当中，最多只能设置3个栏目；第二层级则囊括在第一层级当中，最多只能设置5个分类。因此，微信公众号的运营者在规划自定义菜单时，必须要仔细推敲，去除不必要的选项，保留精华选项。

微信公众号自定义菜单的设置需要遵循以下几个原则。

（1）简洁——每个栏目名称的字数不宜过多，在4个字以内最佳。

（2）语义明确——确保用户第一眼看到栏目名称就能知道此栏目的内容和主题是什么。

（3）点击后进入的页面要美观，设计必须精美，最好不要将PC网站的链接直接就放入自定义菜单中。

（4）定时修改自定义菜单栏目的名称和内容，保持账号的新鲜度。

自定义菜单的出现对于企业公众号的运营是一个极大的帮助，自定义菜单给企业带来的最直接的作用有以下几点。

（1）进入微官网，进行企业资料的查询。

（2）联系客服，了解企业的产品和服务。

（3）实时关注企业的促销活动、新闻等资讯。

结合微信第三方平台的其他功能，利用微信自定义菜单，企业还能完成基础的O2O电商运管动作。

（1）通过第三方平台提供的“大转盘”、“一站到底”、“刮刮卡”、“砸金蛋”等营销功能，举行线上优惠抽奖，线下领奖的活动以带动客流量。

（2）通过建立电子会员机制，让微信用户成为会员后通过自定义菜单上的简单操作就能了解会员的特权，并通过自定义菜单进入商城、其他板块或者到线下店面享受会员特权。

（3）在自定义菜单上设置团购入口（一般微信的第三方平台都有“微团购”的功能），用户可方便快捷地参与团购。

（4）在企业推出新品或者特意要推广产品时，在自定义菜单上将其列出有助于增加产品的曝光度。

微信公众号的自定义菜单本质上是一个极其简便的页面入口，通过自定义菜单的设置，可以实现类似传统PC网站的导航栏的效果和作用，而其方便快捷的操作方式、顺畅的用户体验，以及随时可更改的特点，令微信自定义菜单有着广阔的想象空间。

【案例30】中国微营销网将精华内容在自定义菜单上展示

中国微营销网用简洁的方式将其核心的服务在自定义菜单上罗列出来，使用户对精华内容一览无遗，并且可以更好地找到阅读的方向，获得最精准的内容。

3.7.5 微信第三方平台营销功能介绍

当微信公众号成为开发者模式后，微信公众号便与微信第三方平台产生了难解难分的"缘分"。通过微信第三方平台的各种高级功能，微信公众号的营销价值和能力也得到了进一步的提升。

前面提到了，微信第三方平台可以帮助微信公众号搭建微官网、微商城和自定义菜单等功能。那么，除此之外，微信第三方平台还能为公众号带来哪些价值呢？营销性的功能是企业最迫切想要拥有的，而微信第三方平台一般都会拥有此类功能。这些功能一般包括：微团购、大转盘、优惠券、砸金蛋、刮刮乐、一站到底等。当然，这些功能只是一些常见的营销功能。企业可以根据自身所需，定制开发各种适合企业自身的营销功能。

针对不同的行业，微信第三方平台也会有相应的行业解决方案，比如，微喜帖、微餐饮、微酒店、微房产等。虽然微信第三方平台提供的功能非常丰富，但微信的运营者在运营账号的时候必须要明白一个道理：即使微信第三方平台所提供的营销功能再多，也只是为我们提供工具而已。有了好的工具还必须要有好的运营思路和好的创意才能将账号运营好。工具是枪炮，但使用枪炮攻城略地的是运营者本身！

3.7.6 微信的CRM（客户关系管理）功能

自从微信开放了CRM的接口以后，基于微信的CRM的开发、运营就成了业内的热门话题。不少人认为微信CRM将会颠覆传统CRM，从而带来一个新的CRM潮流。微信的CRM理念比较新颖，与传统CRM不同，微信的CRM是具有社交属性的SCRM（Social CRM）。那么，微信CRM会给企业带来什么呢？

传统的CRM系统是建立在传统的销售方式基础之上的。传统的企业销售在第一次交易完成后，会通过客户留下的手机号码、通信地址、邮箱等方式与客户再次取得联系，以各种关怀客户的方式维护与客户的关系，并促成客户的二次消费，以及口碑传播。

而微信的CRM是建立在社交基础之上的。微信首先是作为一款社交软件而存在的。因此，企业通过微信进行CRM就必然带有社交的基因。在微信CRM体系中，企业可以通过公众号为客户提供最新产品信息、售前和售后服务，也可以为用户提供一对一的私密客服咨询。企业还可以通过公众号中的“用户管理”功能、“用户分析”功能对用户进行统计分析和分组维护，还可以通过个人号与用户成为朋友。当然，也以将用户引导到线下店面进行更为真实细致的服务，令客户成为企业的忠实粉丝。

从本质上说，CRM的最终目的仍是赢利，因此，若将深入对CRM进行剖析，那么CRM还应包括：销售、服务、营销、客户、会员、产品、统计等方面。而如果基于这几个方面进行阐述，那么微信的CRM体系其实基本上拥有了整个CRM所需要的模块。从这个角度出发，微信公众号的整个CRM流程可以描述为：公众号吸引用户+服务号提供服务+用户管理+用户分析+一对一客服+个人号维护客户+会员系统+O2O维护的形式。

1. 企业怎么做微信CRM

在微信已经席卷了8亿的用户，微信公众号已经达到800万的背景下，许多企业都在思考着如何用微信维护与客户的关系。而微信在拥有了基础的客户管理功能之外，还对第三方公司开放了CRM接口，这使得微信的客户管理营销拥有了更加广阔的前景。因此，许多企业早已跃跃欲试。但企业要引入微信CRM的方式还是有不少问题需要细细揣摩的。

（1）要有针对性

每个企业都有自身的特点，若企业要引入微信CRM的方式进行客户管理，首先要考虑的便是微信CRM是否符合企业目前的现状。微信的使用者多为移动终端，即个人，因此，当企业所面向的不是移动终端，即不是个人的话，则使用CRM意义并不大。另外，微信是一个社交工具，因此，通过社交软件难以带来客户的企业也可以考虑放弃微信CRM的方式。了解自己才能更好地发展自己，每个企业都需要对自己有足够的认知才能确保企业的发展。微信CRM只是一种帮助企业成长的方法，若这种方式不适用，那么最好的选择莫过于果断放弃！

（2）善于分析客户数据

传统的CRM管理模式促进“二次消费”的方式大多是在不了解对方的身份地位、经济水平等情况下，“硬生生”地给予关怀，然后“拽着”对方来消费。而微信CRM管理理念的一个亮点在于统计和分析。通过微信公众号本身所具有的功能对用户进行统计分析，或者通过从微信CRM接口获得的第三方提供的数据进行研究，用大数据的思维对用户资料进行深入剖析，就可得知哪些客户是新来的，哪些客户是老客户，哪些客户最有可能进行二次消费，甚至哪些用户需要什么样的产品，什么时间需要等信息。这非常有利于企业发掘新客户、维护老客户和提高客户的回头率。当然，要做到这些，企业必须要有一定的技术（比如接入微信公众平台提供的CRM接口的技术能力）和规范化的工作流程。

（3）善于规避风险

微信CRM操作得当，便能给企业带来良好的口碑；相反，若操作不当，便变会招致骂名。试想，若善于利用微信客服功能为客户服务的杜蕾斯的微信客服不是专业、诙谐、幽默的，而是猥琐的，并且满口胡言，那给杜蕾斯带来的将会是什么样的后果？微信CRM只是一个管理客户的工具，而使用这个工具的是企业。因此，企业在使用微信CRM时，必须要确保各个环节不出纰漏才能为企业带来良好效益。

（4）吸引客户

CRM的根本是客户，如果没有客户，那么CRM也就没有意义了。微信CRM的其中一个作用便是吸引客户。而如何增加微信CRM的吸引力就成了企业研究的一个问题。用微信朋友圈将客户吸引到微信公众号中，然后使用微信CRM的管理方式维护客户是常用的做法。通过举行O2O活动的方式维护客户也是不错的做法，在线上发布优惠信息或者免费到店面领取礼物的活动方式都能吸引不少客户。另外，设置二维码、发放企业资料等都是吸引客户的重要途径。

【案例31】招商银行的微信CRM服务

招商银行在微信营销方面一直可圈可点，而其利用微信公众号开通CRM的服务也是一个经典的案例。招商银行的微信公众号为用户提供的“免费通知提醒”、“一卡通余额查询”、“信用卡账单查询”等功能在用户管理上有着良好的作用。

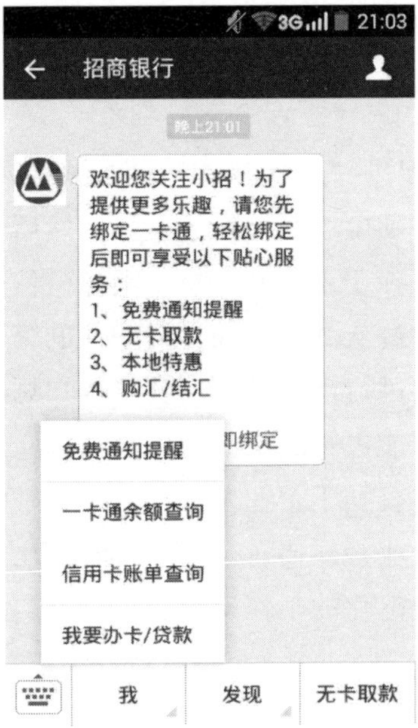

（招商银行的微信公众号）

2. 基于微信CRM的O2O运营

微信公众号的运营者通过微信CRM掌握了客户的各种资料，因此通过微信CRM的方式引导客户进行消费，也是必然的运营行为。在微信CRM的支持下，实现各种O2O场景有了基于大量CRM数据的技术保障。在这里，微信CRM起到了一个很重要的“2”的作用。以下是几种由CRM支撑的O2O消费场景。

（1）会员免费体验：用户通过扫描二维码等方式成为企业的会员后，有免费品尝产品或者体验服务的特权，但会员体验过后必须通过微信朋友圈进行分享传播，以吸引朋友关注公众号或者到店体验、消费等。

（2）会员积分换礼品：通过微信会员系统为会员计算消费的积分，当积分达到一定的数量后，可以用积分换成代金券到店面使用，或者直接兑换礼物。

（3）抽奖活动：当用户关注了企业的微信公众号成了会员之后，便可以通过公众号的各种抽奖功能参加企业举行的抽奖活动，获得奖品后，可以到实体店面兑换，也可以换成会员积分、代金券等形式，日后再使用。

（4）礼品派发：可在线上和线下同步进行礼品派发活动，用户只要关注公众号后便可以获得积分，通过积分在线上换取奖品，或者到线下领取。

每个企业都有自己不同的情况，但通过微信CRM方式进行O2O运营在将来必定是普遍使用的营销方式，对多数企业来说都有借鉴价值。

3.7.7 其他功能

当你的微信公众号粉丝数量达到了一定的级别后（目前是5万），还可以申请成为流量主，承接广告主投放的广告，收取一定的费用。当然，你也可以成为广告主，在别的微信公众号上投放你的广告。微信于2011年诞生，到2014年才经历了3年，但在经历这3年的野蛮生长后，微信会逐渐进入成熟阶段。在将来，微信还会推出其他功能，而这些功能会是什么，对企业而言又有何作用，我们现在还不得而知。但可以确定的是，微信的每一个新功能的推出都会给商家们造成不小的冲击。

第 4 章 传统企业微信O2O运营

O2O诞生后很快就成了业界的新宠儿，被视为想象空间极大的互联网创业模式，以及企业互联网化最好的方式。2013年，国内互联网三大巨头百度、腾讯和阿里巴巴也纷纷在O2O领域跑马圈地，用大量的大动作印证了O2O是改变未来互联网格局的有力武器。在三大巨头频频使用“投资”、“收购”、“兼并”等大招大打出手时，微信的蛮横生长让其在移动互联网一跃成了最受关注的移动互联网产品（事实上，围绕着O2O领域各方兼并、投资事件可谓是层出不穷）。在传统企业、互联网企业都竭力想要在移动互联网中分一块蛋糕的背景下，最大的移动互联网流量入口微信与最有想象空间及最适合传统企业互联网化的O2O模式的结合就被自然而然地被推向了幕前，一时间成了人们哄抢的对象，于是我们就看到了2014年微信O2O的一路高歌。

腾讯、阿里巴巴、百度在O2O领域的布局			
	腾讯	阿里巴巴	百度
投资公司	嘀嘀打车	高德地图（已收购）、	糯米网（已收购）
内部产品	基于微信平台的微购物、微生活、微商户	淘点点、微淘、来往	/
支付工具	微信支付	支付宝钱包	百度钱包
地图	搜搜地图	高德地图	百度地图
合作伙伴	王府井百货、上品百货、新世界百货、天虹百货、绫致服装集团、海底捞等	银泰、美宜佳便利店等	地图开放平台上集成的餐饮、酒店商家
涉及场景	餐饮、服装、百货、打车、自动售货机	服装、百货、便利店、打车、自动售货机	餐饮、打车、酒店

2011-2012年O2O市场投资事件盘点

2011年是O2O市场投融资的高峰年，除了综合团购网站以外，专注于旅游服务的旅行类网站成为投资热点。6月去哪儿网获得百度3.06亿美元投资，是2011年O2O领域融资最多的企业。2012年O2O融资企业和绝对金额均少于2011年，但仍得到一些大VC和互联网巨头们青睐。可以说，VC及互联网巨头依然看好O2O市场，并增添了一些冷静和理智。

融资时间	企业	投资机构	金额
2011-11-14	悠悠旅游网	今日资本	2000万美元
2011-09-28	F团	腾讯	600万美元
2011-09-19	新华旅行网	麦顿投资	2300万美元
2011-07-07	美团网	红杉中国、阿里巴巴华尊国际、北极光创投	5000万美元
2011-06-24	去哪儿网	百度	3.06亿美元
2011-05-25	窝窝团	鼎晖、清科创投等	2亿美元
2011-05-17	艺龙	腾讯	8440美元
2011-04-15	逸行旅游网	丸红	3000万美元
2011-04-12	途牛旅行网	红杉中国、DCM、高原资本、	5000万美元
2011-04	大众点评网	挚信资本、红杉资本等	1亿美元
2011-04-11	拉手网	麦顿投资、泰山创投等	1.11亿美元
2011-03-01	安居网	百度	5000万美元

融资时间	企业	投资机构	金额
2012-05	丁丁网	风和投资管理等投资机构	4000万美元
2012-11	丁丁网	阿里巴巴、花旗	未透漏
2012-08	大众点评网	未透漏	6000万美元
2012-10	重组后的高朋网	Groupon、腾讯	4000万美元

（O2O领域的投资“很疯狂”）

然而，传统企业想要玩转微信O2O并不是一件简单的事情。虽然大量企业都希望能打开移动互联网电商的渠道，但不少企业只是把电商当作一种简单的销售渠道（就像在天猫开一个店就完事了），甚至是低端的可有可无的渠道。因此也就不会投入足够的人力、精力进行企业的互联网化，最终企业的电商之梦，企业通过微信O2O打开互联网的大门，企业抢占移动互联网份额的理想成了彻底的幻想——这大概就是马云所说的“看不起”的阶段吧！

明朝有一个宦官叫王振，他曾凭借明英宗朱祁镇的信任，发动了对瓦剌的战争。结果根本没有军事思维，也没带兵打仗过的王振，带领20万名大明军队在土木堡遭到包围并且全军覆没，王振的脑袋被砸成了肉泥，连大明皇帝明英宗朱祁镇都被瓦剌的太师也先掳走了。从这个故事中得出一个经验：要发动战争，必须得有作战的智慧。企业要玩转互联网，也必须得有互联网思维。传统企业没有互联网基因，因此企业要拥抱互联网就必须先了解互联网。想要做O2O，就必须先知道O2O的思维。微信O2O不是一个简单的销售渠道，而是一种商业模式。这种商业模式要求企业懂得服务、营销、品牌和互联网的思维。因此，企业要拥抱互联网就是要用互联网重新打造自己，而不是简单地把互联网当作一种工具，简单粗暴地拿来改造企业。

比如，许多企业简单地认为，开一个天猫旗舰店、淘宝C店便算是拥抱互联网了。这其实是一种比较死板的思维，与微信O2O的理念相差甚远。

天猫里充满了各式各样的商品，是一个中心化的大商场。有了大量的商品之后，便会产生大量的信息，然后便会引来巨大的人流量。也就是说，天猫是以商品为基础，经由各种渠道和方式生产资讯，通过这些资讯最后达到引来人流量的模式。而微信则是以用户为基础，首先以社交、媒体的方式聚拢人流量，当大量的用户汇集到了微信平台后，便会产生巨额资讯量，接着再从这些资讯当中产生交易的过程。两者的不同之处是：由微信O2O引来的客流量会成为企业的用户，而由天猫引来的流量则是天猫的，企业在天猫平台开店需要通过淘宝直通车等方式购买流量。相比之下，微信比天猫更靠近用户。

但是，企业开通了微信公众平台不是就等于开始了微信O2O。先要了解微信O2O能给企业带来什么。对于企业来说，微信O2O的主要作用不外乎两个：提高企业品牌的影响力；增加企业的忠实用户。而无论企业是将微信公众号打造成媒体，还是把微信个人号打造成专家；无论是增加粉丝，还是促成朋友圈的分享转发，最终目的都只有一个——增加业绩。那么，企业做微信O2O需要注意什么呢？

4.1 企业做微信O2O的6个关键点

目前，国内拥有超过百万个粉丝的微信服务号在100个以内，但这些拥有了百万个粉丝的服务号的影响力却有限，这跟其运作理念不无关系。那么，企业应如何展开微信O2O运作呢？

4.1.1 结合微信进行精准定位

战略定位对于一个企业来说是成败的关键点之一。一个好的定位会帮助企业顺利实现战略目标，而错误的战略定位一般都会将企业引向毁灭，企业的微信O2O也是如此。微信是建立在强关系链基础之上的社交工具，通过微信的社交平台，微信用户能方便地实现线上和线下的跳转。针对此属性，企业可根据自身的品牌形象给企业设置“性格特征”，实现企业与用户之间的社交关系，并通过这样的社交关系将用户在线上与线下之间进行导流。

当然，根据不同企业的不同性质和特征，以及企业能为用户提供何种价值和自己想要得到什么，如何结合微信的社交属性等问题，企业应进行精准分析，以便能在微信平台上找到最为匹配的用户，在他们面前树立最完整的企业形象，从而确定自己最适合的定位。

4.1.2 产品的合理规划

产品是企业生存的根本，无论是采用B2C还是B2B的运营模式，抑或是O2O的运营模式，都必须以产品为根基。有了产品及产品的合理规划，才能推进运营模式的良好运行。企业要做微信O2O的运营，就要对微信的生态特点进行研究，在了解微信用户的特征后，才能给产品赋予“特性”。比如，陌陌是陌生人的社交平台，适合营销虚拟产品；微信是基于熟人关系的社交平台，比较适合营销礼品类产品等。

总而言之，产品的规划理念必须适应微信的平台属性，必须符合微信用户的价值理念，必须适合进行O2O的运营模式。

企业需要具体规划的内容则包括：产品的定位、设计风格、价格设定、包装、产品文化、客服的服务方式等。

4.1.3 线上与线下有机结合

所谓O2O即是线上与线下的结合，那么，对待微信则不能单纯地将其当作一个线上渠道，而是要与线下的渠道相结合。互联网浪潮虽然已经来临，但有不少企业的传统线下渠道仍坚挺，不受互联网的冲击。但企业运用微信O2O的模式进行运营，本质上就是对企业的一种改革，若固守着传统的暂时稳定的渠道吃老底，那企业很可能面临着被惨遭淘汰。

线上的开拓是为了将互联网的影响力延伸至线下，因此线下渠道也必须要迎合线上带来的辐射，与线上结合才能真正达到O2O的效果。因此企业在进行渠道开拓、运营推广或者其他方面必须要同时考虑线下和线上的因素。

4.1.4 销售模式的O2O整合

就销售模式来说，线上和线下各有不同。线上的销售模式主要有官方旗舰店销售方式、自建商城销售方式和网络分销方式三种，其中前两种方式有相似之处：企业自行销售，所有的营销方案与活动都由企业自行定夺；线下的销售方式主要有加盟商、经销商两种渠道，另外商场和超市也是比较重要的销售方式之一。

微信O2O的运营模式要求企业将线上与线下的方式进行整合，形成良性的销售模式。微信企业号在2014年9月18日正式上线，微信企业号的推出，让企业能通过微信平台，将企业的上游供货商、下游经销商，以及终端客户都聚拢到一起进行管理。

梳理清楚企业的线上销售渠道、线下销售渠道的特点，以及可结合之处，利用微信将二者结合起来，建立更加合理的匹配这两种销售模式的运营体系，达到微信O2O的真正落地，这是企业运营微信O2O的“必经之路”。

4.1.5 重视“大数据”战略

“大数据”是2014年最火的关键词之一，国内互联网三巨头百度、腾讯、阿里巴巴都在推广自己的大数据能力和开发自己的大数据产品，比如阿里巴巴的“淘宝时光机”等。

企业做微信O2O，数据分析是永远绕不开的一个问题。随着移动互联网的快速发展，商业模式面临着“精准化”的问题，因此传统行业对于数据统计和分析不敏感的问题会日益严重化。所以，企业要做好微信O2O，就必须要学会做好数据分析。

在线上，淘宝拥有量子恒道这样成熟的数据分析工具，而在线下，许多企业仍然没有建立自己的数据库，运管和销售的判断凭借的仍是个人经验。当然，也有一些企业建立了自己的IT系统，收集了部分信息，但少有系统的分析机制。

微信公众号拥有基础的用户管理和用户分析等基础功能，微信公众号的运营者还可以通过微信公众平台提供的API接口开发更多用于收集客户资料的功能，比如微信第三方平台中常见的“会员卡”功能就具备了收集用户姓名、电话号码、生日、喜好等数据。企业可以将原有的数据体系接入到微信中，或者直接在微信公众号中建立完善的数据库用以对用户进行分析，针对分析的结果开展各种营销活动、解决用户痛点。

4.1.6 成立专门团队运营管理

不同的企业有不同的管理模式和运营状况，因此改革所面临的形势也不一样。反正只要是涉及改革就“家家有本难念的经”。但是无论企业的状况如何，若企业需要转型微信O2O，并且在微信O2O的模式上探索出一条属于自己的道路，就必须拿出真正的行动，光说不练那可是糊弄自己的蠢事。从企业文化的重塑到激励体制的建立，从管理层面的调整到执行人员的配置，从销售渠道的开拓到策划人员的培训，都必须拿出实打实的行动来。

当然，对于许多企业来说，O2O是一种新的模式，企业需要重新拿起书本，背起书包，当一回小学生，乖乖地进行学习和研究。企业的高层管理人员应通过领导的意志去影响每一位企业的成员，充分调动企业里每一位员工的动力，学习和研究O2O模式并且将其落到实处，达到全员营销的效果。

而针对O2O运营的方式，企业可成立一个小组或者有针对性地制定管理机制和方式，在绩效考核方面、学习动员方面做出有利于O2O模式普及的效果。

【案例32】绫致时装的微信O2O

绫致是一家丹麦的服装公司，但在中国市场大受欢迎。绫致非常了解中国市场，其产品定位和营销手段都非常受中国年轻人的青睐。而绫致时装与微信合作，用微信玩转O2O更是大受好评！

绫致时装旗下ONLY、JACK&JONES、VERO MODA、SELECTED四大品牌的66家门店与微信合作，开启了微信O2O探索之路，这为绫致时装一夜带来了1000万元的销售额，被互联网行业及服装行业奉为典型的微信O2O成功案例。

那么绫致时装的成功之处究竟在哪里呢？作为一家传统的服装企业，绫致时装做了哪些调整使其在互联网领域这么如鱼得水？绫致微信O2O的成功在于以下几点。

（1）调整内部的利益分成

每当有新事物诞生时，所有人都会好奇地想要了解这个事物是什么。但当人们了解了事物的本质之后，便会有人站出来反对新事物的推行，因为这会损害他们的利益。然而幸运的是，绫致时装在探索微信O2O时却没有遇上太多的阻碍。这是因为绫致时装都是直营店，没有加盟商，所有店面都是一体化的管理，因此，绫致只要协商好利益的分配即可推行此模式。另外，绫致旗下的ONLY负责人也给其他店面起了头，同意在ONLY店铺中率先进行实验。当取得好的收效时，其他品牌当然也会“纷纷效仿”。

微信O2O模式的运营根本便是线上与线下的结合，所以在推出了微信O2O模式后，绫致时装的用户的线下购买力必然会有一部分转到线上，这是商场最不愿意看到的情况。因为只有在商场下单之后，商场才能获得绫致的分成。然而，因为客户在线下浏览、选择商品、现场支付、取货离开是一个现场即可完成的交易过程，交易完成后绫致便取得了收益，所以绫致会尽力劝说客户当场交易，以免“夜长梦多”。另外，由于绫致的线下店铺有三分之二左右都位于商场的商店区，都是独立店面，对其他店面的影响不大，因此，商场也就不会过于阻挠绫致时装微信O2O的推行。

（2）微信O2O模式的导购

导购员是“前线战士”，因此导购员的积极性很重要。导购员的大部分收入来自于销售提成，因此，要推行微信O2O，无论是在线上还是在线下产生的销售都要确保导购员的销售提成不会被抹掉。此时，通过二维码建立导购员及店面与整个O2O销售体系的关联就显得非常重要。绫致时装的做法是给每一位导购员配置唯一的二维码，顾客要下订单时必须扫描导购员的二维码，这样导购员的二维码就能与订单形成关联。因此，无论是顾客在线上或者在线下购买，导购员的销售提成都不会被抹掉，这也就保证了绫致时装微信O2O的实施。

（3）调动士气，全民皆兵

微信O2O的探索是一种新的尝试，对于绫致时装中的任何人来说都是如此，没有人有经验，因此每个人都需要重视。正是基于这个原因，绫致时装成立专门的线上团队跟进项目进展，每天商量各种细节、流程，处理各种临时出现的问题等。另外，在每天的晨会上，绫致时装还会动员所有员工直接参与微信O2O的运作，形成全民皆兵之势。

（4）灵活的仓储配送方式

绫致时装就微信O2O的运营模式做出了整套仓储和物流的管理体系。首先，绫致时装统一了发货源，无论是线上销售的商品，还是通过线下产生订单后需要物流配送的商品，都统一由负责配送的部门发货，这就解决了线下店面的配送问题。其次，将商品在线上和线下统一价格，避免了线上和线下的竞争。当在线下销售了一件需要发送物流的商品时，系统就会自动减去该店面的一件库存并安排发货，做到了线下与线下的“和平共处”。

另外，绫致时装微信O2O模式之所以成功，跟其完美的用户体验也有很大的关系。以下两种绫致时装的购买场景都能给客户带来良好的消费体验。

① 绫致时装微信O2O购买场景一

顾客进入绫致时装的线下店面时，可以通过微信扫描产品的二维码了解产品的信息，以及此产品和其他产品的搭配推荐等。这不仅让顾客了解产品本身的信息，还能提升顾客的购买欲望和购买量。而顾客在选定了某件产品后，可以选择在店面直接下单，或者用微信支付。当然，若顾客拿不定主意时，则可以通过微信分享到朋友圈，让亲朋好友帮忙参考后再下单，也可以回家后再在微信上下单。下单后便可以通过微信朋友圈或者QQ空间等方式分享购物感受。

② 绫致时装微信O2O购买场景二

传统的线下店面总会受到铺面大小的限制，无法展示大量的实体产品。但是绫致时装利用二维码解决了这个问题：绫致时装通过在店面展示二维码的方式（顺丰嘿客O2O店也是这种方式的典型案例）将线下的客人引流到线上商城后，便可以让其浏览更多的产品，不再受店面大小的限制。

（绫致时装的微信公众号）

4.2 微信O2O的二维码营销

二维码由来已久，最早发明于日本（日本人的创造力确实强，这点值得我们学习）。但是在国内，二维码被人们所熟知还是因为微信将其发扬光大了。二维码以其强大的信息承载能力让无数商家和企业都“垂涎已久”。二维码的商机在于二维码广阔的应用空间（二维码购物、二维码查询、二维码传递富媒体信息、二维码看电影、二维码签到等）可为产品大大增加企业影响力的覆盖面积和企业信息的普及。二维码具有天然的防伪功能，但除防伪功能外，二维码营销才是企业最为看重的功能。企业通过二维码可引导用户快捷、方便地访问企业指定的内容，帮助企业营销。

而在微信中，用户只需要通过手机扫描商家提供的二维码，就可以进入商家设定的特有内容。这些内容可以是：成为商家的会员、进入商家的促销活动页面、浏览企业的相关信息、进入企业的微信小店、进入企业的互动页面等。通过这样的方式，企业便可开拓更多的O2O营销方式。

另外，二维码这种形式的内容推荐总能引起消费者的好奇心，“扫一扫有大礼”、“扫一扫有更精彩的内容等着你”、“想知道答案就拿起手机扫一扫吧”等形式的营销方式屡试不爽！二维码的另一个特点是，能方便快捷地把暂时不方便阅读的内容打包到手机里面带走。当消费者匆匆经过正在搞优惠活动的商场时，只需要扫一扫二维码，便可以把活动信息打包到手机，在乘坐公交车无聊时再拿出来阅读，对消费者来说，这既是打发时间，也是方便获得消费资讯的方式；而对商家来说，这也是一种在生活工作节奏越来越快的社会背景下，抓住用户碎片化时间进行营销的有效方式。那些站在活动现场外发送传单的方式真的没有多少作用，还增加了消费者的麻烦，尤其是在其找不到垃圾桶的时候……

二维码营销是直接、便捷、高效的O2O营销方式，一旦用户打开微信扫描你的二维码，你就成功了一半。但关键在于，如何让用户自愿拿出手机扫描你的二维码，在扫描二维码进入了你的页面时你又能用什么留住用户呢？因此，二维码营销应该注意以下几点。

4.2.1 用户为什么要扫描二维码

二维码在市场上出现之初，出于新奇的原因，很多人见到二维码便会拿出手机扫一扫。但现在二维码已经相当普及，你要想让用户扫描你的二维码，就要给用户足够的动力。人都是有惰性的，如果二维码不能给用户带来足够的利益，用户便会选择不扫描二维码。因此，企业通过促销、优惠、免费送礼，为用户提供实用的信息、创意好玩的活动、方便快捷的服务等手段刺激用户扫描二维码是必要的。

4.2.2 简洁明了的风格

二维码的精髓在于简洁明了，将纷繁复杂的内容用简单的方式呈现出来。因此，企业要确保用户扫描二维码所看到的内容是简单的、直截了当的。有的企业将企业PC端的官方网站直接生成二维码后便进行推广，这给用户带来的感受会是：这个企业不专业、实力差，这个页面让人看了就烦，于是毫无悬念地将其关闭。这不仅没给企业带来利益，反而损坏了企业的形象。因此，企业有必要开发移动版的手机网站，确保用户拥有良好的用户体验。前文提到过，通过微信第三方平台实现的微官网就很适合用于二维码营销。

由于移动端的显示屏幕较小，移动端的用户只喜欢界面简洁、分类简单、视觉清晰、短小精悍的内容，若过于复杂，则容易引起用户的反感。所以二维码营销的精髓就在于精简，精简，再精简！怕麻烦应该算是“现代病”的一种了吧，当然，虽然这是一种病，但得治。简洁是永不过时的道理。

4.2.3 必要的简单配文介绍

二维码将大量内容都承载到了“码”上，这是巨大的进步，但也有一个小的缺陷——让人无法一目了然地直接阅读。因此人们在看到一个二维码时，若其没有配上简单的文字介绍，则很难知道此二维码承载了什么内容。虽然微信生成的二维码可将Logo、头像等信息置于二维码中间，为用户进行简单的指引，但也无法将二维码所承载的具体内容解释清楚。所以，为二维码附上简洁的文字说明是在为用户解决了“这个二维码是什么”的问题的基础上，提高二维码扫描量的关键方法，比如，写上“扫码获优惠，吃饭打五折！”的文字说明。

4.2.4 二维码该在哪里出现

二维码的价值要通过“扫码”这个动作才能体现得出来，如果用户扫不到二维码，那么一切都白搭了。那么二维码放在哪里合适呢？二维码的投放需要遵循以下几个原则。

第一，二维码应该放置在人流量大的地方，人多的地方就有生意。在人流量大的地方，扫码的人就多，很容易形成“围观效应”，大型商场、学校、广场、公交站牌等地方都比较合适。另外，流量大的企业官网、网上商城也比较合适。

第二，二维码应该放置在容易扫得到的地方，比如餐厅的餐桌、咖啡厅、休闲吧、企业宣传册、产品包装、微信朋友圈。

第三，放置二维码的地方网络必须畅通。显而易见，如果网络不畅通，扫了二维码也是白扫，进不到二维码所承载的内容，不仅不能给用户带来价值，甚至会引发用户的反感。

第四，二维码应该放置在相对固定的承载物体上以方便扫描，比如店面门口、网页右上角等。你要将其放在高铁上或者飞机上，虽然“高大上”了，但用户扫不了，那还是两字：白搭！

4.2.5 二维码营销案例

【案例33】维多利亚的秘密内衣——用二维码“诱惑”用户扫描

维多利亚的秘密内衣是著名的内衣品牌，而维多利亚内衣的营销手段也常常给人眼前一亮的效果。维多利亚内衣有一个利用二维码进行营销的户外广告做得就非常有创意，让人忍不住描二维码一看究竟。广告中是一个裸体模特的画像，但其胸部被二维码挡住了，再配以文案：Lily的真实秘密。让人忍不住拿起手机开始扫描二维码。

【案例34】韩国Emart超市推出“隐形二维码”

为了解决中午销售额偏低的问题，韩国的Emart超市在户外设置了一个QR二维码的装置。这个QR二维码只有中午阳光照射的时候才能扫描，扫描后用户可以得到超市的优惠券。凭借这张优惠券，用户可以马上到市场内消费，或者在线上购买，若用户选择在韩国Emart线上超市购买，则超市还会将商品送到用户指定的地址，这种方式大大提高了用户中午的购买率。

【案例35】JCPenney商店推出“二维码”礼物

每个人送亲朋好友礼物时都希望自己的礼物是独特的。零售商JCPenney就抓住了人们的这种心理特点——顾客在任何一家JCPenney店面购买礼物后，都可以获得一个二维码和“圣诞标签（SantaTag）”。顾客扫描该二维码后，可以为接受礼物的对象录制一段语音信箱，然后把这个标签置于礼物内。当受赠人收到礼物后便会获得意外的惊喜。

【案例36】美诺彩妆的“财富币”+二维码

美诺彩妆设计了一套结合货币元素和二维码的“财富币”，然后将“财富币”分发给分销商或者个人。拥有“财富币”的人便可以通过手机扫描上面的二维码获取优惠券，了解美诺彩妆的品牌信息、产品信息等，也可以进入商城购买产品等。

【案例37】特易购利用二维码打造“移动超市”

韩国巨头零售公司特易购在地铁等人群集中的地方，将大量商品“铺开”，让用户以二维码扫描的形式购买产品。用户可以在上班或者下班的路上购买自己所需要的产品，等他们回到家中时，特易购及时地将他们所购买的产品送到家，为他们免去了逛超市的麻烦。这一方式受到了消费者，尤其是上班族的欢迎，很有可能成为将来普遍的购物形式。

【案例38】印度酒吧的创意印章

印度的TurquoiseCottage酒吧在入场印章上印上二维码，客人只要用手机扫描二维码就可以访问酒吧的网站，了解酒吧最新的信息。顾客在晚上8点到10点扫描二维码，还可以获得酒吧中一些饮料的优惠，而在早上的6点和到下午的4点，酒吧还为客人提供宿醉提醒的服务。据悉，有超过85%的“夜店达人”扫描了他们的二维码，并且积极分享到社交网站上，这给酒吧带来了极大的影响力。

【案例39】Spotify（声破天）的二维码音乐传情

Spotify是由uTorrent创始人Ludvig Strigeus参与开发的P2P音乐播放软件，目前在亚洲也逐渐流行开来。在Spotify，你可以创建一个最现代、最潮的“音乐杂锦”，生成相应的二维码，然后你就可以通过这个二维码给你的朋友发送问候卡。对方接受后便可以欣赏你送的“音乐杂锦”了。

【案例40】星巴克解决“排队难”问题

排队付费确实是非常痛苦的事情，针对这个痛点，星巴克商店的做法是“让顾客将预付卡和手机应用绑定”，通过扫描二维码即可快捷完成支付，不需要排队，此外，其还能帮助客人了解其他相关信息。

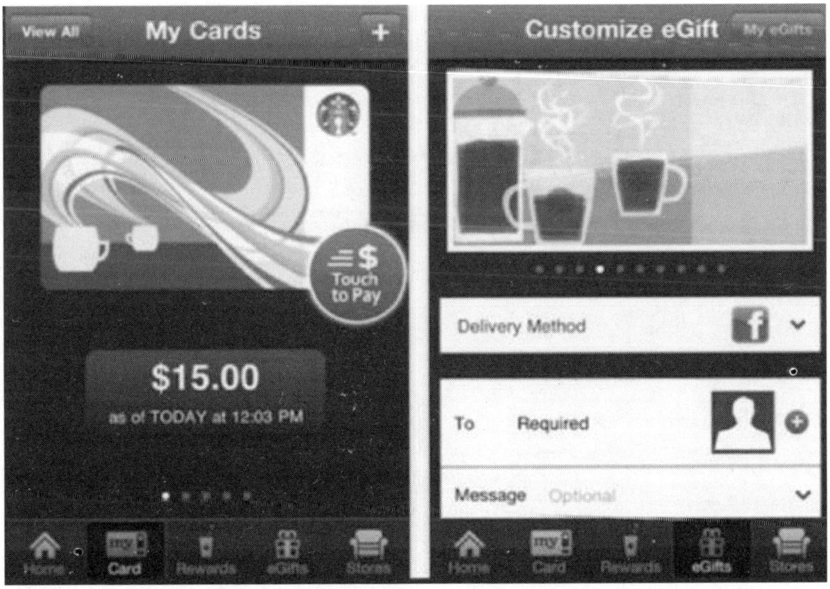

4.3 如何做好内容

“内容为王”一直是受互联网运营者推崇的理念。如果一个微信公众号没有好的内容作为支撑，那么这个公众号就是一个没有灵魂的空壳。有了好的内容才能吸引更多的粉丝；有了好的内容才能留住粉丝；有了好的内容才能增加粉丝的活跃度；有了好的内容，才能推动粉丝从线上到线下、从线下到线上的转换。因此，好的内容也是微信O2O运营的一个关键点。

那么，怎么样才能做好微信推送的内容呢？先要明确做推送内容的几个基础点。

（1）通过核心内容维护客户关系

为什么要做内容营销？一个最主要的目的就是通过内容与用户建立关系，并且维护关系，内容的好坏决定了用户是否会继续关注你。只有通过不断地给用户推送他们需要的、实用的内容，才能将用户继续留住我们的平台上，并且参与线上和线下的互动。

因此，内容营销必须要有规划，必须要符合公众号的定位与核心价值。比如你是做美容产品的商家，每天给用户推送与美容有关的内容无可厚非，或者偶尔推送服装类的内容也算是匹配用户的需求。但每天为用户推送段子，甚至是“黄段子”，即使会一时会带来大量的阅读量，也不会收获实际效果。

我们需要推送高质量、用户需要的内容。运营美容产品的账号，推送的必然是与美容相关的内容。因为，用户关注你就是想要在你的账号上获得关于美容的知识。一旦你提供不了，那么用户必然会取消对你的关注。

（2）做有创意的内容

每一个企业都对应着一个行业，有的甚至可以与好几个行业挂钩。发送企业自身的信息和这个行业中有创意的内容才是用户想要的。移动互联网是一个“活泼”的平台，用户都喜欢新颖的内容，因此生产出新奇、有创意的内容（包括承载内容的形式）就能引起用户的关注。反之，在用户主要使用碎片化的时间浏览内容的情况下，枯燥无味的内容必然会被其忽略，同时也会忽略你的账号。所以，出奇制胜的兵法很值得借鉴。

（3）切勿制造虚假内容

在PC端网站上，我们经常会发现很多以类似“×××地方发现了美人鱼”、

“×××拍到UFO”等为标题的内容，当点击进去后却发现是某个产品的广告。这样的内容虽使用“标题党”的方式成功诱导用户点击标题，但当用户发现内容与标题完全风牛马不相及时，便会产生厌恶感，因为这些属于虚假信息。

微信公众号推送的内容应杜绝虚假的信息，以真实可靠的内容取胜。有爆点、针对用户痛点、引发用户好奇心的内容才是好内容，而不是弄虚作假。可靠是内容的基础，谁都不会喜欢一个骗子。

目前，微信公众号已经超过了800万。微信公众号的持续增长一方面反映了企业对微信营销的重视，另一方面也说明了微信用户对微信公众号的需求。然而，微信公众号的增加也代表着由微信公众号产生的内容正铺天盖地而来，那么，面对如此多的信息，微信用户该如何选择呢？生产什么样的内容微信用户才会喜欢？如何才能在800万个公众号中成为杀出重围的黑马呢？以下是几点微信内容运营的技巧，希望能为微信公众号的运营者带来帮助。

（1）文章内容不宜过长

在移动互联网时代，人们用手机浏览内容的习惯发生了变化，由于生活节奏加快、手机屏幕过小不宜长时间浏览等原因，人们大多使用碎片化的时间浏览移动互联网中的内容。正是基于这个原因，微信公众号的运营者在生产微信内容时应注意微信内容的篇幅，切勿使用长篇大论的文章，以800字左右最佳，图片也不宜过多，3～5张最佳。另外，值得一提的是，文章中的图片体积切勿过大，以免影响打开的速度，最好能控制在40KB以下；视频最好不要超过4分钟，以免用户在视频上花费过多时间。

（2）做用户喜欢的精品内容

微信订阅号每天可以向用户推送最多9篇文章，但内容在于精，不在于多，文章只要质量做得好，就能通过朋友圈得到大量的分享和转发，这比几篇、几十篇甚至几百篇质量平平的文章所带来的效果都要好。当然，这也要考虑到账号的性质。假如你的账号是做媒体平台的，那么你的文章数量就要丰富，这样才能保证媒体应有的信息量。

（3）善于借助热点事件为自己造势

新闻热点是人们普遍关注的（在互联网时代，信息量急剧膨胀，有时候你不想关注都会“被动关注”），每次有热点事件时，总能在微信朋友圈掀起阵阵热浪。因此，通过对热点事件的影响力为自己造势，也是一种非常好的内容营销途径。但借助热点事件传播需要注意一点——热点事件在反复传播的过程中，会令网民产生“腻”的感觉，所以抓住热点事件的同时，不仅要传播热点事件的本身，还要善于对事件进行加工，从横向或者纵向等方面对事件本身所反映的内容进行深挖，获取更多的传播价值。

当然，热点事件不是时时都能碰上的。做时事热点这种产品虽然有时候会大获丰收，但也有青黄不接的时候。这时候，“我们有条件的要上，没有条件的，创造条件也要上”！没错，制造话题！有些话题永远是不会过时的，可拿出来重新炒作，比如物价问题；有些话题是结合当下社会现象的，也可以敏锐地发现其传播点拿来做内容营销，比如“追星”。

（4）通过内容“黏住”用户

目前微信公众号已经超过了800万个，是巨大的内容产生者。但用户不可能关注800万个微信公众号，而是选择自己感兴趣的长期关注。所以，微信公众号的运营者必须通过内容黏住用户，令用户成为帮助公众号传播内容的忠实粉丝。公众号要黏住粉丝，除了提供核心的价值，还要有能激起用户活跃度的互动因素，比如投票、转发活动等。

（5）听听数据的“发言”

微信公众号的后台有一个“数据统计”的功能，用以统计和分析内容推送的效果和粉丝增长情况等。利用数据统计功能，微信公众号的运营者可以获得“阅读率”、“原文点击率”、“分享转发量”、“粉丝关注的途径”、“粉丝增长趋势图”等重要的数据。通过这些数据，微信公众号的运营者可以进行系统的分析，得到“用户喜欢什么内容”、“什么内容会使用户取消关注”等问题的答案。

（6）懂得如何去改造内容

微信是一个传播的平台，内容的生产者把内容生产出来后就希望自己的内容能在微信朋友圈里进行广泛的传播。而每个公众号既是内容的生产者，也是内容的传播者。

有时候，我们所要推送的内容并不是我们自己生产的，但同样能给我们带来大量的转发和分享，就好像“今日头条”不生产新闻，但搬运新闻。微信公众号在微信平台上发现了好的内容后可以进行适当的改造，将其变成属于自己的内容进行传播，比如曾有一篇标题为《你是微信朋友圈里的那个怪咖吗》的文章，因为引起了微信用户对某种现象的共鸣而得到了疯传。那么，公众号的运营者完全可以将其改造为《面对微信朋友圈里的怪咖你会怎么做？》的内容。

模仿其实也是一种生产力，所有的创新都是从模仿中产生灵感的，因此将好的内容进行改造也是微信内容营销的一个很好的方式。

（7）对内容编辑的细节应谨慎处理

微信公众号内容的编辑框非常简洁，编辑框的功能并不复杂。但微信公众号的运营者在编辑微信内容时有很多细节问题需要注意。

① 从网络上找到的内容要消除格式后才能使用。因为从别的途径找到的内容必然会带有其原来的格式，包括文字的大小、是否加粗、文字的颜色和字体等，这些格式很有可能不适合在手机上阅读。因此，在拿到素材后必须将其格式消除。消除格式的方法有很多，使用电脑中的记事本程序是最方便实用的。将素材粘贴进记事本程序后再复制出来就能将原来的格式去掉，接着就可以直接放进微信的编辑框中进行编辑排版了。但记事本程序不支持图片编辑，因此图片还需要另行处理。

② 段落处理要适合手机用户的阅读习惯。手机屏幕相对传统的报纸或者PC网站的网页来说比较小，人们在对着手机阅读内容的时候比较容易疲劳，因此，微信文章的段落处理必须有助于降低用户阅读疲劳的程度。比如每一段首行的缩进方式因为对于手机页面的整洁性具有破坏作用，可改为首行都是顶格开始的；段落与段落之间不要地紧紧挨着，最好空出一行，并且每个段落都不宜过长，让用户阅读时在视觉上和心理上不至于太累。

③ 确保文章体积不要过大。人们在编辑微信内容时喜欢加入图片等元素，丰富的内容元素有助于吸引读者，提高阅读率。但无论加入什么元素都必须要考虑到文章的体积。目前人们普遍使用的手机信号是3G的，还有不少用户是2G的。若文章体积过大，则不仅影响打开的速度，还会大量消耗用户的流量。因此，微信文章中的图片最好能先处理一下，尽量使用JPG格式的图片，图片的格式宽度最好不要超过600px，在确保图片质量的同时，图片的体积保持在50KB左右即可。

④ 选择适合手机用户阅读的字体，因为受到手机屏幕尺寸的限制，文章的字号不宜过大也不宜过小，一般选用14px、15px、16px这3种最为合适。

⑤ 文章要保持清爽，颜色不宜使用过多。文字与文字背景使用不同的颜色，

以及使用各种特效技巧对文章进行编辑，有助于提高文章的观赏性和帮助读者提高阅读的效率。一般来说，颜色和特效的使用都不宜超过3种，最好不要使用过于鲜艳刺激的颜色。

⑥ 谨慎使用特殊的字体。使用特殊的字体有时候有助于改善文章的美观度，但是，由于人们在用手机阅读时已经形成了一定的习惯，比如习惯默认的宋体。所以在使用其他字体进行编辑的时候一定要谨慎，不要破坏了美观度，也不要影响到用户的阅读习惯。同样，斜体和加粗等文字格式也要谨慎使用。

⑦ 文字左对齐，图片居中。由于手机屏幕较小，文字向左对齐及图片居中的展示方式比较适合读者阅读。

另外，由于手机屏幕的限制，文章的标题不宜过长，最好不要超过20个字；上传的图片建议都打上Logo，确保图片的精美度，尤其是封面图。文章内容里面的图片不要使用过多，以免影响打开速度，并且每张图片下面都要做好图片描述；文章后面要标明版权信息，以及做好文章的"原文链接"并提醒用户可打开阅读，用以引流；文章摘要必须保证简洁扼要，确保能引起用户阅读的兴趣，这些细节都是微信公众号的运营者要注意的。

【案例41】中国微营销网推送文章的编辑排版

中国微营销网是一个微营销领域的专业网站，下面我们以中国微营销网的微信订阅号为范例进行讲解。

图一是中国微营销网于2014年10月17日推送的一组文章。从图一中我们可以看到，中国微营销网推送的文章篇数并不多，只精选了4篇，以免增加用户的阅读量。除头条外，其他3篇文章的标题前都做了文章内容属性的标识，帮助用户进行选择。另外，从图一中我们可以看到，内容推送的时间为中午12点06分。正是下班时间，人们此时正走出办公室在去吃午饭的路上。这个时间点给用户推送内容有助于提高图文的点击率。

（图一）

图二是头条文章的内容页，在文章正文前，中

国微营销网插入了“为什么关注中国微营销网”的简短介绍，用以介绍中国微营销网微信公众号的作用。这个简短的简介有利于帮助用户更加了解此账号。事实上，这个简介在中国微营销网的每一篇文章正文前都会出现，形成了一个固有的格式。

（图二）

图三是头条文章内容页面中的文字，从图三中我们可以看到，编辑对文中小标题的文字背景颜色及文章标题颜色做了处理，用以提醒用户这一部分内容的主要大意。另外，文章的每个段落短小精悍，并且首行不会缩进，段落与段落之间有空行，排版非常整洁精美，大大提高了用户阅读的体验度。

图四是头条文章底部的内容，用分割线将其与正文内容分开，主要作用是将订阅中国微营销网的方式罗列出来，并且配上二维码，有助于提升账号的关注度。

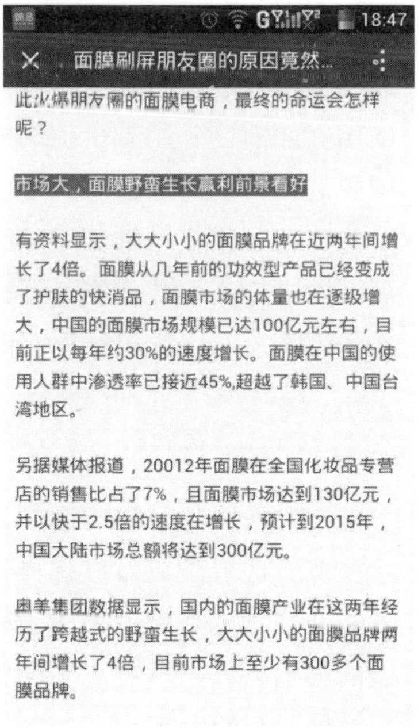

（图三）

（图四）

4.4 企业微信如何增加粉丝关注

“无粉丝，不营销”是时下比较流行的一句话。有粉丝才有流量，有流量了才能确保微信O2O的正常运营。如果没有粉丝，那企业就无法与用户进行互动，唱独角戏是不会有任何价值的。有了粉丝，有了流量，才能产生传播，才能吸引更多的用户关注，最终才能产生效益。因此，企业运营微信O2O要以粉丝运营为根基。在粉丝经济时代，没有粉丝就没有效益。那么企业该如何增加粉丝呢？

决定企业能否快速增加粉丝的影响要素有三点：第一点，目标粉丝精准性，即你的账号是否出现在了你需要得到的粉丝面前，并且是否能够提供他们所想要的价值；第二点，目标粉丝的曝光规模，即你的账号及账号的内容是否得到了广泛的传播，最后来到他们面前得到他们的关注；第三点，粉丝关注的转化率与流失率，即当你的账号已经达到了你所需要的粉丝面前时，他们是否决定关注你，并且在关注之后不取消关注，而是长期地留在你的微信公众号里获取他们想要的信息。

针对以上三点，我们可以得出一个结论：第一点属于微信公众号的定位。第二点属于推广，但实际上第一和第二点可以结合起来进行，因为推广必须以定位为基础。而第三点则属于账号的内容和价值的体现范畴里面，主要是为了用好的内容和价值留住用户，增加用户的关注转化率和降低用户的流失率。因此，我们可以得出一个最基本的为微信增加粉丝的方法论——为微信账号进行精准的定位后，采取尽可能多和有效的渠道，将微账信号曝光在精准用户面前，并用有价值的内容增加转换率和降低取消关注率，从而最终实现增加粉丝的目的。而在这三点中，第二点目标粉丝的曝光规模尤为重要，只有有了足够的推广力度将账号推到用户面前，用户才有可能关注账号，才会有第三点的开始。那么通过什么方式才能使得账号尽可能地提高曝光率呢？按照推广方式的不同，可划分为线上推广方式和线下推广方式。

4.4.1 线上推广方式

（1）在企业的官方网站首页上，将微信的二维码挂在显眼的地方，并配以文字介绍，向用户表明通过扫描此二维码可联系企业，或者配以发放优惠券等形式吸引用户扫描。若网站有大量的流量，使用此方式便会得到大量的关注，即使网站的流量不大，也能为忠实的用户多提供一个沟通的渠道，并且这些忠实的用户将会在后期的微信维护当中，起到转发分享和提高账号曝光率的作用。

（2）通过企业的官方博客进行宣传，例如新浪博客、百度博客等。博客本身就聚集了大量的流量，因此，通过在博客中曝光，企业将会有机会吸引大量的流量。另外，若通过SEO的方式对博客的关键词排名进行优化，使其在搜索引擎中得到的良好排名，则可实现非常大的曝光率。

（3）论坛推广。通过在论坛中“抓粉”的方式可以增加微信的粉丝。互联网发展至今，在国内几乎每一个县市至少都有一个地方论坛适合用软文或者硬广的方式进行推广；另一方面，几乎每个行业都会有一些行业垂直论坛，这些论坛上的用户属于企业的潜在用户，具有十分重要的推广价值。论坛推广的方式也非常成熟，在此我们不再赘述。

（4）企业QQ群的推广。在传统互联网时代，通过QQ群将用户聚集在一起进行统一的管理是非常常见的现象。因此，通过QQ群将微信二维码推广出去，并告知客户此微信账号的价值与作用，客户大多会关注的。

（5）在企业官方微博中宣传。在微博里推广微信的方式有很多，每日微博发送、图片植入、微博置顶等都是可以使用的。对于官方微博较为活跃的企业来说，使用微博推广能取得不错的效果。

（6）通过微信、微博大号的转发进行推广。如果企业本身就拥有有很多粉丝的账号，则可以使用此方式；若没有，则只能另觅资源了。

（7）邮件群发推广。每个企业在开展业务时都会用到客户、合作方、供应商等渠道的电子邮箱地址。通过给这些收集好的邮箱地址群发邮件，告知企业开通微的微信账号，基于本身便与企业存在着关联的关系，他们也会自然而然地对企业的微信账号进行关注。

（8）在新闻源站点发文章吸引粉丝。目前，国内有不少新闻类的网站可接受用户的投稿，其中“今日头条”、“搜狐新闻”等网站中的流量非常可观。用户可通过向这些网站投稿并在稿件底部加上微信账号的方式进行推广，若稿件内容质量好，便会得到巨大的展示量和阅读量，自然能给微信账号带来高曝光率。

（9）QQ说说、QQ空间日志、QQ签名、QQ群宣传推广。在QQ说说、QQ空间、QQ签名中宣传推广是最常见的推广方式，其效果取决于QQ账号的好友数量和活跃度。其中QQ群推广可通过关键词查找的方式找到精准的QQ群，是较为有效的推广方式。但缺点是，加入QQ群时需要审核，以及在群内发言不当会导致被请出该群。

（10）录制视频宣传。在录制企业或者产品介绍的视频当中，将微信的二维码也放置在内，并配以引导性的文字吸引用户进行扫描关注，也是一种非常有效的推广方式。

（11）利用微信导航网站进行推广。目前，微信导航网站的数量越来越多，可加入微信导航网站利用其流量提高曝光率。这些微信导航网站有一定的流量，能带来一些精准的粉丝。

（12）在微信推送的文章头部和尾部留下微信账号、二维码，以及引导用户关注的文字，吸引用户关注。如果文章内容对用户来说是有价值的，则可获得相对精准的粉丝，但在使用这种方式的同时，还需要文章具有极强的可传播性，否则文章只能被老用户所见。

4.4.2 线下推广方式

（1）企业的宣传资料，产品的外包装上都可以印上微信账号的二维码进行推广。这种方式目前已经成了非常普遍且高效的推广方式。

（2）制作户外广告或海报宣传。每次笔者坐飞机看杂志时，总能看到不少企业的广告上有微信二维码，虽然大部分时间笔者不扫，但有时候在餐厅中有“扫一扫减五元”的活动时还是会扫的。

（3）在公司员工的名片、制服等上印上二维码也是很不错的方式。

（4）在企业的实体店面推广。可以在实体店面等面对客户开放，人流量大的地方进行微信二维码推广等。

（5）手机短信推广。手机短信推广是一种使用非常普遍的推广方式。每个企业手中都会有一定的客户联系方式，通过群发手机短信的方式提醒用户关注企业的微信账号也是十分有效的方式。招商银行的微信推广曾用过这种方法，但短信提醒的内容需要谨慎，切不可骚扰用户。

4.4.3 活动营销推广

（1）使用微信、微博开展线上营销活动。微博中的“有奖转发”、“微信的大转盘”、“一站到底”等都是很不错的推广活动。当然，企业需要根据自身的不同情况，结合增加粉丝的需要设置活动的规则。

（2）事件营销推广。事件营销推广是最有效的推广方式之一。2014年10月，微信上流传的《富士康质检员张全蛋搞笑演说》视频曾一度爆红网络，其不仅让网民对富士康的印象进步一步加深，也使得“张全蛋”在一夜之间变得全民皆知。

（3）举行优惠促销活动。价格是市场竞争中最有利的武器，因此商家之间的“价格战”也早已不是什么新鲜事，但肯定是消费者最喜欢看到的事情。一个“便宜”的概念就能让电子商务走过辉煌的十年。所以，优惠促销活动永远都是消费者最关注的话题之一。企业通过优惠促销活动，必定能引起用户的关注，但值得一提的是，举行优惠促销活动最好能选择线上、线下结合的方式进行，并设置用户关注账号的环节，才能得到更多的粉丝。

4.4.4 微信推广方式

（1）老客户的导入。微信的用户已经超过了8亿，“几乎人人都有微信”的说法变得越来越靠谱，企业的老客户当然也会使用微信。因此，通过手机通信录、QQ通信录将客户导入到微信；通过朋友圈等方式提醒老用户关注企业的公众号都是行之有效的方法。

（2）微信互推。通过粉丝数量大的账号或者定位奇特的账号推广企业号、通过私人的个人号推广企业号，或者与其他企业合作互推，都是非常有效的推广方式。

（3）使用微信自带功能的推广。使用微信的“摇一摇”、“漂流瓶”、“附近的人”等功能推广也是行之有效的推广方式。

以上的推广方式是最常见的推广方式，但肯定不是仅有的推广方式。因为每个企业的资源、推广力量、优势及劣势等情况都不一样，所以企业可以选择的推广方式也不同，企业也可以自创适合自己的推广方式。在推广的方式上没有墨守成规的法则，一切以“增加曝光，吸引用户”为准则，即使创意天马行空，只要有效即可。但有一条理念不会改变，即你必须要让用户知道关注你后他能获得什么价值。

4.5 怎么利用微信平台进行互动活动

好的内容是维护粉丝的最佳手段，而互动活动则是增加用户，以及与用户交流的最佳方式之一。一个好的活动能将8亿个微信用户的目光都聚到一处来，比如微信的“抢红包”活动。当然，每个企业的情况都不同，理论上来说也不可能吸引8亿个用户的目光。但通过有创意的活动，实现与企业的所有粉丝进行互动、新增大量粉丝是完全有可能的。那么，如何利用微信平台做好互动活动呢？

（1）利用微信进行互动活动前必须要做好调查，在确认创意可行之后要做好各项策划工作，并全方位地进行预热。线上的预热方式包括企业的官方网站、企业的微博、论坛、分类信息网站、博客，以及微信等；线下的预热方式主要包括店面的海报和宣传资料等。当然，在预算充足的情况下，纸媒和网络视频广告也可以考虑，比如天猫在爱奇艺和土豆中投放视频广告。

（2）在微信平台上，热门事件、热点话题或者节假日的到来总能引起用户的关注。因此，结合最新、最热的话题开展活动是最好的契机。比如，当iPhone 6上市时，以iPhone 6作为奖品，结合微信的传播特点开展活动，往往能取得很好的效果。

（3）当活动开始之后，需要有专门的人员对活动进行监控和及时分析调整。客服回答用户的提问并做好记录用以分析；技术人员协助客户服做好具有调研作用的自定义回复内容；数据分析人员对活动所产生的数据进行分析；活动负责人针对数据对活动进行调整，并调动人员解决可能出现的突发问题，这样才能确保活动的正常进行。

（4）举行微信互动活动的目的在于扩大品牌的影响力，以及提升销售额。因此，在活动进行当中，无论是身在前线的客服，还是广告文案制作人员、线下店面中的人员都应适时抓住机会宣传品牌和产品。在奖品设计方面，也需要设计更多的品牌和产品因素来帮助企业扩大影响力。

（5）在奖品设置方面，要给参与活动的用户一种奖品丰富并且不乏大奖的感觉。而用户参与活动的方式也必须要设置得简单方便，有利于用户参与及转发分享。

（6）用户参与活动并不等于必定会中奖，对于中奖者而言，企业的品牌当然已经在其心中产生影响，但是对于没有中奖的用户而言，也许其对企业的印象和认可度还相对比较低。所以，公众号的运营者可以通过参与即可送积分的形式，给每一个参与者送出可以在购买产品时获得优惠的积分，引导用户的第二次关注。

（7）活动结束后，要召开分析讨论会议，总结活动情况以便给下一次活动提供参考。另外，还要根据活动获得的数据进行分析，在数据分析基础上对用户进行研究，将用户分成不同的属性，以便后期有针对性地营销。

（8）当活动结束后，参加活动的用户的热情就会慢慢冷却。但活动也不可能常常举行，否则用户就会慢慢对活动失去兴趣，并且大量的活动也会增加企业的运营成本，令员工疲惫不堪。此时，通过常规的内容运营和其他的运管手段维护用户变成了最主要的工作。只有维护好现有的用户，才能为下一次的活动建立基础。

通过微信能很便捷地策划一个活动，但活动的精髓在于创意。有了好的创意加上扎实的执行力，活动便能给企业带来意想不到的收获。

下面介绍几个微信活动营销案例。

【案例42】艺龙网的“一战到底”微信有奖互动活动

艺龙网利用基于微信自定义回复接口开发的APP，开启“一战到底”有奖互动活动。其通过微信进行答题闯关赢奖品的方式吸引了大量用户参加。在活动中，用户只需要不断闯关答题即可获取积分，然后凭借积分赢得丰厚的奖品。据悉，通过这个活动，艺龙网微信订阅号新增了几万个粉丝，而且每日参与活动的用户活跃度高达五六十万人。

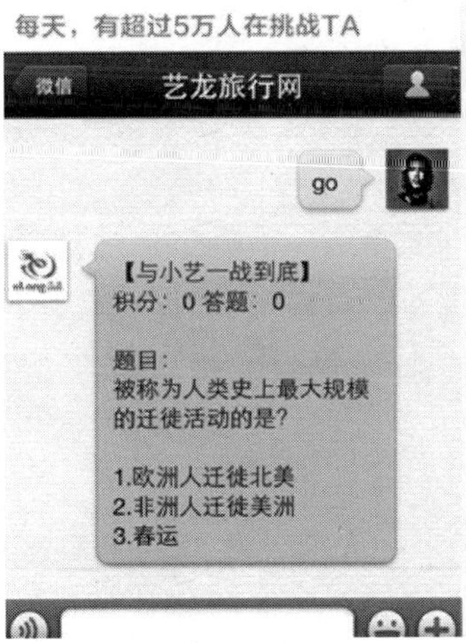

【案例43】1号店的“你画我猜”有奖互动活动

1号店的“你画我猜”有奖互动活动，利用了经典游戏“你画我猜”在用户中产生的共鸣，加上用户快速回复答案即有可能中奖的“诱惑”，很快就引起了用户们的积极参与。由于活动具有“有趣”、“挑战”、“互动”等因素，用户自行将活动分享转发到朋友圈的数量也非常可观。

1号店通过后台“用户管理”功能，将用户分成不同属性的小组，以文字、图片、语音等结合的方式给不同小组推送不同的题目。用户根据图画的内容进行回答，只要答对即可获得1号店送出的礼物。

4.6 微信朋友圈的O2O营销

从2013年开始就已经出现了所谓的“微商”，他们通过在朋友圈“刷屏”等方式，利用微信的熟人关系在网上卖货（他们亲切地把自己称作“微商”），其中不少人确实小赚了一把。但到现在，在微信朋友圈靠“刷屏”卖货的时代已经过去，在朋友圈卖货已经开始进入规范化的时代，“刷屏”时代基本已经成为历史。

为什么说微商的“刷屏”时代已经结束？

（1）脱离微信朋友圈原本的熟人关系生态圈，大力发展新的弱关系群体是微商“刷屏”时代结束的第一个原因。微商们总是一心想要增加大量的粉丝，以为只要粉丝增加了就能提高成交量，因此，他们通过各种方式增加新的粉丝。但大量的粉丝涌进来后却难以与其互动、维护关系，更别说成为朋友了，这样也就失去了微信的社交属性，因此难以建立信任机制，而没有信任，必将会导致成交量的减少。

（2）既然弱关系难以维持，那么把精力都放在熟人关系（即强关系）总行了吧？当朋友之间的感情涉及太多的金钱交易关系时，就会变得很微妙。很多时候，你总觉得你为熟人提供的产品是好产品，是为了他们好。但站在他们的角度来看，他们所看到的是你在赚他们的钱。久而久之，强关系也会慢慢弱化。而朋友的生意难做了，那么与朋友之间的关系就更难以维持了。人性就是如此，我和你做朋友就是纯粹地为了建立友谊和感情，能帮你的时候我自然会帮你，但你若只是把我当摇钱树，那就对不起，拜拜吧！

（3）微商的另一种模式是代理模式。上一级代理会要求下一级代理囤货，以实现其赢利的目的。但下一级代理一听到“囤货”，很容易就联想到“骗子”和“传销”。因此代理的模式也非常难发展壮大。当然，囤货确实是微商发展的一个阶段，也是其需要发展完善的方向，但也正是这种方式制约了微商不可能一下子长成大胖子，而是要稳扎稳打接受市场的考验。忽悠人的行当是不会长久的，“刷”个屏幕就能有大把钞票入账的话，马云这个首富的位置估计就坐不稳了。

（4）微商通过朋友圈销售产品的一大手段便是“软文”。然而，他们的软文很多时候却达到了失真的效果。比如，通过软文的方式传达“××代理商已经达到了月入百万元的水平”、“初中生做微商月入过万元”的信息。另一种方式是鼓吹微商的运作有什么秘诀、不为人知的技巧，希望大家一起听课学习，然后在课堂上再次以“案例”吸引代理商。这些方式的“忽悠”成分都很大，所以久而久之就会被识破，微商也就难以维持下去。

所以，如今有越来越多在朋友圈“刷屏”的所谓的“微商”被其好友直接拉黑或者屏蔽。微信朋友圈因为“刷屏”的问题已经出现畸形发展。微信当然也不会坐视不理，其必然会出台相应的遏制措施。所以，微信朋友圈的“刷屏”时代，招代理囤货的时代将会一去不复返。取而代之的将会是更加成熟的模式，回归理性的模式。

事实上，微信并不鼓励在朋友圈营销，原因是利用微信朋友圈做营销破坏了微信的生态圈，因此，微信曾做出了很多封杀微商的举措。但是，微信朋友圈也着实能给企业和个人带来营销的空间。确切地说，微信不想看到的是朋友圈的C2C营销模式，但是通过朋友圈操作O2O却大有运作空间。

通过微信朋友圈操作O2O要求企业从一开始便打造自己的品牌，因为利用品牌的影响力能更好地带动O2O模式的运作。当品牌的知名度越来越广，美誉度越来越高，O2O模式的运营就会越来越顺利。当然，在利用微信朋友圈开启O2O之前，每个企业的品牌知名度都不一样，有高有低，甚至有的企业有负面的品牌形象。但只要心细耕耘，善于利用微信朋友圈的互动性，以及微信接地气的特点与用户沟通形成良性循环，就能一步步提升品牌的影响力。

利用微信朋友圈进行O2O营销，其实并不像微商们所宣称的那么神秘和复杂，只要有好的产品，善于利用微信与用户进行沟通交流，久而久之就会有所收获。微信是一个维护客户的好工具，是一个有利于传播的好工具，同时也能实现销售、支付等功能。但是微信朋友圈的运营没有所谓的“秘笈”可言，踏踏实实地研究用户的心理、研究微信的社交属性，以及社会化的营销手段才是成功的关键。那些关于微信朋友圈很玄乎的传言基本都不能信以为真，也没有太大的必要花几千元、上万元甚至几十万元的学费去参加所谓的“封闭式”培训。只要自己善于探索与总结，善于分析别人的经验与案例，真正理解微信的本质，即可尝试微信朋友圈的营销。

那么究竟如何系统地进行微信朋友圈的O2O营销呢？利用朋友圈的热度、做好传播工作、打造自己的品牌是微信朋友圈营销思维的精髓所在。其实微信作为一种营销渠道，和别的营销渠道有异曲同工之妙，不外乎产品选择、推广方式、客户维护这三个方面。下面笔者一一展开介绍。

4.6.1 微信朋友圈O2O营销的产品选择技巧

每个企业都有自己特有的产品，但并不是所有产品都适合在微信朋友圈进行O2O运营。在微信朋友圈营销，产品的选择是关键。那么，如何选择适合在朋友圈营销的产品呢？

1. 给产品做好精准的定位

如果你想要通过微信卖产品，那么你就要弄清楚你要卖的产品是针对什么样的消费群体的，应该怎么根据这些消费群体的需求来提供产品？如何抓住消费者的痛点，营造自身的品牌形象？

品牌形象只是产品的后盾，产品的自身价值才是本质。所以，不能一股脑儿地将企业的所有产品都放到朋友圈里面去销售。要精选出适合的产品，给每个细分的产品做好自身定位才是关键。举个例子，比如笔者想通过微信卖个性化定制首饰，那么笔者的产品特点是什么？如何吸引消费者？如何抓住用户“痛点”？是首饰款式更多，价格实惠，有消费保障服务，还是独一无二的个性化定制？有一个别人没有抓住的“痛点”，这样才容易被人记住，容易打动消费者。通过这样的“痛点”

打造品牌形象，可以带动粉丝的互动和信任，从而实现营销的目的。

2. 选择产品的技巧

不少人觉得很困惑，不知道用微信究竟卖什么产品好。其实卖什么不是最重要的，关键是怎样卖。虽然有些产品很容易在朋友圈中销售，有些产品却比较困难，但微信朋友圈其实和线下市场的本质是一样的——是一个集市！如今在微信上面卖枸杞的火了、卖大米的火了、卖水果的火了，卖什么产品都有可能火，关键在于怎样在卖的过程中不断地优化运营方式。不过其中一些产品的选择和运营技巧还是要说一下的，免得弄错方向走进了死胡同，那可就抓瞎了。

（1）首先要明白，朋友圈比较适合终端销售，想要做大规模的批发生意则很难。当然，想利用微信朋友圈赚一点小钱还是可以的。如果起步资金有限，则可以先看看自己身边有没有熟人拥有好的产品货源，这样风险就降低了不少，后期运营也更加方便。

（2）产品宜精不宜多。许多人在微信中卖东西都会犯一个错误：每天分享一个又一个的产品，将朋友圈的屏幕“刷”得满满的，恨不得用自己的产品信息将朋友圈全部占据（好像朋友圈是你家开的一样）。这样的做法只会让你的朋友厌烦，甚至直接将你拉黑或屏蔽，别以为产品信息发多了，别人就会找你买，超市里的产品更多。所以产品宜精不宜多，我们精挑细选一两款来卖就好了。

（3）不要做一些“烂大街”的产品，也不要选用太偏门或者毫无知名度的产品。一定要选择具有知名度、比较新颖又有发展空间，容易使用户自动转发传播的产品。这样才能在朋友圈形成足够的效应，足以让朋友影响他的朋友。

（4）要选择适合自己企业运营的产品。朋友圈中不乏有卖得火爆的产品，但是盲目跟风卖并不是一个明智的选择。选择一个有潜质的并且是自己熟悉的产品卖才是最明智的。就算别人卖得好也是别人的事情，不代表你也能卖得好，并且你也很难超越别人，成为那个已经卖火了的产品最大的销售商，干自己拿手的才最有可能干得最好。虽然“跨界”这个词越来越流行，但它只是一种运营理念。隔行如隔山，玩自己不熟悉的产品就像拿自己当小白鼠做试验，这样的勇气确实也值得钦佩。不过，风险可要考虑清楚。

（5）选择让用户尖叫的产品。什么才是让用户尖叫的产品？刚性需求、高性价比的产品往往能让用户尖叫。这些产品必须先能让你产生巨大的兴趣，才能激发市场的兴趣。

【案例44】在微信朋友圈卖黑枸杞

微信号hd12306（这微信号起得真不错）在微信朋友圈中销售的产品是枸杞和蜂蜜，而且销量非常不错。其中值得一提的是，其卖的枸杞以黑枸杞为主。黑枸杞是一种并不多见的产品，也是一种高端的养生产品，可面向终端人群，而且质量很好，这也是其销量的保证。

通过以上介绍的几种方式基本就能确定想要经营的产品了，但是选择好了产品，就能在微信朋友圈中进行销售了吗？没那么简单！还要先进行产品的推广才能进行销售。没有曝光率，就没有人知道你在卖这个东西；没有知名度，就难以获得消费者的信任。那么，朋友圈营销推广技巧又有哪些呢？

4.6.2 微信朋友圈产品推广技巧

不管是什么营销渠道和方式，不管是塑造什么品牌，推广都是最重要的环节，有曝光率才有知名度，才有人会关注你卖的东西，才能从这些关注你的人中实现销售目的。在微信朋友圈中卖货，也是一样的道理。如何脱颖而出？如何快速实现赢利，做一个受欢迎、不被拉黑的微商？非常关键的一点是不要“刷屏”。

1. 朋友圈分享要自然而然

销售的精髓是要取得用户的信任，如果用户不信任你，那么即使你的产品再好，也是没有人会掏钱购买的。目前，在朋友圈疯狂“刷屏”、发虚假信息的广告已经让许多微信用户忍无可忍，对于这样的现象，他们在深恶痛绝的同时，又怎么可能对“刷屏”和发虚假信息的人产生信任呢？即使发这些信息的是他的朋友，相信他也不会开心地接受吧。因此，在微信朋友圈中发布产品信息要自然而然，要将产品信息的发布融入自己的生活，或者结合实用的内容发布，取得粉丝的好感和信任。

2. 掌握好发布朋友圈的时间段

每个微信用户都会有相对固定的生活规律，因此，想要更多的好友看见自己分享的朋友圈信息，就要掌握好信息发布的时间段。一般，晚上9点以后在朋友圈分享产品信息效果并不理想，因为在这个时间段“刷”朋友圈的人已经很少了，得不到我们想要的曝光效果。所以必须根据用户习惯，选择信息推送时间段。建议早上推送信息的时间在8:00—9:00，中午在11:00—13:00，下午在5:00—6:00，这个时间表是根据用户行为习惯来制定的，在这几个时间段内，用户看朋友圈的可能性最大。当然，不是所有人都会如此，也要根据不同的产品性质来分析不同人群看朋友圈的时间规律。

3. 分享对用户有用价值的内容

微信用户在浏览朋友圈时，最想看到的当然不会是广告，他们希望能在朋友圈看到有趣的内容、实用的内容、朋友的最近动态或者是与自己有关的内容。所以，不要把朋友圈当作你“晒”产品的平台，而是要把朋友圈维护成为生活与工作的分享平台。当然，你在朋友圈销售产品也是你的工作之一，所以你就要想办法将你销售的产品融入你的生活，让你的好友去接受它，而不是一味地“刷”广告。比如，你是卖首饰的，那么可以将你试戴你所卖的首饰的图片与该首饰应与什么样的服饰搭配效果会更好的文字一起分享到朋友圈，你的好友会更加容易接受。这会让大家从侧面了解到你的产品，在无形中也提升了大家对你存在价值的认可和信任。

4. 要想法设法获取用户的好评

口碑营销是永远不会过时的营销手段，有好的评价自然就会引来更多的客户。微信是基于熟人关系的社交平台，这对产品获取好评更加有利。如果有朋友购买了你的产品，你就要想法设法让他们评价你的产品，只要你的产品足够好，他们一般都会给你好评，然后在自己的朋友圈里面分享。当然，你也可以直接在微信朋友圈里面与好友们互动，让其主动评价你的产品。

通过微信好友的口碑宣传，一传十，十传百，便能给你的产品带来无穷无尽的影响力。当然，这一切的前提是你的产品质量一定要足够好，足够打动你的好友。

5. 优惠活动与互动沟通

“价格战”是企业经常使用的销售战术，也是用户最喜欢看到的销售方式。优惠活动能给企业带来巨大的传播效应。朋友圈是一个非常有利于传播的平台，通过在这个平台发布足够打动用户的优惠活动，用户就会主动地在自己的朋友圈里分享转发。因此，当你的产品已经在朋友圈达到了一定的影响力，已经有不少好友购买了你的产品，并且评价达到了一定高度之后，适时地推出优惠活动就能带来更多的销售额，并且能吸引更多用户的关注。

另外，当你的产品在朋友圈的销售达到了一定的数量之后，也要用优惠政策或者更多的互动方式与用户进行沟通交流。可以用赠送试用品或者单纯地和用户拉家常等方式与用户维护好关系。维护好一个老用户往往能给你带来4个新用户，这是销售的秘笈。

6. 获得用户的“点赞”很重要

2014年年初，微信朋友圈中出现大面积的“积赞有奖”活动，不少企业通过使用虚假的“积赞有奖”的方式进行营销，导致了大量用户受骗，因此产生了大量的投诉事件。针对这种情况，微信也出台了相关政策进行处理。“积赞事件”的影响让许多用户心有余悸，而企业也成了惊弓之鸟。但毋庸置疑的是，“积赞”对于朋友圈的销售至关重要。因此，想办法获取用户的信任并推出让用户尖叫的产品或者活动，使得用户能主动地“点赞”是非常有利于朋友圈营销的。

以上几种是常见的朋友圈营销方式，然而微信的营销方式其实还有很多，这就要考验你的创意了。当产品进行推广后，有了曝光率，也有了知名度，销量就能上去了吗？不一定！因为还要涉及如何精准挖掘客户，如何维护与客户的关系，如何提升转化率与购买率，让销量往上升的问题。

4.6.3 微信营销如何提升转化率与购买率

每天看着别人轻松挣钱真是羡慕和嫉妒，恨不得自己也有这么一家店。为什么有越来越多的人开始在微信朋友圈中卖东西，而且生意都还不错？那些快递堆成小山，天天“晒”账单的朋友，又是怎么做到日进账上万元的呢？多位微店店主朋友总结了在微信中卖货的3个关键词：精准定位客户群、微店定位、有效沟通。基于这几个关键词，只要解决好以下几个问题，那么“轻松赚钱”的好事就会离你越来越近了！

1. 如何精准挖掘客户

在营销中，产品的客户群定位非常关键，只有明确自己产品所适合的消费群体，才能有针对性地推销自己的产品。同理，在微信中卖货也需要给产品的目标客户定位。比如，有一款热销的“芦荟胶”，那其目标客户一定是18岁～28岁的女性，35岁的人是不会买芦荟胶敷脸的，因为档次不够，另外其功效也达不到最优。所以，要明确你的目标群体，即你的朋友圈中都是什么样的人，愿意花多少钱买东西。那么，如何挖掘精准的客户呢？

（1）了解客户的消费属性

所谓知己知彼，百战百胜，了解了用户的消费属性就能针对用户的特点制订销售方案。用户的性别、民族、年龄、家庭收入、社会地位、消费价值观、工作性质等因素都是需要了解的。有了这些资料后，就可以根据用户的不同特点结合自己的产品，为其进行适时适当的精准推荐。

（2）了解影响客户消费的原因

客户的外在属性是影响其消费的重要组成部分，比如客户所在地域、客户所拥有的产品现状和客户的组织归属。对于客户的外在属性，概况性的数据比较容易调查与收集。针对客户在朋友圈的言论、发表的图文等信息进行分析，可以大概了解其消费层次，但是要想掌握较为详细的情况，还需要进行大量的资料搜集和深度解析。

（3）开通微信公众平台进行内容营销

微信是天生的沟通工具、客服工具、信息资讯工具。开通微信公众号，每天写一些产品使用心得或其他使用价值较高的内容，久而久之，当你成为含金量极高的内容生产者，当一篇有价值的内容在朋友圈、微博等产生滚雪球效应的时候，优质内容的必要性、内容营销的价值立刻就在这个时候凸显，那些目标客户就会关注你。当他在你的内容中获得实惠的价值，接着影响他的圈子，最终会形成产品的忠实购买力。另外，微信公众平台也是一个非常好的用户分析工具、数据统计工具和客服工具。

（4）捕捉问答平台上的潜在客户

百度知道是一个答疑解惑的平台，虽然移动互联网来势汹涌，但是目前用户还保留着在百度知道上寻求答案的习惯。而在百度知道上会出现大量行业性问题，例如“2014流行什么衣服？”给提问者解答问题并留下微信号，与这些人建立联系，他们很可能就成为你的潜在客户。与百度知道类似的产品还有360的问答、天涯社区的天涯问答、新浪的爱问知识人、知乎网等。

2. 如何提升转化率

目前，微信朋友圈的展示形式是图片加文字，而且扁平化的展示风格也很直观。并且在微信朋友圈可以保持一定频率地发布信息，再加上手机端操作和浏览的便利性，用户可以很方便地点击查看自己感兴趣的产品。因此，其对于展示面膜、化妆品这类产品，相当合适。在产品的整个展示过程中，如何让你的产品脱颖而出？如何将这些图文信息变现？

（1）产品具有差异化的独特性

你的产品必须要独特，与别人的产品有差异性才能吸引更多的用户关注。“别无分店”是提升产品竞争力的强有力保障。依照有创意、有卖点这两点开始选择合适的产品，选好产品后，接下来就是用互联网的思维包装产品。什么叫用互联网的思维？——新颖、有创意、颠覆性是其重要的元素。

（2）善于利用多种途径传播广告

在互联网时代的社会中，信息传播途径纷繁复杂，传播速度也是在分秒之间。以前，企业会为抢央视的广告位而一掷千金，比如秦池酒业；如今，人们不用花钱也能做到处打广告，比如小米科技。

无论是线下的店面还是线上的途径，都可以加以利用。微信中的“摇一摇”、“漂流瓶”、“附近的人”功能，论坛、贴吧等都是很好的打广告途径。另外，值得一提的是，每个企业都有大量的员工，而每个员工都代表了企业的形象。移动互联网的到来，智能手机的普及，以及微信、微博等社交媒体的成熟，使得企业动员员工全民营销，利用员工的朋友圈等自媒体平台进行信息传播是非常有效的传播方式。但是有一点需要注意——对负面影响的把控。

（3）“标准化”产品带来的高识别度

产品的介绍和设置需要简单并且标准化，才能让用户在阅读时更加省时省力。微信朋友圈充斥着大量的信息，而微信用户普遍缺乏主动寻找某种产品，以及对朋友圈信息深入思考的动力。因此，产品的设置，以及产品的介绍越简单越好，无论你是卖首饰、卖箱包还是卖鞋，都是如此，使用简单的图文介绍即可。当然，产品的品质必须要有保证，产品的图片拍摄必须要精美，文字的描述必须要到位，将用户关心的质量、价格、售后服务情况等信息尽量完整地展示给用户。如果这些能得到用户的关注，那么他就有了联系你的欲望，便很可能成为你的客户。

3. 如何提高购买率

微信就是一个用户为王的平台，即使好友足够多，产品传播的覆盖率也比较大，并且微信已经实现了完整的在线支付购买，但有些店家的购买率还是非常低。那么如何才能提高客户的购买率呢？

（1）用送礼的方式与客户建立关系

“吃人家嘴软，拿人家手短”，给用户送礼是与用户拉进关系的最好手段之一。即使用户不会因为你送的礼物而成为你的用户，但你的品牌形象已经被他所知晓，那么，他就有可能将你推荐给他的朋友。因此，不妨采购一些小礼品送给你的新老客户，或者做一些促销活动刺激消费者，提升业绩。对于那些用户没有亲身体验过就无法了解产品特性的产品而言，让用户免费试用更是必不可少的。当然，可以利用现场免费送礼，或者预约即可送礼的方式与用户建立关系，然后促使交易的产生。

（2）打造品牌形象，营造好的口碑

小米是以手机为切入口打开市场的，不过小米手机却没能给小米科技创造令人满意的营收，但给小米科技带来了巨大的品牌价值。于是，小米科技利用小米手机带来的巨大的品牌价值影响力卖“小米盒子”、“米聊”、“小米司机”等产品，产生了巨额的营收，这就是品牌的价值。因此，除好的产品之外，还要着力打造自己的品牌，有了好的品牌，别人才会相信你，才会更乐意到你这里买东西，也会分享到朋友圈并且推荐朋友来买。

（3）提高朋友互动沟通更具亲切和信任感

与用户成为朋友，就没有做不成的生意。微信是一个社交工具，通过这个建立在熟人关系上的社交工具，人们可以加强和朋友的关系，也可以与新朋友成为老朋友。因此通过微信与新老朋友沟通是非常重要的事情，虽然彼此不能见面，但这不妨碍朋友之间建立起信任感。当有了信任感之后，就可以将产品卖给你的朋友了。

在微信朋友圈，有一个很独特的现象——由于某些产品具有特殊性，不能当面交易，而微信也不能实现支付宝的担保交易，只能货到付款，但仍然能吸引不少客户购买。这在淘宝上是几乎不可能发生的事情，这就是信任的力量。所以，与好友维持好关系，保持与用户的沟通是至关重要的。

综上所述，用微信朋友圈营销讲究“快、准、狠”的理念，快：快速找到产品，并利用微信圈的热度第一时间扩散宣传热卖；准：产品要选准，营销方法要用准，目标客户要对准；狠：用一切办法扩大传播半径，增加关注人数，最终从量变到质变，树立品牌力量。

其实微信的朋友圈营销只要花心思去研究，做起来并不难，每个企业都可以利用微信的朋友圈做营销和企业品牌的宣传。但是微信的朋友圈营销和任何营销方式一样，都需要通过时间累积、客户增加、客户维护、数据分析等方式慢慢去操作。只有真正把一个产品或行业了解透彻了，才能将微信的朋友圈营销做好。朋友圈营销适合那些直接面对终端的产品，也适合性价比高的产品。通过微信的朋友圈，企业能给自己的产品拓展新的销售渠道，也可以通过微信的朋友圈扩大企业的影响力，真是一举多得。

利用微信的朋友圈做营销的模式有几个特点：第一，目前还没有大量品牌入驻朋友圈，有不小的市场发掘空间。第二，适合利润空间较大的产品，比如美容产品或者宗教产品等。由于微信的好友数量会受到限制，所以这种利润空间大，不需要大量客源的产品会更加容易操作。第三，靠熟人关系维护客户，以老客户口碑宣传的形式带来更多的新客户。第四，不主动向好友推送消息，只要控制好在朋友圈分享的信息数量和质量，让朋友在“刷”朋友圈的时候能留意到产品信息，就能带来潜在的顾客。第五，微信朋友圈的评价是封闭的，好友之间互相看不到彼此的评价（除非这些好友之间也互相关注了），因此，不会出现为“刷”好评而苦恼的现象，也不会因为一个差评而带来大面积的负面影响。因此，微信的朋友圈营销是存在着一定的发展空间的。微信商业化被腾讯寄予厚望，是腾讯迈向国际化的重要工具，所以，微信在未来的管理会越来越严格，越来越规范化。而微信朋友圈营销虽然一直得不到微信的鼓励，却着实具有营销价值。只要把握好营销的尺度，真正为用户提供价值，微信朋友圈也是一个能可长期运作的营销渠道。

【案例45】Nancy的美睫产品的朋友圈营销

Nancy的美睫产品采用的是在线上从韩国采购原料，然后发送给全国的美甲店、美容店，其主要产品有可供嫁接的假睫毛和美甲产品。而操作方式也很简单，Nancy在微信朋友圈上发布产品的信息，如果有人看中了其中的产品，就使用银行转账或者微信支付的方式将钱转账给Nancy，Nancy安排发货。因为Nancy长期经营这些产品，并且产品保质保量，因此获得了业内多数人的信任，所以他们的产品颇受欢迎，业绩也是不断翻新。每个月大概有二三十万元的流水。

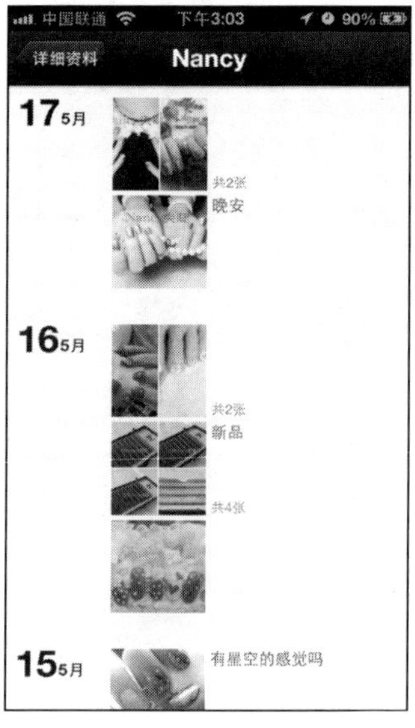

【案例46】卢柒柒在朋友圈的泰国佛牌生意

卢柒柒的成功并不是偶然的，她做佛牌生意已经有好几年了。以前，她在淘宝经营着70多家店铺，但淘宝店铺的运营比较辛苦，而且运营成本较大，因此相对微信来说并无优势，所以，卢柒柒便尝试了微信的朋友圈营销。目前卢柒柒雇佣了十来名员工，每一名员工负责一个微信账号的运营，每月能给卢柒柒带来50万元到100万元的流水。

卢柒柒销售的产品是泰国的佛牌等宗教产品，客单价较高，有较大的利润空间，适合微信的朋友圈营销，所以她已经放弃了淘宝店，目前使用微信+微博的组合方式进行销售。而卢柒柒销售的产品包括佛牌、古曼童、心锁等最主要的产品是古曼童（一种来自东南亚的“佛童子”），虽然比较小众，但经过朋友圈的传播，还能能给卢柒柒带来高额的利润。

【案例47】水果之旅的创意朋友圈营销

利用微信平台卖水果的微商并不在少数，而其中的一大部分都选择了以微信公众号为核心平台进行销售。但水果之旅选择了利用微信个人号在朋友圈进行传播和推广。水果之旅的核心思想是，通过一次次亲身到达水果原产地采摘水果，并且在微信朋友圈以精美的图文或者微网站的形式进行全程直播，以触动消费者的内心深处，从而触发其购买欲。

值得一提的是，水果之旅所配的采摘图片、人物图片、水果图片皆是真实而精美的，其完美地体现了质朴的乡情，有浓浓的文艺气息、乡土气息和人文气息，仿佛会说话似的。这也是水果之旅在朋友圈大受欢迎的原因之一。

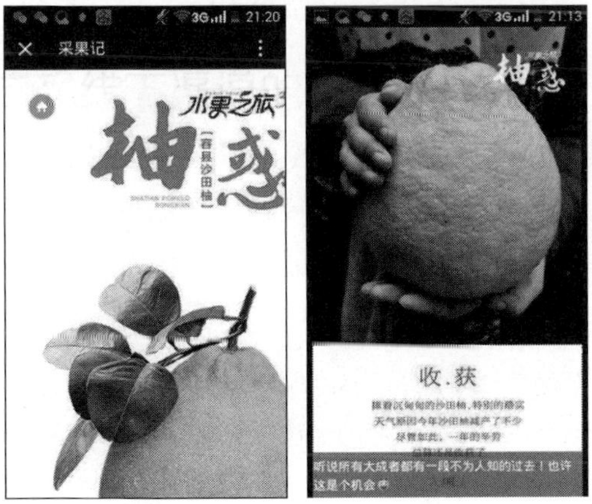

4.7 如何用微信做好客户维护工作

通过微信，企业可以实现品牌宣传、内容营销、产品销售等目的。而微信作为一个人们最普遍使用的社交工具，客户维护也是其最大的价值所在。无论是微信个人号还是微信公众号，都具有良好的客户维护功能。那么，用微信如何把客户维护工作做好呢？下面从“客户的发展规律”、“客户关系的初建立”、“购买环节中的客户维护”、“客户购买后的维护”等几点进行分析。

4.7.1 客户的发展规律

客户从寻找产品到记住产品、购买产品是一个完整的购买过程；而作为企业，从推广产品到找到客户、销售产品、售后服务，也是一个完整的销售过程。在这两个完整的销售过程中，我们可以琢磨出客户与企业的关系的变化，即从潜在客户变成新客户，从新客户变成老客户（也有可能企业没能留住客户，让此客户变成了流失客户），再从老客户变成忠实的客户，从忠实的客户变成了企业的铁杆粉丝，最后有可能变成企业的分销商或者加盟商。

而客户的维护便是要从这个规律出发，在每一个环节抓住客户的心理，用适当的方式将客户维护好。那么，具体该如何运作呢？首先，从与客户建立关系开始。

4.7.2 客户关系的初建立

当企业的推广宣传取得了效果之后，便自然而然地吸引客户前来购买、咨询等。此时，便是与客户建立关系的最佳时机。当然，客户来到的方式是非常不统一的，微信（通过微信而来的方式又分为加微信个人号，直接在朋友圈咨询，通过关注微信公众号、微信小店咨询）、微博、电话、QQ或者直接到店面、工厂等都是客户到来的渠道，甚至还有一些你意想不到的到来方式。因此，你必须搭建一个详细的客户记录管理体系与客户建立关系的详情。你可以通过Excel表格、微信个人号的“通信录”功能实现，也可以通过微信公众号后台的“用户管理”功能实现；如果你有坚实的技术团队，则还可以通过微信公众平台的CRM开放接口，接入自己开发的客户管理系统。

而这个客户管理系统所要包含的内容也必须要详尽，以方便后期的客户跟进与维护。除姓名、性别、年龄、电话等基础信息之外，客户的来源渠道、客户咨询和购买的产品、客户的购买意向判断、是否已经购买了产品、购买产品的时间、对其购买力的判断、其他备注等状态和信息更加应该受到重视。

4.7.3 购买环节如何进行客户维护

当进行交易时，交易过程是从线上到线下的转换过程，在这个过程中与客户的关系维护，需要体现企业对客户的关怀，因为这会影响到此次交易结束后用户的去留选择。一般，在交易过程中，对客户的维护也是伴随着交易的各个环节进行的。

交易的各个环节包括“产品尚未支付”、“产品已支付”、“发货”、“产品到达”（另外一种情况是：产品是到店提取或者到店服务时的引导）、“签收”、“交易完成”等环节。因此，企业对交易进行时的客户维护相对应为：“商品支付提醒”、“付款后的感谢与关怀”、“发货提醒”（或者到线下店面消费的指引）、“产品到达提醒”（或者线下店面人员的引导）、“签收后的感谢与关怀”（线下店面消费后的关怀）、“交易完成或者失败后的服务”。在这些环节中，企业应尽力做到最好，在交易结束后应把交易的状态及备注记录在案，以便后期的进一步跟进。

4.7.4 客户购买后的维护

当客户完成了购买的行为之后，一般紧接着就会出现三种动作：其一，客户在购买并使用了产品之后，觉得产品的质量达到了他的预期，服务水平达到了他的要求，此时他很有可能在微信朋友圈或者微信群等地方进行产品购买或者使用的分享，并推荐他的朋友购买；其二，客户在购买产品并使用后，对产品的使用效果感到满意，便会进行再次购买（因此，在第一次交易完成后，企业必须记录好购买时间并计算客户使用产品的周期，以便当用户即将使用完产品后促使其二次购买）；其三，客户对产品的质量或者服务不满意，或是有了其他代替产品选择后，不再购买此产品，此客户变成流失客户。

从客户完成购买后的这三个动作不难发现一个关键点——产品的使用周期。分析客户的产品使用周期将有助于促成客户的二次购买，在提高销售额的同时，也达到了将新客户培养成老客户的目的。另外，产品的使用周期也关乎客户与企业关系维护的时间长短。当企业做好客户回访维护工作，那么具有第一种和第二种动作的客户很容易变成企业的老客户、粉丝；而在对具有第三种动作的客户的回访维护当中，企业也能获得产品的改进建议与意见。因此，第一次交易的完成只是销售工作的第一步，当第一次交易完成后，利用微信这种有利于维护客户关系的工具对客户进行良好的客户管理才是企业发展的重点。那么，针对客户完成第一次交易后的“产品使用周期”、“企业与客户关系维护周期”问题，应如何做出有针对性的客户维护呢？

（1）对用户的购买行为进行分析

当有客户通过微信或者微信公众号前来咨询时，通过客户的Open ID我们可以获取用户微信的基本资料，通过与客户的交流，以及与客户的相处等方式，我们能进一步地了解客户。当对客户有了一定的了解后，对客户进行购买力、购买频率等数据分析可以为客户维护打好基础。

（2）产品使用周期内的回访维护

当客户购买到产品之后，接下来可以给客户设定“体验期”、“使用期”、“结束期”，以及“产品再次购买期”这4个阶段。这4个阶段分别代表了客户在购买产品后的产品试用阶段、正式使用阶段、产品使用完毕阶段，以及产品使用完后考虑是否重新购买阶段。

针对这4个不同的阶段，客服人员应该以予不同的关怀、产品使用提醒、产品效果跟踪、产品复购提醒，以及新品出品提醒等方式维护客户。通过微信，像朋友一样关心客户，会使其备感亲切，更容易接受你的意见。

（3）企业与客户关系维护周期内的维护

客户从潜在的客户到咨询产品、购买产品，再到重复购买产品，最后成为产品的粉丝、企业的忠实粉丝，是一个逐渐成长的过程。在这个过程中，客户从对产品的陌生，到熟悉，再到信任，进而忠实，是一个心理不断变化的过程。在这个过程中的每一个环节都需要客服人员根据客户不同的心理变化做出相应的维护工作。只有长年累月地与已经成为企业或者产品忠实粉丝的客户不断交流，才能确保该客户的活跃度，反之该客户就会逐渐疏远企业，难以挽回。

（4）精准有针对性的客户维护

前面提到过，建立详细的客户管理体系，为的就是要对客户进行精准的区别划分。按照不同的属性将客户划分到不同的小组，不同的小组采取有针对性的客户维护方式，如此可以提高维护客户的效率。无论是通过微信个人号的通信录给客户贴上标签，还是在微信公众号里把客户分成若干小组，其本质都是将客户进行细化，将客户细化分组之后客服可以对其“各个击破”。

（5）用微信个人号如何维护客户

微信公众号要依赖PC端才能方便实用，然而每个人都不可能将电脑随时带在身边，但对用户的维护是时时都不能松懈的。你不知道客户什么时候会咨询你某个问题，也不能强制客户只有在上班时间或者只有你在电脑前的时候才能联系你，因为每个人的时间都是宝贵的，你在上班时，你的客户也很有可能在上班。因此，能随身携带的客户维护工具是必不可少的，而微信个人号便是最适用的工具。微信的普及几乎已经达到了手机的普及程度，在每个人都使用微信的背景下，用微信维护客户是最好不过的了。值得一提的是，微信的一些功能也非常适合做客户关系维护管理工作，这几个功能包括：通信录的标签功能、朋友圈公告功能、群发功能、可见范围功能、地址栏功能、提醒谁看功能等。

① 通信录的标签功能

在微信的通信录中，可以给好友添加各种标签加以分辨，在客户过多的情况下，标签可以帮助你识别客户；对具有特殊属性的客户，可以用标签功能将其标明；可以按照不同的状态、不同的性别、不同的地域等属性给客户打上标签，非常方便客户的管理。

② 微信朋友圈公告功能

通过微信朋友圈，你可以使用文字、声音、图片、小视频等方式将信息发布出去，向你的客户告知一些促销信息、互动活动等。当然，有些公告只针对部分客户，此时你还可以通过朋友圈的权限设置将其他客户屏蔽，以免你所发布的信息对其产生骚扰或其他副作用。

③ 群发功能

微信的群发功能和手机短信的群发功能类似，可以实现信息的批量发布，省去一个个给好友发信息的麻烦。当然，群发信息对于一些不想收到无用信息的用户来说属于骚扰行为。所以，在对用户进行精准的分析和分组之后，使用微信群发功能可以达到省时省事又不会骚扰客户的目的。

④ 地址栏功能

在微信的“个人信息”中有一个“我的地址”功能。微信为何会设置此项功能？有人说是为了使个人信息更加完善，有利于微信用户之间的社交；也有人说这是微信为了后期的微信电商做准备。究竟哪个说法是正确的，还是另有别的说法，还有待商榷。但通过这个“我的地址”功能设置自己的地址、品牌简介、真实姓名、电话号码等使人能产生信赖感的资料，对于维护客户是非常有帮助的。

取得客户的信任是做任何营销的秘诀，微信营销当然也不例外。即使你能通过大量的粉丝一时间带来巨大的销量，但若没能获得客户的信任，那么久而久之，店铺便会走向萧条。而取得了客户信任的企业会慢慢积累自己的品牌效应。只要品牌有影响力，营销也必定会事半功倍！

⑤ 可见范围和提醒谁看功能

微信用户在微信朋友圈发布图文信息和小视频信息时，会弹出可见范围和提醒谁看这两个功能。通过这两个功能，我们可以控制所发布的信息的可见范围，确保某些用户不受骚扰，也可以提醒某些客户看此信息，以免客户错过。这两个功能非常人性化，很适合客户维护。

4.8 企业如何用微信形成O2O闭环

当微信拥有了超过8亿的用户时，有许多企业开始觉醒了。微信确实是一块大蛋糕，谁都想分一份。但抢蛋糕也得有办法，只会蛮干不仅抢不到蛋糕，还有可能因为违反游戏规则而被淘汰。对许多中小企业来说，微信结合O2O的模式是最适合不过的方式了。但微信营销如何与O2O结合，如何用微信形成O2O闭环又成了让企业头痛的问题。为什么企业一定要完成O2O闭环呢？在O2O模式尚未成熟的情况下，企业可利用微信这个门槛极低却又是移动互联网最大流量入口的平台进入移动互联网，抢占移动互联网的先机，为企业后期发展做打算，待O2O模式成熟后，企业就能利用现有的基础快马加鞭；另外，短期内通过微信O2O的模式能最大限度地吸引流量，满足自身的产能，进一步提升销售额。因此，对于企业来说，完成O2O闭环在运营上具有重要意义。

下面先简单了解一下微信营销与O2O之间的关系——以微信个人号和微信公众号为基础的微信营销囊括了流量入口、客户维护、在线支付、导流到线下的基本功能。而这些功能也是实现O2O模式正常运行的最直接的功能。因此，微信营销与O2O模式具有异曲同工之妙。可以说微信本身就是要将自己打造成一个完善的O2O平台，为企业实现最低成本入驻移动互联网，开启O2O之路的目的。

而说到O2O，人们谈及最多的一个问题便是如何实现O2O闭环。企业要玩转O2O模式，O2O闭环是避不开的话题。那么，微信这个O2O平台是如何实现O2O闭环的呢？下面先来了解一下O2O闭环一般包括哪些方面。

（1）用户行为的闭环

用户行为的闭环是企业完成O2O闭环最重要的一条闭环线路。用户行为的闭环过程：用户通过企业发出的宣传和推广信息了解到企业的产品和服务，于是在线上与企业产生交流沟通并发生下单、支付等行为，接着企业将用户从线上引导到线下进行消费，并同时做好用户资料的收集和CRM分析，以便促使此用户下一次O2O闭环的产生，当用户达到线下完成消费之后，便完成了第一次的O2O闭环。

（2）消费信息流的闭环

企业在将产品信息发布到线上后，开始了信息流的传播，当用户接触到信息并且感兴趣后，与企业交流产生沟通信息。沟通过后便会产生企业引导用户消费的指引信息，用户通过指引信息完成消费后便会产生评价、消费体验等UGC信息，此时便是第一次的信息闭环的完成，同时也是信息重返线上，形成另一轮的信息流的开始。

（3）消费数据流的闭环

一个SKU的产品从在线下铺货到在线上发布信息后，引起用户的关注并纷纷在线上下单支付，再到线下提货并分享，就是一个完整的产品销售闭环。值得一提的是，在这个闭环过程中的数据统计关乎着后期的产品线调整，因此产品销售的数据统计一定要做好。

企业要完成微信O2O的闭环就要解决以上3个问题。那么，企业应该采取什么措施解决以上3条闭环的线路问题呢？

① 措施一：建立微信自媒体平台

O2O的第一步是将信息传递出去，只有将信息传递出去之后才有可能获得用户的认知。信息发送的方式有很多，但微信目前是最平稳也是最有可能获取大量流量的平台。而当用户获取信息之后，必然需要一个产品的入口“链接”，这个“链接”可以是企业的官方网站，可以是企业的商城，也可以是企业的官方微博或者其他平台。这些平台都有一定的展示效果，但是，只有微信才是除有完美展示功能外，还有最完美的CRM管理功能的平台。因此，建立一个微信自媒体平台不仅能完成信息发布、信息入口的功能，还能实现客户维护功能。微信自媒体应包括微信个人号和微信公众号两个层面，企业应打造亲民的、自主化的微信自媒体平台。在这个微信自媒体平台上要实现强互动性、良好的用户体验、完美的企业形象展示、有自己独特风格、可在线支付、亲民性强等特征。

② 措施二：建立完善的会员体系并采集数据进行分析

会员是一个企业最大的财富，有了会员就能带动企业的发展。小米科技正是有了上万千个的忠实“发烧友”才带动了小米科技的大踏步前进，这就是粉丝营销的力量。因此建立完善的会员体系、收集会员信息、对会员进行系统有效的管理是十分必要的，这有助于实现将新用户培养成为忠实粉丝的目的。完善的会员体系主要包括：客户资料收集、会员资料的统计、会员资料的分析、与会员互动的建议等功能和环节。以此为前提，会员体系的充值、积分、积分商城、会员级别升级等基础功能是不可或缺的。

微信公众平台为第三方开放了CRM接口，企业可以通过此接口连接自己开发的适合企业使用的会员系统。当然，通过微信公众号本身所具有的用户管理功能或者其他方式也能实现对会员的管理，但需要明确的是，会员管理体系对会员的管理要体现以下几点：会员信息采集尽量详细（姓名年龄、联系方式、住址、星座、工作性质、业余爱好等）、数据分析一定要严谨（用户的消费能力、用户的消费爱好等）、客户维护一定要及时（节日关怀、产品使用提醒等）。

③ 措施三：利用获取的用户数据做精准性营销

当通过建立微信自媒体平台，将企业的信息传递出去，并实现将用户吸引到平台完成了第一次的消费后，第一轮的O2O便完成了闭环。而伴随着O2O闭环的实现便会产生大量的数据。通过对这些数据的统计和分析，企业可以实现下一轮的O2O启动。然而，下一轮的O2O操作是否会直接复制第一轮的模式呢？答案是：不！要是干这么机械的事情，那就没意思了。

当第一轮的O2O操作结束后，企业可以对获得的资料进行系统的分析，然后有针对性地进行营销推广。比如会员系统将用户按照性别分成了两个小组之后，针对男性用户可以推出买产品送游戏币、剃须刀的活动，针对女性用户可以推出买产品送护肤面膜的活动；或者根据用户登记的生日日期，推出用户只要在生日当天购买产品便可以获赠蛋糕等礼物等。总之，通过对不同的数据进行深入分析便有了进行精准性营销的基础，精准性营销可令企业获得事半功倍的效果。

心细的读者看到这里会发现一个问题：O2O的本质是线上与线下的结合，但以上3个措施的实施都偏重线上，如果线下没有任何措施，那么O2O只是一纸空谈，也就是瞎扯淡，与传统电商方式无异。微信的自我定位只是一个O2O的平台，其使命是为企业运营O2O提供帮助，而不是替企业完成O2O运营。从目前的微信布局来看，在规则之内，微信能为企业提供的工具有两个，一个是公众号，另一个是支付。公众号（配合个人号）能完成类似SNS网站所提供的会员管理、商户互动、定向传播、流量引流等功能；支付则将线下消费行为数据化，成为连接两个“O”的关键通道。而在线下则主要要靠企业利用微信再次将流量引至线上。在店面或者能利用得到的线下渠道上，以巧妙的方式（比如前文提到的创意的二维码营销方式）连接微信的线上资源，以及与其他线下地推的方式结合才能更好地玩转微信O2O模式。

因而，微信的一些连接线上和线下的功能应该成为企业重点研究的功能，比如“面对面收钱”功能、微信的支付功能，以及微信6.0版本推出的“卡包”功能等。微信的“卡包”功能位于“我”功能当中，在“相册”、“钱包”等功能的下方。微信“卡包”功能整合了会员卡，与许多线下会员卡一样，微信“卡包”中的会员卡和优惠券也能赠与亲朋好友使用。因此，“卡包”功能是完成微信O2O闭环的一个重要手段。

（微信“卡包”功能）

【案例48】北京哈哈镜鸭脖店的微信O2O营销

在东直门簋街一角有一家叫哈哈镜的鸭脖店，这家鸭脖店曾和很多其他鸭脖店一样因为“玩不出什么花样”而面临着倒闭，但后来又因借助了微信起死回生了。

在满大街都是鸭脖店，用传统方式卖鸭脖成了红海之后，哈哈镜鸭脖也动起了“触网”的念头。想法是好的，现实却很残酷。哈哈镜鸭脖通过数次修改自己的垂直网站、进驻天猫淘宝和京东，换来的却是收获寥寥，难以实现自己的电商之路。不过，哈哈镜鸭脖并没有放弃，而是选择了坚持。哈哈镜鸭脖的创始人们是曾为了使产品的味道更加纯粹而亲自到四川购买花椒，为能使产品持续保鲜而到欧洲引进不用添加任何防腐剂也能保持鲜味的执着者。他们认为“辣是一种‘毒品’”，因此通过辣，他们收获了一大批粉丝，其中不乏各路明星：王菲、刘亦菲、李小璐等。至此，哈哈镜鸭脖拥有了自己靠谱的产品和坚实的粉丝基础。于是他们通过微博、团购、APP等方式进行了O2O的尝试，也获得了一定的成绩。

而当他们开通微信公众号之后，粉丝一下涨到近6万人，许多移动端消费者转到微信下单，公众号的营业额占了所有电商渠道的一半。因为微信支付的快捷性，用户只需要将微信号绑定到个人银行卡或者信用卡便可便捷支付，这使得大量微信用户直接用微信在哈哈镜鸭脖微信公众号中下单支付。同时，微信可以同时整合多个店面，从而有利于他们使用基于LBS的服务功能给离店面最近的购买者送货。生意火爆了，这几个哈哈镜鸭脖的创始人可以哈哈笑了。

【案例49】欧莱雅的微信电商O2O闭环

欧莱雅小美盒是一个利用微信实现O2O闭环的经典案例。欧莱雅的微信O2O精髓在于其建立了属于自己的CRM系统，并将这个CRM系统与微信公众号实现对接，然后针对系统收集的用户进行分析，有针对性地进行营销。另外，欧莱雅的小美盒还有两个成功点——私人定制和男士小美盒。

（1）私人定制

欧莱雅的小美盒其实是一个顶级护肤品试用的私人礼盒，这个产品的特点在于每个月只会推出一次，并且过了当月就不会再进行销售，从而打造一种高端的产品形象与产品的独特性和个性化，同时也催生了用户购买的紧迫感，提高营业额。

（2）男士小美盒

而在欧莱雅小美盒的微信服务号上，还有特意给男士准备的男士小美盒。这个出其不意的营销手段也为欧莱雅带来极高的关注。男士小美盒还会在盒内赠送神秘礼物，以此来提高用户的消费体验度，使其加深对品牌的记忆。

那么，欧莱雅的小美盒是如何用微信一步步完成O2O的呢？

第一步，欧莱雅的CRM系统有客户辨识功能，当用户关注了小美盒后，就会自动对用户进行分析，识别用户是新客户还是老客户，以及客户的购买频率、积分情况等数据。辨识完成后，会对会员进行积分奖励。

第二步，当用户通过小美盒的系统订购产品时，小美盒的系统会从微信服务号“获取用户地理位置”接口获得用户的地理位置以便送货。值得一提的是，小美盒还采用技术手段尽量省去了用户打字的麻烦，提高用户购买的体验度。

第三步，当用户购买成功后，欧莱雅的供应链管理系统就会启动，并且根据微信公众号提供的地址协调最近的配送中心送货。最后用户签单成功，完成O2O的闭环。而在支付环节，用户则可以选择微信支付或者货到付款的方式，非常便捷。

通过以上三个步骤，欧莱雅实现了完美的O2O闭环，为企业的营业额提升做出了很大的贡献。欧莱雅2013年在华销售总额达132.8亿元人民币，比2012年增长10.2%。

下面看一下其他案例。

【案例50】汉园春农产品社区微信O2O

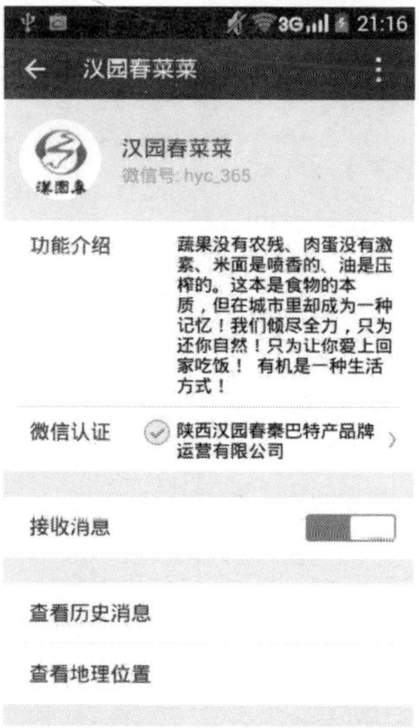

西安的小屈在小区里有两家已经经营了好几年的生鲜蔬菜店，微信普及之后，小屈开始在微信上面卖菜，其主要的客源仍是小区里的住户。小区里的住户只要在微信上告知小屈需要哪些产品，小屈马上送货上门。因为客户都是熟人，因此支付方式可以是货到付款，也可以使用微信的“转账给朋友”或者是“面对面收钱”功能付款，这最后的闭环环节实现得相当容易。另外，小屈还通过微信公众号给客人推送当季菜蔬上架情况等信息，以便客人挑选。

【案例51】福建秦姐沙县小吃店微信外卖

在某商务区附近开沙县小吃店的秦姐也用起了微信来经营自己的小店。因为商务区里的写字楼比较多，秦姐的客户一般都是来自写字楼里的白领。然而通过传统的打电话点外卖的方式，让秦姐与客户的沟通也成了影响销售额的一个原因：每个客人都会在打电话点外卖时咨询哪一种食品好吃，价格如何，而秦姐不得不一遍又一遍地解答。在解答的过程中不仅耽误了时间，还占了电话线路，以致其他客人打不进电话。于是，秦姐便开通了微信公众号，将菜单及新品一一推送到食客的面前，食客只需要直接下单便可等着美食到来。

【案例52】神笔马良宅神送

大学生一向是新事物的拥护者，因此，大学生通过微信创业已经不是什么难得一见的事情了。济南大学的孙同学利用微信创业的想法源自——“现在大学周围的资源都是散着的，想买不同店里的东西很麻烦，何不整合资源，将校外的餐饮和水果全部整合到我们的平台上来，自己做平台运营”。大学生大多敢想敢做，按照这个思路孙同学便开始了创业之路。没多久，孙同学便通过这个项目赚到了自己的第一桶金。

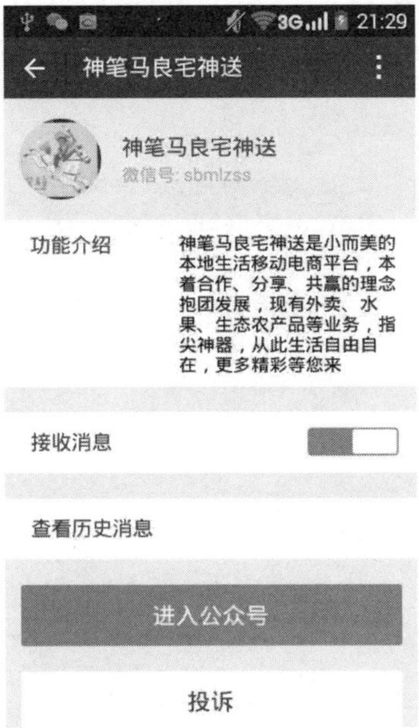

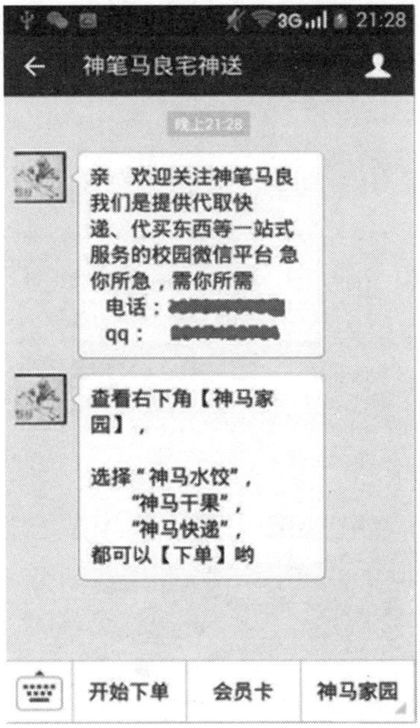

【案例53】广州心随果动微信创业项目

心随果动是广州的大学生推出的一个微信创业项目。针对广州大学城处于比较偏远的地理位置，以及水果市场少的情况，心随果动的团队推出了这个微信公众号。客户只需要在心随果动的界面下选择自己喜欢的水果，心随果动就会将水果送到客户手里。因为方便快捷，团队发展得很不错。

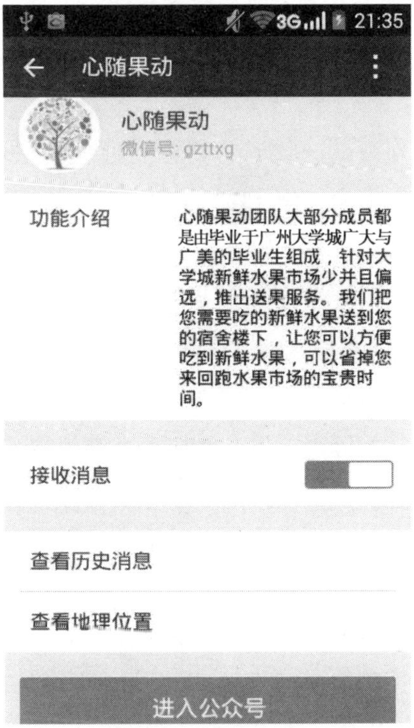

【案例54】雅韵鲜花交大店微信

雅韵鲜花交大店的微信运营策略是与用户互动。店长通过与微信好友分享鲜花、故事，以及正能量的文章和爱情等主题与用户形成了良好的互动。当用户成为店长的忠实粉丝后，雅韵鲜花交大店的生意也自然而然地实现了增长。

以上案例是在微信O2O运营当中最常见也是最贴近我们生活的案例。除了以上这些案例，一些知名企业的微信O2O案例也是十分具有参考价值的。

（1）7天连锁酒店：7天连锁酒店是非常典型的微信O2O案例。7天连锁酒店在微信运营上共投入了30多个人，包括1个运营人员，两个技术开发人员，以及30个客服，用了6个月的时间就为7天连锁酒店带来了135万个粉丝。这135万个粉丝为7天连锁酒店每天带来5000笔以上的订单，二次订房人数的比例超过了70%，而退订比例也降低到了原来的20%左右。

7天连锁酒店的经营方式是将微信平台和自身会员CRM系统、门店系统打通，然后在门店促使客户扫描二维码，通过客人的支付动作让客户成为7天连锁酒店公众号的关注者，从而客人就变成了会员。

（2）顺丰速运：顺丰的微信公众号为用户提供在线自助工具，用户可通过微信自助下单和支付，大量节省后续结算和对账的成本。

（3）联想：联想的顾客在购买产品后会生成动态二维码，客户扫描二维码后即可关注联想的微信服务号，从而获取各种信息。然后联想开通100家微信店，用户便可在微信上浏览产品。

（4）友宝自动售货机：友宝自动售货机在许多城市的地铁中可以见到，它的最大特点是使用三步操作即可完成微信支付。其在2013年12月正式商用，在50个城市，7500台售货机上实现了微信支付。目前友宝自动售货机的交易次数非常可观，已经达到了每天7万笔的数量。

4.9 微信其他功能的利用

用微信运营O2O对于传统企业来说是门槛较低的方式，利用微信拥抱移动互联网来改善企业的运营和销售模式，已经是越来越多的企业所选择的经营模式。在有超过8亿的用户使用微信的背景下，微信各种功能的使用早已得到普及，企业们通过研究微信的各种功能并将其用于运营也已经是常见的现象。而微信各种利于传播的功能也正是企业用来操作O2O的工具。

微信个人号的“附近的人”、“摇一摇”、“漂流瓶”等功能都是非常适合用于微信O2O运营的功能。这些功能具有传播性强、操作方式简洁、成本极低等特点，对于企业来说也是不错的选择。

第5章 如何玩转微电商

自微信和微博成为最火爆的互联网产品以来，有关微电商的信息就漫天飞舞，而随着移动互联网技术的不断快速发展，以及智能手机的广泛普及，企业在“微电商”方面的需求正急剧上升。通过微信、微博或者其他移动互联网的方式来进行微电商的运作是抢占未来电子商务的先机。然而，面对着国内纷繁复杂的微电商市场，企业该如何从复杂的市场环境中理出头绪，找到最适合自身的方式，则成了当下企业们最应该思索的问题。

5.1 目前微电商有哪些平台及各自的优势

移动互联网的兴起使得原本到达顶峰的传统电商感到了危机，因此他们也纷纷布局移动互联网的电子商务，也就有了“微店”这个概念，其也是移动互联网下电子商务的载体。那么微店的本质是什么？它又将会何去何从，会对电商领域及消费者的生活起到什么样的影响呢？

5.1.1 微店的现状如何

这里的“微店”是指广义上的微店，而并不是指某个互联网公司推出的某个产品。微店在本质上是为商家提供入驻并实现赢利的平台，是基于HTM5技术的产物，有别于移动电商负责的APP模式，但同样能起到店铺装修，商品上架、下架，以及商品管理等基本功能，与淘宝店有些类似。不同的是，微店通常结合社交软件进行营销，比如微店能通过微信朋友圈或者微博进行分享转发等。

以微店为代表的微电商是未来移动电子商务的代表形式，因此，作为微电商的平台而言，谁能吸引更多的商家入驻，谁就能在将来的移动电子商务领域的竞争中取得主动权。也正因为如此，当前微电商领域的微店可谓是百花盛开，异常繁华。

从2013年开始，微店的发展到了遍地开花的程度，口袋购物微店、淘宝微店、京东微店、商派有量微店、京东拍拍微店、微信小店、易米微店、喵喵微店，还有微客来、微盟等纷纷进入微店领域抢占微电商市场。目前看来，这样的形势是良性的，促使了市场理性地发展，也有助于未来微电商市场不至于形成一家独大的垄断局面。然而，如此纷繁复杂的局面也注定了在不久的将来，行业的洗牌会造成许多微店平台的倒闭，以及商家不必要的损失。

目前，形形色色的微店已经达到了60多家，行业的洗牌会在多久以后来临还不得而知，但参照目前形势来看，在3~5年最有可能。而目前实力最强劲的莫过于腾讯、淘宝、京东、口袋通等微店。这几大微店因拥有各自的优势而具备最强劲的竞争力。

（1）腾讯微店：依托微信已经拥有的并且正稳步增长的8亿个用户及800万个微信公众号，保证了微店的足够流量。另外，还有腾讯系支持的财付通和微信支付。

（2）淘宝微店：有阿里系的丰富商家资源支持，可利用商家原有的资源导入给微店带来流量，也有目前最强大的支付工具支付宝的支持。

（3）京东微店：京东本身就拥有强大的商家资源，而自从与腾讯合作之后，又能得到来自微信和手机QQ的流量支持和微信支付、财付通的支付支持。

（4）口袋通微店：因为进入微电商领域较早而抢占了先机，已经拥有大量的商家和丰富的产品矩阵，并得到了腾讯的巨额入资。

虽然微店代表了微电商将来发展的一个形式，但目前看来，微店要成为成熟的微电商形式仍有很长的路要走。目前的微店虽然都能为入驻的商家提供现有的模板，也可以实现关键的支付功能，但这些只是一些基础功能，对于微电商的运营来说，还远远不够。电商赖以生存的流量导入问题、信用体系的建立问题、入口场景化的问题都还没能得到最完美的解决。因此，微店在未来还有很长的路要走。而在这条足够长的路上，也只有那些实力超群，能真真正正解决行业问题的电商公司才有可能走到最后，目前看来，最有可能的便是腾讯、阿里巴巴、京东等传统互联网的巨头（百度在这一领域已经处于落后的境地），以及在微店领域进军较早而取得先机的口袋微店。

5.1.2 微店的不同分类

微店虽然纷繁复杂，但是按照微店的不同属性，可以分成三种模式。

（1）购物平台型的微店，为商家提供入驻自主开店功能和消费者购物功能。

（2）为自身商城提供一个中心化的购物平台、同时也涉足去中心化购物平台的模式，可实现自身商品的销售和入驻商家商品的销售。

（3）为个人或者小型商铺提供搭建微店的工具的平台。

也可以用B2C和C2C的运营模式将微店进行区分。比如京东的微店就如京东商城一般，是实现商家入驻然后向消费者销售产品的平台；而口袋微店则是C2C的玩法，就像PC端的淘宝。

将来，伴随着微电商市场的激烈竞争，有可能还会出现垂直化的微店类型，比如餐饮类微店、娱乐休闲类微店、旅游类微店、医药类微店等。这些微店有可能会在激烈的市场竞争中脱颖而出，变成细分行业的佼佼者，使得市场效应更加突出，更加适合消费者的使用。而那些综合类的微店则有可能在京东、腾讯、淘宝和口袋微店等资金实力、流量利好的大型电子商务公司的挤压下，成为市场完善过程中的“牺牲者”。

5.1.3 微店的发展前景

微店目前对于消费者来说，还并不具有太大的实际意义，人们在网购时大多还是使用传统的购物方式和渠道。但微店对连接着最广阔的移动互联网用户，具有非常大的潜力。目前正红火的微信朋友圈营销并不是一种正常状态下的微电商形式，在微店模式逐渐走向成熟之后，朋友圈营销有可能会走向消亡，或者成为微店的一种营销形式（当然，微信朋友圈营销目前仍有宽泛的生存空间）。

正是因为微店存在巨大的发展空间，各大微店目前正全力做好一件事情：吸引商家入驻。因为只有吸引了足够的商家入驻，微店才能产生更深远的影响力。而商家入驻后也必定会为微店平台主动传播宣传，从而带来更高的商家入驻率和更高的销量。只要有足够的商家入驻，那么微信平台后期变现赚钱可就容易得多了。

对于想要利用微店进行创业的人来说，虽然如今的微店数不胜数，但尽早入驻并不失为一步先招。移动互联网时代的电子购物是凭借手机、平板电脑等移动终端实现的，具有购物时间碎片化、不受地域限制、去中心化、购物频率高、回购率高和客单价低等特点。因此，通过入驻多个微店来实现增加流量入口，提升传播途径数量，从而实现更多的销量是具有可行性的。但是，随着微电商市场的发展与完善，行业洗牌到来之后，流量也必定会集中在某几个有实力的微店手中（比如腾讯微店、口袋购物、淘宝微店、京东微店等），因此这几大微店必须列入商家的布局范围。

微店的入驻门槛低，对于资金和人力的投入要求都不高，因此有可能会造成全民开店的局面，相当于每个人都有一个路边摊，而那些经过你的路边摊的人就是你的朋友圈中那些离你较“近”的人。当达到如此程度之后，微店的市场也便达到了成熟阶段。

5.1.4 微店的完善与普及

目前，不少家庭主妇在操劳家务和照料孩子之余选择一两个产品做起朋友圈营销，赚一点生活费已经成为相当普遍的现象。而当微店成熟之后，微店便会成为人们的另外一个很好的选择。人们会通过社交分享、熟人经济进行营销，利用身边的资源来运营自己的微店。大多数的微店运营者会像淘宝运营者一样在微店上不会赚到太多的钱，但也可满足家庭补贴之用。

当微店的信用系统渐渐完善、平台规则成熟、假货不再泛滥时，会有大量的创业者利用微店进行创业。他们投入大量的时间成本、资金，以及人力成本进行规范专业化的操作。只要运营得当，利用微店创业的创业者们也具有非常高的成功率。而在他们成功的道路上，必须要解决的一个问题便是，如何在熟人的圈子里推送商品不会令用户反感，反而是受到用户的欢迎。只要解决了这个问题，微店的创业成功率将会大大提高。然而，无论如何，微店目前已经是一个普及率非常高的创业平台，虽然仍有许多地方需要完善和提高，但不可否认的是，微店的推出已经造就了一批小有成绩的运营者。那么，微店该如何运营呢？

5.1.5 微店的运营

微店其实是一个非常简捷的平台，通过这个平台，微店主可以将生意简单化，与淘宝如出一辙，所有人都可以当老板。但光有平台肯定是不够的，有了枪还得要有会使枪的好枪手，不是吗？因此，微店的运营技巧就显得格外重要。那么，微店有哪些运营技巧呢？

（1）做到“机不离身”

“机不离身”的意思并不是指只要随时随地带着手机，就能把手机变成自动印钞机，那是天方夜谭，换一个通俗一点的说法就是扯淡。“机不离身”是为了能随时随地地与客户交流互动。时时在线，与客户保持良好的沟通，才能让客户感到自己受到重视；不间断地沟通，才能更了解用户的需求。只有保持畅通互动，快速回复，才能提高用户的购买率。想要客户到达你的微店之后二话不说，对产品价格、质量等信息不闻不问，直接下单购买，是非常困难的。

（2）想方设法交朋友

“找呀找呀找朋友，找到一个好朋友，敬个礼啊，握握手，看看我的微店好不好”——改编自童谣《找朋友》。笔者调皮了一把只是为了说明一个道理：做生意就是交朋友，微店运营也是朋友多了路好走。所以，交足够多的朋友对微店运营来说是很有必要的。那么，在移动互联网“大行其道”的今天，手机里没有装交友软件对微店运营来说就是不明智的选择了。目前，比较流行的交友软件有微信、微博、陌陌、来往、易信、比邻、友邻、手机QQ、飞信、淘宝掌上旺信、几米、YY等。其中用户最为活跃的是微信、陌陌、微博和手机QQ。

（3）线上与线下结合，两条线一起抓

线上与线下结合是一个老话题了，线上能给我们带来巨大的流量，这些流量可以在线上直接消化掉，也可以引导到线下。将实体店面与线上结合，处理好让线上导流到线下、支付、配送、再次导流到线上等问题，就是就一个成功的O2O玩法。玩转O2O是行之有效的微店运营方式。运营微店不是在线上开通微店后就了事了，接地气也是非常重要的工作。相对来说，线下店面比线上更容易将新客户变成忠实老客户，所以在线下开店也是非常必要的。除自己开实体店面作为微店运营的辅助外，和别人的实体店面合作也是一个很好的方式。

（4）让利合作，争取尽量多的合作伙伴

互联网的普及带来的一个最大的便利便是大大地提高了人们的社交圈子的范围和领域。只要有一部手机，我们就能认识各种各样的朋友。前面说过，做生意就是交朋友，自己手上的朋友是资源，别人的朋友也一样是资源，所以把自己的利益让出一部分，让朋友们，以及朋友的朋友们去做微店和产品的推广是聪明的做法，这就是所谓的“有钱大家一起赚”。

（5）全网式营销

互联网是一张大网，它通过各种方式将大量的人都网罗到了这张网里来，互联网普及之处无人能幸免。目前，微信是最为火爆的“网人”方式之一，另外还有微博、QQ、博客、论坛、贴吧、网络收藏夹、资讯网站、邮件、各种交友应用、商城等方式。而这些方式有很大一部分是可以免费使用的（互联网的一大特色就是免费），只要稍微动一下脑子就可以拿来为自己所用。

另外，要选择质量过关的产品，以及能让用户尖叫、有特色、性价比高的产品。微店的运营方式、方法和技巧当然不止这几个，在微店的运营中，秉承“诚信”、“客户就是上帝”、“只卖好产品”这几个原则是成功的关键，这也是最精髓的方法论，虽然做起来并不容易，但绝对不是忽悠你，毕竟成功从来不是随随便便就能到手的。

5.2 未来O2O电子商务的两种表现模式

O2O的电子商务模式是将来最重要的商业模式之一，之所以称其重要，是因为随着互联网的普及，传统行业必将会互联网化，而互联网企业也终究会走向线下。O2O的模式便是起到了连接线上与线下，使线上与线下能实现有机融合的商业模式。但是，如何实现线上与线下的结合，相信每一个行业都会有不同的做法。但就

O2O所具有的性质来看，未来除团购会继续存在外，还会有其他形式的O2O模式兴起，比如街景O2O电商、社区O2O、在线票务、跑腿服务等。

5.2.1 街景电商

自微信5.0版本被推出以来，微信就推出了“街景扫一扫”的功能。在微信中按顺序点击“发现”—“扫一扫”—“街景”功能，随手扫描附近的物体，便能获取附近的街景，并且微信能为用户做出“美食”、“酒店”等消费类目的地图指引。虽然目前微信街景还处于尚未成熟的阶段，但街景电商无疑会成为一个新兴的电商模式。

试想，当你随意地拿起手机对着窗外扫一扫就会获得附近的餐厅、影院、商场等地图信息，并且能直接点击进入页面进行预约，在预约之后根据地图导航便可以直接到店消费，那将是多么便捷的消费方式。

当然，虽然线上的道路已经打通，但是O2O模式要求线上和线下同时打通才有可能使O2O模式产生实际价值。虽然街景已经产生，但是线下的商家信息并不完善。若用户打开街景功能只能在街上看见寥寥无几的几座大厦，并无各类商家预约、打折、活动等信息，那么街景功能对于用户的意义充其量也不过是更加具象的定位而已。因此，要使得街景电商成熟起来，必须还得经过对线下商家的教育。当线下商家拥有了“上线”的意识并解决“上线”的困难后，街景电商便可拥有巨大的商机。

目前看来，街景电商已经具备了线上的巨大流量，也具备了这些流量向线下转移的可能，但欠缺的是线下的信息到达线上，并与线上的流量实现对话的机制。微信是一个社交性的软件，其主要功能便是为用户提供沟通交流的平台，因此微信难以对线下商家进行深入的教育，也不可能帮助所有商家实现信息线上化。因此，不排除将来会出现第三方公司通过微信的接口，实现为微信街景用户与线下商家牵线搭桥的可能。

5.2.2 社区电商

社区电商是近年来创业者们都想分食的一块大蛋糕，也是未来微电商领域最具有潜力的电商形式之一。社区电商作为O2O模式中的一种，与传统互联网企业进入O2O领域的自上而下的形式不同，社区电商更注重对线下资源的整合，是自下而上的O2O电商模式。社区电商可以简单地解释为两种含义：一是基于社区上的电子商务；二是如何把电子商务做成社区化。前者需要更强的线下资源整合能力，后者则需要强大的线上技术和运营能力。

目前，社区电商正处于发展之中，但从社区电商区域化的性质来看，社区电商的发展对于传统零售业来说是一个好消息。传统的零售电商因拥有强大的互联网基因而对传统零售业造成了一定的影响。比如1号店在抢占“办公室一族”、“白领”等客户群体方面就对传统零售业造成了较大的影响；而坚果类电商三只松鼠也让传统的坚果商一度震惊。然而，随着社区电商的不断成熟，传统零售业将有望利用社区电商的模式将企业互联网化，从而达到对抗传统零售电商的目的。

社区电商的前景无疑是广阔的，但并不是一路坦途，社区电商需要解决四个问题才能实现蓬勃发展。

（1）第一个问题：实现基于位置服务的电商服务规模化。

电子商务的本质是将商品、商家与消费者实现最快捷有效的资源匹配。而社区化的电商则是一种基于地理位置的电商模式，因此通过对本地商家的服务和本地用户的资源匹配，便能实现规模化的社区电商雏形。团购的形式便具有这样的性质，然而团购只是一个粗放式的社区电商的雏形。不过通过团购的整合，却实现了社区电商成长的基础。

通过团购的形式对商家、用户进行教育，使得两者都拥有了区域化电子商务的概念。这为社区电商的发展奠定了良好的基础。但是，虽然团购网站培育了市场，也积累了大量的商家资源，却不能实现将“基于精准地理位置”服务规模化的目标，即未能将社区电商的理念传送给市场。因此，社区电商的理念仍需要长时间的市场教育过程。因此，仍需要通过对商家进行服务、教育等方法，使商家能逐渐拥有社区电商意识并加入到社区电商的平台。

（2）第二个问题：实现商家“上线”的通道。

让线下的传统商家“上线”看似是一个简单的问题，但其实实现起来并不容易。对传统的商家而言，这不亚于一次对自己的革命。许多商家遵循守旧的行业规则，不愿意做出改变，使得社区电商遭遇尴尬的瓶颈。当然，也会有乐于改变，希望上线利用互联网的力量使自身得以提升的商家或者企业，但此时资源、人员、资金等问题又成了让其不得不面对的硬伤。然而从总体来说，只要商家们普遍有了社区电商，有了“O2O模式”的意识之后，这些问题也就迎刃而解了。

当然，商家意识是一个方面，而社区电商对商家的服务则是另外一个重要的促成社区电商快速发展的重要因素。传统的团购模式是为商家提供服务的商业模式，但团购的方式并不完善和细化。社区电商通过为商家提供咨询服务、技术支持、网络营销服务、线上结合线下的流程服务、广告服务等服务内容教育商家，而这些也是未来社区电商为商家们提供的最基础的服务。有了这些服务，商家“上线”才更加便捷，赢利目的也更容易达到。反之，社区电商平台也能因此而得到源源不断的商家入驻，以及消费者的关注与喜爱。当然，通过更多的服务与帮助实现社区电商平台与商家的捆绑会是一个社区电商不断深入发展的趋势，而这个趋势会实现平台、商家和消费者的三方共赢。

（3）第三个问题：实现社区电商的良性生态体系。

当商家入驻到社区电商平台之后，必然会产生平台与商家的推广问题，以及对竞争对手的阻击等各种各样的问题。如果这些问题得不到解决，那么商家自然就会逐渐离去，社区电商平台也会面临落败，社区电商也就不复存在。那么如何解决这些问题，从而实现社区电商的良性生态体系呢？

社区电商是一个区域化的电子商务模式，然而社区电商在推广上却不具备优势。基于这个原因，社区电商因此需要引进第三方的力量进行推广，使社区电商平台能够以最快的速度发展起来，并引起商家与消费者的注意，比如可以与本地化的社区论坛、本地信息类网站、消费类网站合作，建立推广联盟，最后将所得利润与合作方分成。

另外，整合商家的资源并利用商家的资源进行商家互推也是非常有效的办法，比如通过社区电商平台购买电影票的消费者可以获得平台赠送的餐厅优惠券，并且优惠券以电子券的方式记录在用户的账号当中，用户到餐厅消费时使用即可；而当用户到餐厅使用这张优惠券时，又会获得KTV的优惠券，当用户到KTV消费时又会获得别的优惠券……如此循环，便可形成一个良性的生态链，刺激用户消费欲望、为商家带来客源，盘活社区电商平台。

（4）第四个问题：综合性问题的解决。

社区电商与传统电商一样，会面临着假货问题、支付问题、诚信问题、售后服务问题、交易的便捷程度问题、商家服务问题，以及配送问题等。这些综合性的问题解决得越好，社区电商的竞争力也就越强。这其中最引人关注的便是最后一公里的配送问题。

那么，最后一公里的配送问题该如何解决呢？是社区电商平台自建物流体系，还是使用第三方的物流体系，抑或是使用其他方式呢？因为社区电商面对的群体具有特有的区域性问题，因此，引入传统第三方物流进行配送相对来说成本较高。所以，在将来，物流公司极有可能针对社区电商的兴起，而推出区域性的短路程的物流方式。另外，某个商家或者几个商家合作聘请固定的配送人员也是一种可能性非常高的方式。而社区电商将在社区电商平台上注册的本区域内的闲置劳动力进行培训，令其成为本区域的“配送员”，为其统筹安排配送任务，也是一个极有可能发生的情景。

社区电商是O2O领域内形式较为独特的微电商形式，目前京东已经选择了社区电商切入O2O领域，顺丰也开启了顺丰嘿客的O2O概念店之旅。在将来，阿里巴巴、百度、苏宁、腾讯这些巨头也许还会相继进入，因此，社区电商的创业者们应尽早发力，以取得先机占据市场份额。

1. 社区电商的六种形态

社区电商目前虽然仍处于起步阶段，但社区电商却有着巨大的想象空间和挖掘空间，也许在不久的将来，社区电商就会大放异彩。未来的事情我们当然不得而知，但综合目前移动互联网发展的现状与速度，以及市场需求等因素，也许我们可以暂时冒充一回“先知”来大胆预测一下社区电商在未来的六种形态。

（1）社区论坛

论坛、社区、贴吧是我们常见的互联网产品。起初，天涯论坛、猫扑社区等全国性的论坛非常火爆，全国的网友都会聚集在这些全国性的论坛上“指点江山”。后来，地区性的论坛逐渐崛起，比如小鱼网、化龙巷、十八楼等，毕竟同一个城市中的人之间有着许多共同的话题；同时，以“同一兴趣”为卖点的垂直性论坛也出现了，比如豆瓣小组、百度贴吧等。

因此，我们不难发现论坛正朝着真正的“社区”而发展，因为它越来越“小”，越来越有针对性。那么，随着互联网的不断普及，将来的网络社区就极有可能变成真实社区的“网络版”了。而在这个参考真实社区建设的“一比一的网络社区”上，人们可以交友（各位读者可别笑，你认识住在你楼上的邻居吗？），可以交易（跳蚤市场，处理各自家里的闲置物品），可以对好友们共同感兴趣的话题进行发言讨论。

（2）社区局域网络

互联网在国内的各大城市基本已经普及，电脑对于每个家庭来说也都不再是奢侈品。可是我们发现，那个古老的传统行业“网吧”却仍然屹立不倒。为什么？很大程度上是因为年轻人为了追求共同的游戏而聚集到了一起，以局域网的形式完成他们共同的目标。

那么，住在同一个小区里的人要是能一起看同一部电影、一起看球赛岂不快哉？一起看看小区周边发生了哪些有趣的事情，不也是很有意思吗？另外，社区电商平台还为小区住户提供各种网络资源，包括工作上、生活上的等，想必也会大受欢迎。如果还能提供“敲门”功能，便于住户之间在网上互相“串门”，那肯定很有趣。

（3）社区商城

一般的小区内都会配备便利店、干洗店、餐厅、复印店、洗脚店、美容院、汽车美容店等。以往小区的住户想要在这些商店里进行消费必须得亲自到店，但将来很有可能会发生不小的改变。

专门针对某个小区的微信公众号、电商网站或者APP将会出现，在这些平台上用户可以直接下单、预约、备注。可以选择到店消费、取货，也可以预约上门服务，甚是方便。另外，有了专门的社区电商平台的统一管理和监督，这些小区内的商店无论是在商品的品质上还是在服务上都将会得到提高，而价格还会有所优惠。

（4）社区团购

我们这里说的团购跟传统的团购网站有所不同（比如美团网），传统团购网站是整合了同一个城市中不同商家的资源面向城市所有市民的平台。而我们这里所说的社区团购，是指某个小区针对这个小区附近的某个商场或超市的定向团购。比如A小区附近有某个大型的a超市，那么社区团购网站会与a超市进行谈判，为此小区的用户争取尽可能大的优惠，使A小区的用户成为a超市的消费者。

当然，每个小区都可以指向附近的不同商场或超市。同样，不同的商场或超市也会指向不同的小区，只是有时候对不同的小区所优惠的商品和领域会不一样罢了（这里就需要社区团购网站对本小区用户在不同时期的需求进行分析）。但是同一个商场或超市是不可能辐射到城市里的每个小区的，因为商场或超市本身的实力有限，在广告成本、物流成本等成本的限制下，商场或超市只能服务好本区域的客户，这一点与现在和以往相比没有太多改变。另外，社区团购平台还可以通过整合小区周边的商家的方式为住户提供“一卡通”优惠服务等。

（5）社区用户缴费

煤气费、水电费、暖气费、物业费、宽带费、停车费、电话费……这些每个月都需要缴纳的费用，简直能让一个想要睡个懒觉或者想静下心来过一个周末的人抓狂。这些令人头痛的缴费问题是每个小区用户挥之不去的噩梦。一不小心忘记缴费日期便罢了，有时候在外地度假都会接到扫兴的催促缴费的电话和短信，这该如何是好？

也许在不久的将来，便会有专门的为解决这一问题的社区缴费网站出现。这样的网站会将每一个住户的缴费资料进行整合，将所有的费用都调整到同一天缴纳。用户只要将自己的银行卡与网站账号绑定，便可以在每个月的固定一天统一缴纳所有费用并获得详细的缴费单。解决了住户的这一痛点，用户必然会成为缴费网站最忠实的用户，赢利也就成了自然而然的事情。

（6）柴米油盐定期配送

柴米油盐、毛巾、牙刷、扫帚、内衣、维生素C、杂志等需要定期消费的生活用品要花费用户大量的时间去采购、挑选。那么，如果有一个微信公众号、网站或者APP，专门为社区的用户定期配送以上生活必备用品，那么对用户来说岂不快哉？时间成本降低了，价格降低了，这不正是人们想要的吗？

因此，也许以后每个小区门口将会出现这么一个店面。这个店面什么都有，却不是杂货铺，而是一个专门为用户配送商品或者等待用户上门取货的货品中转站。

以上六种便是以后社区电商最有可能出现的形态。当然，互联网的发展是一日千里的，其变化也是无穷无尽的，我们很难完全猜测得到将来社区电商还会有哪些形式，但我们可以肯定的是，社区电商将是下一个十年里商家的必争之地。事实上，现在各路豪杰已经蠢蠢欲动了，只是他们也都还在摸索着该如何玩转社区电商。对，这就是问题所在，社区电商该如何运作呢？

2. 社区电商的运营策略

社区电子商务的运营与其他电子商务的形式有所不同，社区电子商务更加封闭、更具私密性，也更具针对性。有一点“私人定制”的味道。社区电子商务针对的用户是特定的人群，是数量有限且相对稳定，不会有大幅度增加的住户。因此，除了以增加覆盖小区数量的形式来扩大营收规模，尽可能多地深入挖掘小区住户的消费形式、尽量提高用户的消费额度也是一个重要的增加营收的措施，这是社区电商的一个重要的运营策略。那么社区电商还有哪些运营策略呢？

（1）千万别想甩开物业自己干

物业公司是小区的管理部门，也是每个小区必备的配置，所以可以说，只要有小区的地方就会有物业。因此，想要进入小区悄悄地把钱赚了而不被物业公司发觉，那几乎是不可能的事情。

现在已经不是单打独斗的时代了，想要成功就必须要有合作的思维。社区电商进入小区绝对不能把物业公司甩开自己干。这是因为，第一，目前在国内的大多数小区里，几乎全部的住户都会有这么一个固有思维——有问题，找物业！所以物业公司是挡在社区电商平台与客户之间的一道门，必须得与物业公司合作才能打开这道门。你要是想绕开物业公司自己干，不仅伤害了物业公司的感情，还损害了他们的利益，这时候说不定物业会变成一头大老虎把你吓跑。那时你也就别谈什么社区电商了，只能谈谈“舍去电商”了。第二，物业公司也是商业公司，是追逐利益的团体，没有利益的事情谁都不想起早。所以，只有跟物业合作，做出利益的让步才能获得更多的利益。第三，物业公司在小区里的地位应该算得上是铁打不动的老大，因此与物业公司合作就是为了确保“天下太平”，有了稳定的合作环境，社区电商才有了稳步发展的基础。

（2）用户数据分析，精准化营销

前面提到社区电商必须面临的一个问题：社区的住户只有这么多，不增不减，你来或者不来，他们都在那里。所以，如何让有限的用户产生更多的消费就成了社区电商想要成长必须要解决的一个问题。而解决这个问题的一个很好的办法就是对用户数据进行采集（合法的），并对用户的行为和需求，以及消费能力进行分析。比如用户下班了是坐公车回家还是驾车回家、晚饭后是否喜欢散步、每个月在小区便利店里购买的物品有哪些、喜不喜欢养宠物、是否单身、家庭成员有多少、家庭成员的喜好、是否开车、是哪个球队的粉丝、喜欢吃面条还是米粉等，数据越详细越好。因为，越详细就有越利于分析出用户的消费理念、消费水平、消费领域，就越有可能推测出用户目前最急需什么商品、将来想要购买什么产品、因为什么原因而没有购买某些产品等，然后针对用户的需求做精准的推送，从而提高用户的购买率。

（3）誓死捍卫用户隐私

这是一个开放的社会，也是一个封闭的社会。开放是指人们能通过互联网轻松地认识更多的朋友；封闭是指随着生活节奏的加快，信息传递更快速、获取更容易，人们越来越缺乏安全感，对于自己的隐私保密已经达到了前所未有的重视程度。当然，隐私权是每个人都享有的基本权利，小区住户亦是如此。所以，社区电商在获得用户信息后，首要的工作就是要考虑如何为用户做好隐私的保护工作。如果这个基础的工作都没有做好，那么用户如何能信任你？而没有了信任，又何来的买卖呢？

（4）整合小区周边的商家资源

小区周边有很多凭借地段优势而经营好的店铺，这些店铺的主要客源是小区的住户。以前，小区的“体型”小，这些店铺能辐射整个小区。但是现在小区的“体型”变得越来越大，小区住户来到周边店面消费变得越来越难。因此，社区电商可以采用O2O的模式整合小区周边的商家资源，为用户需求做精准的匹配以能激活周边的商家而从中获利。

（5）提供管家式的服务

小区用户需要社区电子商务平台为他们解决的是“家”中的问题，因此做社区电商，其实就是为小区的住户当管家。“主人家”的小孩需要上幼儿园，你得安全地将送小孩送到幼儿园；“主人家”的小狗要去散步，你得把小狗遛得撒欢跑，最好还要与小狗成为朋友；“主人家”的柴米油盐没有了，你得为用户送上最物美价廉的柴米油盐；“主人家”要送快递，你得以最快的速度安排人去收；“主人家”的厕所堵了，你要找人去通……总之，你要妥善安排好所有家务，在生活和工作上为用户提供最快速有效的帮助，为用户节省时间和不必要的麻烦，让用户对你的服务产生依赖。这里涉及“用户体验度”和“用户黏度”的概念。当用户在生活和工作等方面都已经离不开你了，当用户在你这里得到了最完美的用户体验，那么你离成功也就不远了。

【案例55】社区001“社区物业+社区住户+周边商家”模式

社区001在2012年年初成立，是社区电商的先驱与践行者。社区001采用的理念是“社区物业+社区住户 + 周边商家”的模式。另外，社区001还与商场或超市、小区物业合作推出各种活动。比如，社区001为物业解决电子化服务问题，而社区001则通过物业渠道“来到用户面前，直接与用户对话”。目前社区001除了有在线上下单的形式，还常常与物业、政府、商场或超市合作以线下惠民活动的形式为用户提供优惠服务。

社区001的业务范围已经覆盖了全国14个城市，另有6个城市也即将进驻。目前社区001已经获得了天使投资和A轮融资。社群001目前的成绩单是：日订单量超过2万笔，客单价在300元左右，相当不错。

【案例56】聚邻——社区信息消费服务中心

聚邻的模式其实并不复杂，社区住户到店扫描二维码后即可下单购买产品，或者通过PC端和手机APP也可以达到下单的目的。下单之后，用户可选择货品送货上门或者自取货品。

聚邻在小区内设有专门的店面用来展示货品。当然，其展示的产品并不多，取而代之的是各种二维码（这与顺丰的嘿客有点类似）。用户在购买产品后可以选择送货上门，也可以秉着锻炼身体的理念自己扛着几十千克大米回家。

聚邻的亮点在于它直接对接了各种农副产品种植户和生产厂商，并且能将用户所下的订单集合起来与之对接，从而减少了中间流通环节、物流运送成本，所以产品到达消费者手中的价格相对市场价低了20%。

5.3 如何用微信玩转微电商

微信是移动互联网最大的流量入口，也是微电商最重要的承载工具之一。如何用微信玩转微电商自然而然就成为企业们最关注的问题之一。从微信推出公众号、企业号，以及完善微信个人号当中的“扫一扫”功能、搜索功能、支付功能、钱包功能等现象来看，微信正逐步为商家们提供便于运营微电商的工具。而企业需要研究的便是如何利用微信这个平台结合自身的情况进行微电商的运营。总的来说，第一，微信可以作为销售工具；第二，微信可以作为精准化和个性化营销的工具；第三，微信可以实现企业的查询职能；第四，微信可以对企业客户进行管理；第五，微信可以实现对企业上下游合作伙伴的关系维护管理。

5.3.1 如何建立微电商体系

那么，企业究竟该如何一步步稳健地使用微信建立起玩转微电商的体系呢？微信首先是一个即时聊天的社交软件，然后才是一个营销的工具。通过微信这个社交平台将企业的产品销售出去，即是微信电商最朴质的含义。然而，企业不能只将微信当作一个简单的销售渠道，微信是一个营销体系。要将微信电商的体系建立完善，需要从以下几点着手。

1. 企业对微信的定位

首先，微信对企业来说应该是一个沟通的渠道，在企业内起着沟通协作、与客户联系交流、与上下游合作伙伴保持联络的作用，类似于传统的OA系统。其次，微信对于企业来说是低成本进入互联网的捷径，可以利用微信的二维码、附近的人，微信公众号的内容推送功能等进行企业的推广与销售。最后也是最重要的一点，微信对企业来说应该是一个良好的CRM运营工具。之所以称之为CRM运营工具而不是客户管理工具，是因为微信的CRM管理功能具备了搜集用户资料，对用户进行精准分组，从而实现精准营销的功能。

2. 微信电商运营团队的组建

许多传统企业面对微信的汹涌来袭，采取的应对措施只是雇一两个人，或者直接从其他岗位调配一两个人每天在微信公众号上推送企业的新闻。对于他们来说，微信只不过是一个信息发布的渠道，微信营销也不过是面子工程，他们采取的是一种消极应对的态度。这样的态度是不会起到任何作用的。事实上，企业进行微信电商的运作时，组建专门的团队很重要。微信电商的团队组建必须要得到高层的支持，然后企业中层人员主导进行，企业全体员工配合执行，并且要有直接的负责人进行人员管理、绩效考核、项目监督等日常工作。

（1）微信电商团队的搭建需要配备的人员

① 市场专员：负责业务跟进、维护客户，以及为内容运营者提供市场销售信息及业界动态等。

② 内容编辑人员：负责公众号、个人号等内容的编辑及推送。

③ 策划人员：需要根据企业综合情况考虑适时策划微信营销活动。

④ 客服人员：负责与客户的沟通，为客户提供售前咨询、售后服务，以及客

户信息反馈等工作。

⑤ 技术人员：负责确保微信第三方平台稳定运行，以及必要的技术开发工作。

⑥ 运营管理人员：负责对整个微信电商运营工作的管理、监督，以及考核、规划等工作。

（2）微信电商团队组成人员的特有素质

① 对微信的使用及微信的各种功能、背景十分了解。

② 为人细心，做事耐心，有敏锐的嗅觉，善于发现互联网的热点，了解网民的心态。

③ 对互联网比较熟悉，具有全网营销的思维，了解微信及其他社交媒体、软件的功能特点等。

（3）微信电商的基础考核指标建议

① 微信的阅读率。目前微信公众号所推送的内容的阅读率普遍在20%以下，阅读率能达到30%的内容才能算是用户喜欢的内容。

② 粉丝增长数。粉丝增长是账号成长的最直接参考标准，一般来说，每日达到增长60个粉丝才能算是合格的增长水平（当然，特殊行业的账号及特殊情况除外）。

③ 收藏与转发数量也是一个很好的参考标准，可以根据现有的粉丝数量和阅读率来进行制定。

3. 以用户为本的运营准则

微信是企业进入互联网营销的捷径，但这并不代表着用微信做微电商是成功的捷径。与所有的运营方式一样，微信电商的运营需要耐心，需要持续地投入。微信营销的运营成功并不是一夜之间就能实现的，它需要持续地创造好的内容、有创意的营销活动等。在内容的生产方面、活动的策划方面，企业应遵循简洁易懂、实用有效、轻松幽默、精准匹配，以及亲近用户的原则。企业需要时时明白，微信是一个与用户进行沟通互动的渠道，而不是信息发布的机器，账号的运营要给用户一种“这个账号是生活在我身边，与我一样，是真实的、有生命力的、能与我产生互动”的感觉。总而言之，内容和活动的运营需要围绕着用户走，要契合用户的心理。

以用户为本是微信电商运营的精髓，这与所有企业的运营原则都是一样的，用户就是上帝的理论对于企业来说永远适用。而微信电商的运营除了要有以用户为本的精神，更要有实用的运营技巧。

（1）准备工作要尽可能细致，在微信名称、微信头像等所有细节方面做好准备，并且从用户角度考虑问题，尽量降低用户对账号的关注门槛，比如选择简单易记的微信名称。

（2）做好内容规划，做好内容的传播策略、与用户互动的策略等，以便用户主动传播内容。

（3）定期或者不定期策划有趣、方便参与并且有一定奖励的营销互动活动，提高互动率与用户活跃度。

（4）号召企业全员营销，利用企业人员的社会关系从熟人做起，再辐射其他用户。

（5）保证充足、持久的投入，保证微电商团队人员的执行力与创新能力。

（6）可与其他企业合作（跨行业的企业亦可）共同推广，吸引业内及适量的“跨界”粉丝。

（7）做好客户数据收集、客户意向调查、数据分析等工作，并在数据分析的基础上调整运营策略。

4. 提高用户转化率，降低用户丢失率

用微信的方式玩转微电商的最终目标便是实现用户的购买，因此通过多种方式吸引用户的注意，以及获得用户的信任，从而促使用户购买就显得格外重要。那么使用什么方式才能提高用户的转化率呢？

（1）如何提升图文转化率

① 标题要简明扼要、概括内容主旨并能激起用户打开的欲望。

② 使用精美且能表现文章内容的图片配合文章的文字发布。

③ 文章内容简洁实用，排版精美，突出重要内容，使用户获得较好的阅读体验。

④ 内容可适当婉转，为下一篇文章埋下伏笔，吸引用户再次点击。

⑤ 若需要跳转到网站或者其他地方，则必须保证跳转链接的稳定性，确保打

开速度快，从而提高用户体验。

⑥ 多策划有奖活动，并且奖品要有吸引力，参与方式、获奖环节要设置得尽量简单，提高用户参与度与获奖概率。

⑦ 尽可能地利用手头上的资源进行推广，微博、官方网站、博客、淘宝店、产品的资料、产品的包装、线下门店的海报等都尽可能用上。

⑧ 动员企业所有员工将企业公众号推荐给他们身边的亲朋好友，分享到他们的微博、朋友、QQ群，以及其他途径。

（2）如何将用户变成忠实粉丝

① 不要一味地在公众号中推送广告或者企业的新闻，多建立与用户沟通交流，以及互动的桥梁。

② 微信公众号内容推送的时间要仔细斟酌，不要在用户休息的时间推送，也不要频繁推送，以免骚扰用户。

③ 内容是维护用户的最佳武器，做用户喜欢、对其有实用价值并且精短、有趣的内容有助于留住用户。

④ 善于利用其他自媒体平台或者别的方式进行内容的推广，比如微博和短信等。将原有的微博用户和通过其他媒介而来的用户导入到微信当中。

⑤ 无活动，不营销。因此多策划有趣并且有利于用户参与的活动，尤其是有奖活动，是激活沉睡用户和提高一般用户活跃度及老用户忠诚度的好办法。

⑥ 当用户咨询时一定要尽快回复，最好能在十分钟之内进行回复，并且态度要热情、诚恳和幽默。

⑦ 不要在回复里面放置链接或者其他设置需要用户再次操作才能获得信息的步骤，这会降低用户的体验度引起用户的反感和不满，要知道“网民都有懒惰的情绪”。

⑧ 将用户按照不用属性进行分组，然后根据不同属性对用户进行关怀。在节假日等日子里也要给予用户关心。

5.3.2 微电商的运营需要注意什么

以上所述是进行微信电商运营最基本的工作，而微信电商的运营是一项复杂、浩大的工程。在这个工程当中，运营者还有许许多多的工作需要去做，其中CRM管理运营、营销活动策划、利用微信开放接口提高自身的竞争力等工作尤为重要。

1. CRM管理运营工作

客户管理对于一个微信电商来说并不是简单地保存和处理用户的信息，而是在用户资料的收集和统计中分析出相关的数据，根据这些数据能进行精准化的营销，这也是一个以客户为中心的企业发展战略，是针对用户的数据管理、用户行为洞察和分析的运营理念。它可以使企业营销的目的变得更加明朗、营销的方式变得更加简捷、营销效果变得更加直接。比如，当企业吸引到了新用户后可将新用户分组，然后针对新用户采用促销方式将其转换成为老用户；而针对老用户，则可使用关怀的方式与其保持良好的关系。

微信公众平台有用户管理的功能，虽然其并不足够完善，但也具有一般的资料收集、客户分组等作用。当然，企业也可以根据自身需要，使用微信公众平台提供的开放接口，接入适合自己的更加完善的客户管理工具。

CRM管理运营其实是一种精准的营销方式。当企业通过微信收集到用户的资料和了解其需求等信息之后，便可以将用户进行分组，然后按照不同的分组策划不同的营销方式。接着再通过微信的二维码功能、自定义回复功能、第二方平台接入的营销功能，或者策划简单容易参与的有奖活动等方式进行精准化的营销。

CRM管理运营还包括对用户的消费进行引导、对用户的身份进行识别，在获得用户信息的基础上进行更深层次的营销。企业可以将微信的CRM系统直接对接企业的会员系统，便可以实现对不同会员等级的用户提供有针对性的服务，这能给用户受尊重的感觉，提高用户体验，从而留住和吸引更多的用户。比如，外婆家餐厅推出了针对节日、会员的生日关怀项目，会员还可以利用消费获取积分，通过积分获得优惠等。外婆家还通过一些更有针对性的营销方式对不同的会员进行不同细化性的精准营销，使消费者得到前所未有的差异化服务。

2. 营销活动的策划工作

正所谓“无活动，不营销”，通过策划优惠促销活动、有奖转发活动等各式各样的活动提高用户的参与度及活跃度是最常见的运营手段之一。营销活动的成功在于提高用户的参与度、转发率。而提高用户的参与率及转发率则需要注意以下几点。

（1）确保良好的用户体验

营销活动一定要遵循一个准则：简单，简单，再简单。要让用户的体验得到保证，参与方式要简单、规则要简单、获奖要简单、活动页面要简单……总之一切从简，要让用户在参与活动的过程中毫无束缚感，拥有良好的体验，而不是在活动中植入大量的广告等令用户厌烦的元素。

（2）营销活动效果数据化

营销活动的设计需要考虑到每一个环节的数据化，用数据衡量一个活动的效果。当活动结束时，活动数据可以用来分析活动的成功和失败之处，为下一次活动积累经验。

（3）保证用户的获奖率的同时尽量降低投入

参加活动并获得奖品是让用户非常开心的事情。然而，有奖品就需要有投入，这是做营销活动的成本。但有时候奖品的投入并不一定需要企业自掏腰包，可以通过与其他企业合作，让其他企业承担奖品的部分甚至全部投入。总之一句话，要想方设法降低活动的成本，同时又保证奖品的质量和数量。

（4）降低用户参与活动的门槛

就如前面所说的，活动需要简单，简单，再简单。这也是为了确保用户参与活动的门槛足够低，使用户愿意参与活动，并能理解活动的各个环节规则。假如一个活动非常复杂，那么用户参与的兴趣就会大大降低，活动效果自然也不会高。用户都不愿意参加流程很复杂的活动，其实这是用户体验的问题。

（5）活动设计得有创意、轻松有趣，能打动用户

每个消费者都喜欢有创意又有趣的东西，因此营销活动的策划也要遵循有趣轻松的原则。如果活动还具有一个能打动用户的“点”则更完美了。比如聚美优品的创意广告，加多宝的“对不起体”，2013年几大电商之间的活动文案比拼都得到了广大用户的自动传播。

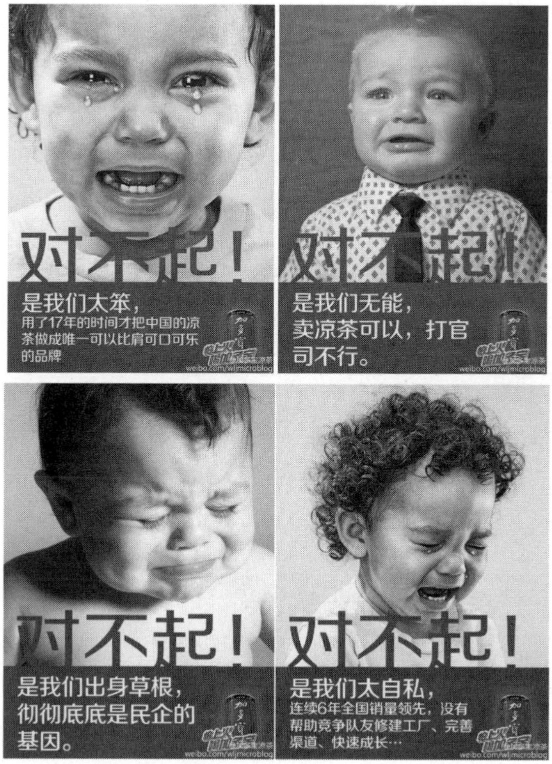

（加多宝的“对不起体”）

（电商之间的活动文案比拼）

3. 利用微信开放接口提高自身的竞争力

微信公众平台是一个开放的平台，微信的一个运营策略是利用第三方公司的力量和市场的需求自然地推动微信公众平台向前发展。因此，微信向第三方公司提供了足够的开放接口，以及为微信用户在微信上实现更多功能的开发和使用。

目前，移动互联网技术已经逐渐成熟，HTML5语言非常适合手机网站的开发使用。因此，微信电商企业能够开发出更多适合自身的功能，用以增强自身的竞争力。

4. 做好微信电商的运营规划

如何运营好微信电商，是企业最关心的问题，也是微信电商运营者最应该思考的问题。微信电商的运营是一个复杂的工程，以下几点是运营者做好微信电商前所要注意的关键点。

（1）理解企业微信电商的目的以便做好定位

了解了企业运营微信电商的目的是最基本的要求，只有了解了微信电商的目的，才能针对目标做出准确的定位，否则越深入经营，得到的结果与原本想要的结果偏差就会越大。比如南方航空为用户实现微信订票、星巴克的叫醒服务等的营销目的就非常明确。

（2）研究竞争对手的策略并扬长避短

所谓知己知彼，百战不殆。同行往往是最好的老师，因此运营者应该多关注竞争对手的微信号，每天关注对手发布的内容，以及对手策划的活动或者某种服务，从细微处观察对手的动态，了解对手的策略，然后学习对手的长处，避免出现如对手一样的错误。这是运营者应该具有的最基本的营销素质。

（3）多尝试各式各样的运营方式

微信营销并不算是存在已久的营销方式，在用微信做微电商这一条道路上并没有太多走得很远的企业，没有成熟的模式和套路。大多数人都在摸着石头过河。所以，每当遇到新颖的营销方式或者策略，不妨大胆地尝试，然后做好跟踪调查，一两个月以后再进行论证。当然，在试行的过程当中，团队的执行方式、工作内容也必须要严格把守，以免出现执行不到位难以得出新方法是否奏效的论断。

（4）对运营数据的分析总结

在每一种运营方式的运行过程中，数据的采集、分类总结，以及分析是至关重要的。因为这些数据反映了运营策略的效果，为之后的运营调整起到非常好的参考作用。因此，在运营过程中，“文章的阅读率”、“文章的转发率”、“活动的参与率”、“用户的购买率”等数据必须要严格把控。此外，在运营当中客户的反馈和建议也是调整运营策略的一大凭证，因此，收集客户的意见建议也是一件重要的运营工作。

（5）合理调配团队成员协调作战

微信电商的运作好比是一场战役，运营者便是指挥战役的司令官。因此，了解团队人员的优点、缺点及性格特征，合理地给其安排工作内容是提高工作效率的一大法宝。而每个团队成员的工作内容又必须要与绩效挂钩，以便激发起团队的斗志以取得更大的成绩。

（6）关心微信文案的撰写

在微信电商的运营当中，文案是一项起决定性作用的工作，因此在文案的撰写上面运营者必须要严格把控。一个好的文案能将运营效果提高几倍、几十倍甚至几百倍，而一个坏的文案则激起不了半点波澜，甚至会带来负面影响。

（7）微信账号的成长目标规划

有了目标才知道要投入多少人力、物力与精力，才能达到目标。因此，目标的制定是十分必要的。若没有目标，每天工作草草了事，那么时间越长，得到的效果和所付出的代价往往会成为反比。这并不是企业所希望看到的。微信粉丝增长目标的制定、微信文章阅读率上升目标的制定，以及各种指标的制定对于一个微信电商的运营者来说，是一项基础且重要的工作。

5. 微信电商的营销案例

【案例57】中金在线的“财经简报”营销

中金在线的微信号为cnfol-com，其微信营销的策略是为用户提供“财经简报”服务，让用户可以在微信上方便地了解财经新闻，可以参考“名博看市”，可以及时了解大盘指数等。中金在线每天会精选各种财经信息为用户推送，并为用户提供相关帮助。此外，它还有方便的查询功能——用户只需要向中金在线的微信发送个股名称或者代码，就可以轻松快速地查询股票行情。

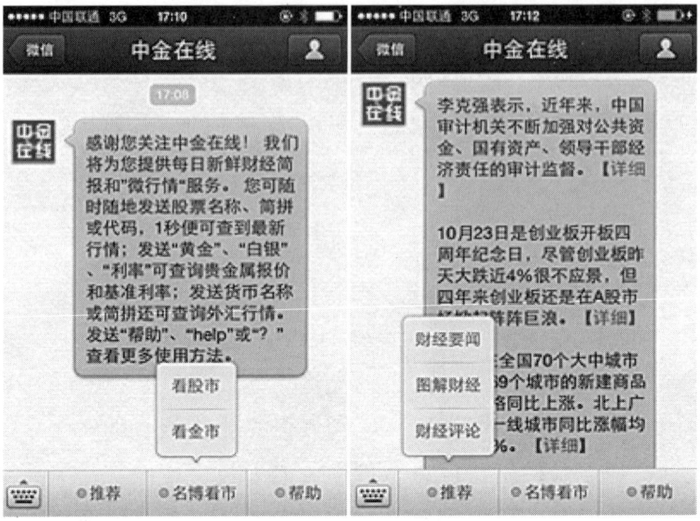

【案例58】美的生活电器为用户提供“一站式服务”

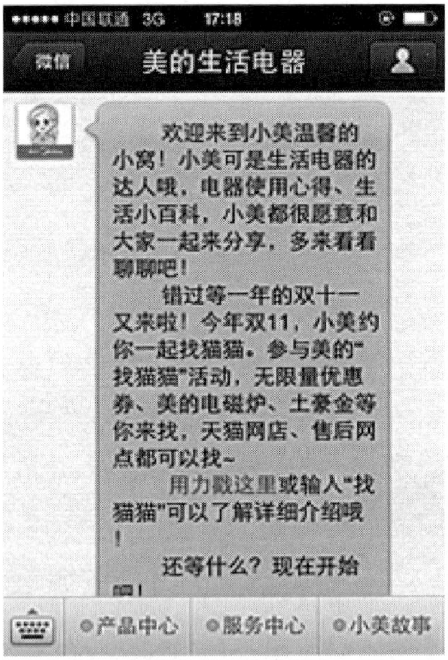

美的生活电器（微信号：mideace）的微信营销定位非常精准，即“一站式服务”，为用户提供产品销售整个过程中的服务。美的生活电器的微信公众号会在用户购买前，提供各类新品的信息、打折促销信息和优惠活动的信息，当用户决定购买后只需要进入微信内的商场点击购买按钮，查看、对比、交易、支付等环节全部在商城完成，购买完成后，只需要等待送货上门。当用户需要了解售后服务时也可以直接在微信公众号中进行，查询、咨询、投诉等售后行为都可以在微信上实现。

【案例59】维也纳酒店——快捷的微信订房业务

维也纳酒店（微信号：wyn88v）的微信营销方式是为用户提供快捷的订房服务。维也纳酒店将原有的官方网站上的订房系统与微信系统打通，形成了一个功能完善的微信订房体系。通过微信，用户可以查看附近的分店，也可以直接进行房间预订，了解酒店的促销活动、优惠信息，进行积分查询、订单查询。此外，维也纳还提供了“小维社区”功能作为用户的交流平台。

【案例60】理肤泉利用小样派发活动实现O2O闭环

理肤泉LaRochePosay（微信号：larocheposay1975）通过用微信服务号发起“舒缓喷雾50ml装小样派发活动”的方式，提高了用户领取小样的效率和用户的体验度，同时也收集了大量的用户反馈意见。理肤泉通过线上申请小样线下领取的方式，成功地将线下消费者的数据收集到了线上的数据库当中，为今后的营销提供了坚实的数据基础，实现了O2O的闭环。

【案例61】去哪儿网呼叫中心式的微信客服

去哪儿网（微信号：qunar-wang）的微信营销策略是为用户提供“呼叫中心式的微信客服”。去哪儿网与随时传媒合作推出了呼叫中心式的微信客服，开发了“一扫分享”和“优惠券云卡包”等功能。这些功能让用户使用起来非常方便，对于用户的旅游决策，以及在旅游过程中的购买行为有很大的帮助。去哪儿网的这次尝试为其微信账号每天带来了2000个粉丝的增长量，是一种高针对性、高ROI的精准营销。通过这次营销，去哪儿网在获取了大量用户的同时，还收集了大量的用户的信息，并且利用这些资料和信息做出了更多精准和有针对性的促销活动，带来了非常好的效果。

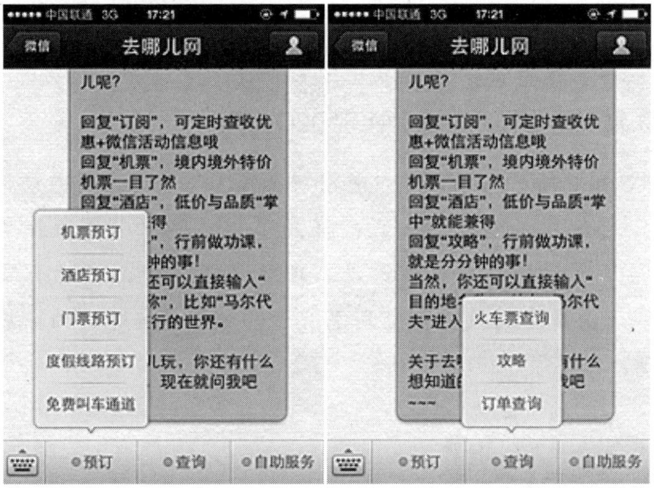

【案例62】天虹商场用微信支付实现“微信逛街”

天虹商场（微信号：rainbow-cn）不仅连锁实体店体积庞大，在微信上的微电商运营也取得了不俗的成绩。天虹商场是最早使用微信支付的商家之一，用户可以在天虹商场的微信公众号内的“立即购买”页面中选择“微信支付”，就可以实现交易的支付环节。用户所购买的心意卡可在天虹商场全国所有实体店内兑换

消费。另外，天虹商场还可以实现在线给好友送礼的创意功能，这让天虹商场在微信上的传播得到了很大帮助。

【案例63】易迅商城的微信卖场“双十一”闪购

易迅商城（微信号：m51buy）在2013年的“双十一”大促销当中，取得了相当惊人的成绩，在“双十一”当天下单量达到了8万单。虽然跟淘宝比起来还有相当大的距离，但是这样的成绩确实令人意外。易迅的“双十一”推出了“微信卖场”的概念，这个概念吸引了许多微信用户的关注。而易迅在“双十一”的战术上则使用了“闪购闪电送”的模式，这也吸引了许多易迅用户的眼球。易迅以北京、上海、广州、深圳几个大城市为主战场，将手机购物的快捷和便利性体现得淋漓尽致，这让它与传统的PC端购物比起来取得了明显的优势。易迅在这次的“双十一”促销活动中没有推出大量纷繁复杂的商品，而是选用爆品，因此大大删减了用户寻找商品的步骤——用户不用使用搜索，不用点击标签，若遇到喜欢的商品便直接下单。在下单的步骤上，易迅采用了点击商品即可直接“闪电式”下单的方式，下单后直接使用“微信支付”完成支付即可等待商品送货上门。整个“闪购闪电送”的操作流程非常简捷，用户体验度极高。

【案例64】珀莱雅PROYA的“全网营销”及线上、线下的打通

珀莱雅PROYA（微信号：proyachina）的营销精彩绝伦，在这其中，微信虽然只作为其中一环，但也是最新颖和最有效的一环。珀莱雅于2013年9月到10月推出了名为“肌肤盈养站”的活动。这个活动不仅在PC端上搭建了“活动网站”，还在微信端搭建了活动页面。活动开始后，用户在活动网站和微信端的页面进行“肌肤盈养站”体验，然后到线下的柜台领取小样或者到珀莱雅的天猫旗舰店领取优惠券。通过这样的方式，珀莱雅实现了将用户从线上引导到线下，又从线下引导到线上的目的。在这个过程中，珀莱雅不仅获得了大量的粉丝，还通过优惠券取得了不错的销售成绩。

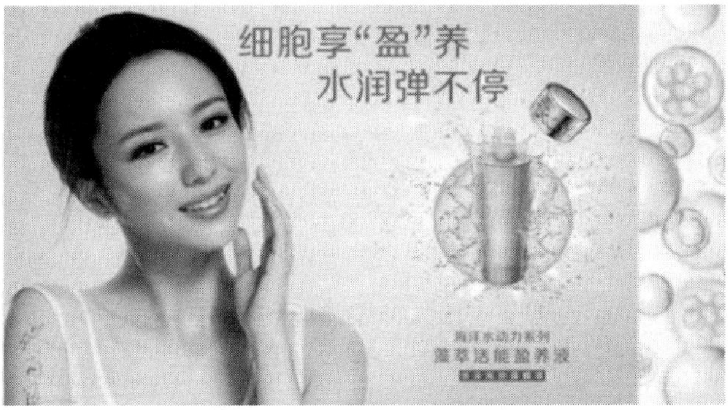

【案例65】聚美优品——首个美妆试用平台

聚美优品的营销一直被业内业外人士所关注，“趣味营销”、“陈欧体”等营销案例成为人们津津乐道的案例。而在微信营销方面，聚美优品也有着不错的成绩。在聚美优品Free派——微信首个美妆试用平台中，用户只需要按照提示回答问题并且将试用活动的信息分享到自己的微信朋友圈后，就能获得免费试用产品的机会。通过这种方式，聚美优品将试用活动的信息广泛地传播到了微信的朋友圈，一时间得到了大量用户的积极反应。聚美优品的微信运营定位非常精准，针对都市女性开设了直指用户心理的栏目，获得了大量忠实粉丝。

【案例66】小米手机的“微信抢购活动”

一说到小米手机（微信号：xmsj816），人们普遍想到的便是小米手机的“饥饿营销”和“粉丝营销”，小米手机在这两种营销方式上的运作确实可圈可点。而在其微信上进行的“微信抢购”活动使小米手机的“饥饿营销”模式又一次取得了成功。2013年11月22日，小米与微信合作，通过微信平台进行15万台小米3手机的抢购活动。用户通过微信支付花一分钱就可以预订，预订后还可获得小米3手机的5元抵扣券和“米粉”专属的米兔表情包等众多优惠。通过这个活动，小米手机不仅获得了喜人的销售成绩，更获得了大量小米手机赖以生存的“米粉”。

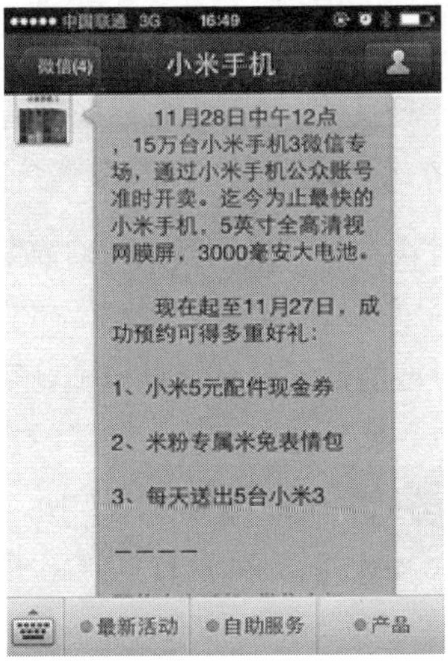

5.4　大数据营销

企业在运营的过程中会产生庞大的数据，这些数据是企业运营的指标，也是企业调整运营策略的参考因素。近几年来，大数据的概念逐渐深入人心，也得到了企业的认可。但由于拥有大数据的企业很少，具有大数据挖掘和分析能力的人才也并不多，因此利用大数据进行营销还不是市场的主流趋势。但是大数据的应用在不久的将来将会是企业运营必不可少的，甚至会出现出售大数据分析和服务的创业公司。

5.4.1　基于大数据的创业空间

数据是虚拟的，却是重要的存在。在互联化越来越普遍且深入的当今社会中，数据成了不可或缺的社会资源。因此，数据的价值正变得越来越高。未来，基于数据的服务将会是再普通不过的虚拟服务，就像如今的"广告位"一样随处可见。也正是因为如此，利用"大数据"进行创业必定会拥有无限的空间。

目前，大数据的商业模式有两种。第一种是"硬件+软件+数据"的模式，比如可穿戴设备或者大型的数据分析系统等，以IBM、惠普等公司为代表。另一种是以谷歌和Facebook为代表的模式，主要特征是利用平台本身所拥有的巨大的数据量进行精准的分析，并为客户提供精准化的广告服务或者其他服务。

然而，这两种模式都是非常原始和粗糙的"大数据营销"模式，在商业企业日益互联网化的今天，它们已经越来越难以满足市场需求。第一种模式是一种昂贵的模式，并不适合大规模的市场运用。而第二种模式则具有封闭基因，毕竟目前还没有哪家互联网公司敢完全开放自己的数据。正因为这些原始的大数据营销的局限性，基于大数据的各种创新的商业模式正呼之欲出，未来将会是一个大数据的时代。

未来的大数据应该是全网式的大数据时代，不仅实现互联网的数据互通，还会实现线上和线下的数据打通。届时，无论是自媒体平台、手机端、PC端、各种资讯类网站，还是其他富媒体平台，都将是打通的，并且这些打通了各种平台的数据还会连接线下数据，正正真真地实现大数据营销。

也正是基于这样的背景，利用大数据进行创业的公司将会有挖之不尽的创意空间。创业公司可以做综合类的数据服务，也可以为垂直行业提供更加精准的解决方案。

5.4.2 企业如何用大数据结合O2O进行营销

互联网尤其是移动互联网的发展，使得社会变成了一个“电子化”、“数据化”的社会，甚至连追求女孩子都使用上了数据分析的方法。在互联网到处开花的今天，人们每天会在互联网上尤其是移动互联网上生产大量的精准数据。这些海量的数据会被进行整合，被企业用以分析其与用户、内容之间的规律，从而得出更加优化的营销策略，带来更高的效益。当然，当这些大数据结合了O2O，那玩法就更加有意思了。

大数据和O2O都是当今时髦的名词，《2013电商十大新发展趋势》报告显示，大数据在2013年电商十大新发展趋势排名中名列第3，O2O名列第5，可以说是炙手可热。但这只是电商的排名，如果在传统行业将大数据与O2O强强结合，那又该是怎样的场景？

众所周知，大数据已经是一个存在的现实，已超脱传统的数据仓库、数据挖掘和数据分析等范畴，体现的不仅仅是技术上的革命，更是思维和管理上的变革。不过，由于数据采集的便利性，大数据在互联网企业中的应用比较热门，虽然其在金融业、电信业、电力业、零售业、物流业等传统行业中也已有不同层次的实际应用，但大数据在传统行业中仍是一个不接地气的高端概念，尤其是在企业营销领域。

营销是企业存在和发展的基础，在传统企业中，我们不难知道营销的结果如何，还可以通过多维度和精细化的BI分析工具，得知不同产品在不同区域甚至单个客户的销售结果，溯因分析和纵向挖掘都不成问题。但我们对产生这个结果的过程一无所知，因为大家不知道客户在买自己的产品之前是如何做决策的。所以我们不断尝试用各种广告策略和促销方式来引导客户，不过，从很多营销活动失败的事实来看，显然人们的尝试有很多错误，否则就不会有“不知道哪一半广告费是浪费的”这么一说了。

但与传统企业不同，互联网企业可以根据“搜索记录”、“浏览记录”、“评价记录”等进行用户行为分析，从而可以从侧面了解客户的购买决策过程，以及顾客的关注点。由于一个用户的购买行为可能会受数千个行为维度的影响，随便一个中型电商，每天所产生的用户行为数据都是多类型的海量数据，大数据就在这里展现了它的存在和价值。但这对于传统企业又有什么意义呢？传统企业又如何进行便利的客户行为分析呢？

2013年5月，马云携手众多大佬成立智能物流骨干网络，将让全国任何一个地区做到24小时内送货必达，这是对传统零售业的莫大威胁，却是更多实体企业的福音。有了这个基础商业平台，将会吸引更多的传统企业将其线下业务和线上有机融合，这将形成一个巨大的O2O生态圈。在这个生态圈，实体企业将更快地转型为互联网元素的双栖新型企业，到那时，现在的传统企业也会像互联网企业一样，可以利用成熟的数据技术，建立自己的大数据分析体系，从而进行更精准的营销服务。相信用不了多久，传统行业除了浑身流着资本的血液，还会浑身散发着互联网的气味。

所以有了O2O，传统行业就有了与互联网绑定的机会，就有了获取海量营销数据的基础，从而传统行业营销领域的大数据管理才有可能。在O2O基础上，传统行业的大数据不再是星星之火，而是星火燎原，当然大数据和O2O的结合的优势还不止如此。

传统企业的营销管理还有另一个缺陷，那就是“对事不对人”，也就是说，只能对业务数据进行分析，例如销量、营销投入、渠道等，但对客户这个“人”的分析却无从下手。毕竟购买决策是客户做的，而客户是一个个活生生的人，他的七情六欲都有可能影响他的决策。我们天天谈客户关系管理，却不能对客户这个“人”有着具体的描述，不能不说这是一件相当令营销人尴尬的事情。比如客户的真实年龄、性别、职业、收入水平、住址、兴趣爱好等，这些信息都是进行客户关系管理、客户购买决策分析等最基础的数据，其重要性不用多说，问题在于数据采集的难度，因为传统的手工采集数据的方式在准确及时性方面往往不靠谱，而且成本又高得要命。

当有了O2O的条件之后，客户在线上交易，在线下交付，只要“触网”，这些关于“人”的信息的自动化采集就有了可能，再辅以大数据的分析技术，那些美好的愿望将不再是憧憬。我们不会幻想用户在网站上注册时给的都是真实的信息，但我们可以从用户的网络日志、相册中分析出其家庭结构和年龄性别；可以从用户的QQ、微信中分析出其朋友圈和职业结构；可以从用户所上的社区网站得知其兴趣爱好等。就这么一个点一个点地填补，一张活生生的画像就渐渐成形了。当有了这些信息的时候，我们的营销、客服、产品研发等，还会那么如履薄冰吗？

当然，如果用户知道居然有人在分析他的一切，那么这会令他吃惊和愤怒，因为毕竟这涉及了用户的隐私。不过“棱镜门”事件已告诉我们，在国家的眼里，我们每个人都在信息的海洋里裸泳。但企业没这份强权，不过其仍有应对办法：屏蔽个人身份的蒙面客户分析是一个办法；另外，用户的一些潜意识，虽然连他自己都没有直白表现，但计算机可以根据用户的网络行为进行推测，比如现在时兴的“猜你喜欢”功能，其准确度相当不错，计算机有时会比你还了解你自己；还有，很多网站提供的便捷登录方式，例如直接用QQ号登录，这让用户在觉得方便之余，无形中也向电商敞开了一道大门，当然还有更多好的点子。历史的经验告诉我们，技术上从来都不是问题，以今天和未来的数据分析和处理能力来看，解决问题的速度只会越来越快。何况，从国家管制的角度来看，互联网实名制的范围正在逐步扩大，社会信息互联互通的大集成已渐具基础。

维克托·迈尔·舍恩伯格在《大数据时代》中描述了大数据的三个特征，其中第三个特征——“不是因果关系，而是相关关系”，关于这个论点，在学术上也有颇多不认同之声。从上文也可以看出与舍恩伯格观点径庭之处：这里更强调“因果关系”，通过大数据与O2O的结合，前者进行数据分析，后者解决数据采集，从而找到经营结果的真正动因，这样把“业务”和“人”的数据都囊括其中，我们当然也就对未来的销售预测与引导有了把握。

不管是传统企业还是互联网企业，都有一个共同的难点，即数据多了。在某个分析主题之下，如何选择合适有用的数据，如何判断数据之间的关联度，就变得重要了，否则本来想通过数据点画个像，结果画虎不成反类犬，就让人笑话了。所以在技术变革的同时，管理上也需要同步进步，这样一硬一软相结合，大数据的价值才能得到最大程度的发挥（来源：AMT前沿论丛）。

大数据时代的来临给企业带来了全新的营销方式，然而在大数据时代，如何整理海量的信息，又如何从海量的信息当中分析出规律，以及如何针对分析的结果做出正确的判断从而制定有效的运营策略是企业迫切需要解决的问题。

对于数据化营销，相信很多广告主也有过类似这样的经历——网站再定向营销。网站再定向营销也是一种简单的数据化营销。通过网站再定向营销的方式，运营者可以对曾经浏览了企业网站的用户进行定向广告展示，从而大大提高用户的购买率。有数据显示，用户第一次访问某网站便产生交易的概率仅为2%。因此，通过再定向的方式可以重新激起曾经访问网站的另外98%用户的购买欲望。但再定向的方式面对的只有访问过网站的用户，却无法开拓新用户，相当于封闭式的营销，效果并不会太理想。因此，大数据营销应该更开放一些才能使再定向营销更加精准。

企业应该通过收集用户的线上与线下的访问、购买、售后回馈行为来分析用户的购买兴趣、消费能力等资料，将其按照不同的属性分成不同的小组，然后定向地向这些不同属性的用户投放有针对性的广告，即可实现精准的营销，从而大大提高购买率。另外，企业也可以通过研究用户的搜索习惯来搜集潜在的用户，通过综合研究用户的详细信息而预测用户的购买行为。

【案例67】可口可乐是如何利用大数据营销的

可口可乐的“昵称瓶”是一个人们津津乐道的成功的营销案例。“昵称瓶”的创意固然非常创新——可口可乐“昵称瓶”的创意灵感来自于在澳大利亚广受欢迎的“Share A Coke”广告。在澳大利亚Amy和Kate等名字是最常见的名字，他们把这些名字印在产品包装上给消费者带来了亲切感，拉进了与用户的距离。但“昵称瓶”的成功却远远不是因为一个创意就能够实现的，其背后是可口可乐强大的数据营销能力。

可口可乐在庞大的社交网络中收集了海量的关键词信息并通过对关键词的互动性、发帖率、删帖率及关键词发音特征等进行严谨的分析，最终才确定了300个使用最多、积极向上又符合中国国情的关键词，并把它们印在了瓶子上。通过这些关键词，可口可乐实现了与消费者拉近距离、引起消费者共鸣等目的，使销量实现了两位数的增长。

“昵称瓶”活动开始之后，可口可乐面临一个迫切的问题——与消费者互动。于是可口可乐建立了一套完整的系统Social Command Center，通过这个系统管理与消费者的互动，从互动数据产生到互动结束都执行得非常完美。在这个过程中，还对一些高质量的互动数据进行了特殊处理，比如以一些与名人或者高质量用户的互动沟通为活动进行宣传推广，起到锦上添花的效果。

【案例68】海尔的大数据营销

海尔的大数据营销非常成功也非常有创意，彰显了科技的魅力。海尔的大数据营销有一套成熟的运行体系，通过这个体系将整个运营流程分解执行，能有效地提高销售的成功率和用户的回头率。其运作的过程大致分为以下几个步骤。

①通过建立CRM管理系统、与其他企业合作等方式获得大量的用户信息。

②通过分析用户看似杂乱却很有规律的信息，预测用户可能需要的产品的特性。

③根据“特性”向用户推荐具有相关属性的产品，以及优惠活动信息等。

④用户根据推荐信息到线下体验并在线上购买，留下联系方式并获得优惠积分。

⑤ 通过用户留下的信息了解用户的需求，并有针对性地对客户回访，促成二次消费。

⑥用户通过微信朋友圈、微博等社交工具分享消费经历并与客服互动。

⑦用户成为海尔忠实的粉丝，并向海尔提出宝贵的建议和意见，以及向亲朋好友推荐。

海尔的大数据营销很好地利用了互联网中的信息（当然，海尔不会非法获取信息，也不会利用用户信息进行非法活动）启动整个大数据营销的体系，使用户只要一接触这个体系就很容易地被“吸”进去，获得有针对性的消费体验。

【案例69】趣多多——“别太当真”愚人节大数据营销

趣多多于1963年诞生，1998年进入中国市场，作为历史悠久的曲奇饼品牌，趣多多在美国和中国都受到了消费者的欢迎。而具有悠久历史的传统品牌趣多多的营销方式也一样值得一提。趣多多依靠大数据营销方式在愚人节推出的“别太当真”活动取得了巨大的成功。

首先，趣多多利用社交大数据的分析，将主要用户锁定在了18岁到30岁的年轻人群上。然后在愚人节当天推出围绕着趣多多品牌的有趣话题，并在用户最活跃的时段在新浪微博、百度贴吧、优酷视频等年轻人喜欢的主流社交平台上进行曝光、与用户进行互动沟通，另外趣多多还拍摄了多段有趣的视频在官方微博发布，并与网友进行互动，使消费者获得轻松有趣的用户体验。

趣多多在活动进行中，根据数据的变化做出相关调整，使活动效果得到最大化。活动获得了6亿多的浏览量，辐射1500万个独立用户，品牌被提及的次数增长也达到了270%。此次活动使趣多多的品牌影响力得到了大幅度的提升，也使得趣多多轻松有趣的品牌形象更加深入人心，获得了大量的粉丝。虽然活动名称为“别太当真”，但趣多多做得很认真，这也值得我们认真思索。

【案例70】《纸牌屋》的大数据营销改变传统电视网络模式

《纸牌屋》（《House of Cards》）是一部高人气的美剧，是一部“白宫版宫斗戏”，其火爆程度一度超越了《广告达人》（《Mad Men》）、《国土安全》（《Homeland》），其成功的关键是大数据营销。《纸牌屋》的成功可以说在某种程度上颠覆了传统的电视运作模式，让更多的人意识到了大数据营销的力量。《纸牌屋》的出品方兼播放平台Netflix在一季度新增300多万个流媒体用户，股价也跟着狂飙26%，达到每股217美元。

以往基于抽样调查+人口学特征的“小样本模式”，如今已经开始面临大数据营销的冲击。《纸牌屋》的数据库包含了3000万个用户的收视选择、400万条评论、300万次主题搜索。Netflix根据，这些数据分析用户的喜好，得出用户想要看什么样的剧情、想要谁来主演、喜欢什么样的播放方式，以及谁来执导等数据后，根据用户的需求进行拍摄，其中拍摄过程中的每一个步骤都以数据为根据来进行。而拍摄结束后，《纸牌屋》的播放方式是“第一季的13集同时上线”，这也是应观众要求（观众并不喜欢每周更新一集所带来的漫长等待），提高用户体验度的有力措施。这部电视剧是由用户指导拍摄完成，为用户量身定做的，因此必然会得到观众的喜爱。

Netflix公司利用用户数据的强项对传统电视网络形成了有力的攻击。Netflix公司会利用数据模型和复杂的算法对用户最可能观看或感兴趣的视频给予最高分数，然后由此做出排行榜为用户做出选择提供参考。Netflix公司对传统电视网络的冲击让人们对大数据的力量开始认真起来。Netflix改变了人们看电视的习惯，并由此改变传统电视的时代，而快速走进大数据的由观众决定电视内容的时代。

5.5 微信电商O2O运营技巧

前面我们谈到过，微信有许多先天的O2O基因，因此，企业完全可以利用微信来进行O2O的电商运作。对于企业来说，用微信结合O2O做电商也是市场经济发展的必然要求。目前，O2O模式是商业模式变革的主力军，2013年是O2O发展的元年，在2014年，O2O已经成为人们口中提及最多的概念，也成为所有企业家们最需要恶补的知识——这是天时。

传统企业越来越发现，按照传统的方式运营和管理企业已经步履维艰。不知道从什么时候开始，企业的运营不断引入微博、微信等工具，而促销、推广、宣传，甚至品牌打造的方式也逐渐依托互联网方式进行，我们这才发现企业的互联网化已经是不可逆转的趋势，所有企业都被这种趋势推着向前走。而幸运的是，无论是微博营销、微信营销，还是其他的互联网营销方式，在引入企业后总能很快地结合企业自身情况而得出最适合企业自身的解决方案。我们暂且把这种现象叫作“传统企业的地利”——这是地利。

微信是腾讯旗下最有影响力的产品之一。和QQ不同，微信不仅拥有8亿个用户，还推出了公众号、企业号等适合企业进行营销和管理的平台。至今为止，微信公众号已经有超过800万个用户。微信为企业营销提供了一个坚实的平台，以及许多有力的工具和开放的接口。此外，微信还会和许多有实力的商家进行更深入的合作，比如上品折扣、北京王府井百货等。微信这个最具潜力的O2O平台为实现自己的商业化大业必然会走向更开放的道路，也必然会与更多企业合作，扶持更多的中小企业——这是人和。

因此，对于企业来说，利用微信O2O的方式进行企业的互联网化改革，实现电商赢利是必然的也是切实可行的道路。当然，无论一件事情看起来多么简单容易，在实际操作的过程中也有可能会“浅水浸死人”。而对于完全没有互联网基因，更别说有电商经验的传统企业来说，微信O2O的运营更是深不可测。其实，微信O2O并不是什么神秘的学问，只要认真研究，富于实践，任何企业都能在其原来的运营经验基础上总结出一套切实可行的操作办法。那么企业究竟该怎么利用微信O2O做电商呢？微信O2O运营也有一些方法论是企业有必要了解的。

5.5.1 方法论一：合理利用品牌资源

每个企业都有自己品牌，对于企业来说，品牌就是企业的灵魂，是一种无形的资产。因此，在微信的O2O运营中，对品牌资源的合理运用可以提升运营的效果。“再小的个体，也有自己的品牌”，即使是路边的快餐店，街边的水果摊一样有自己的品牌。有自己的品牌就有品牌效应。路边的快餐店的品牌影响力一般会辐射到周边几个街道的住宅区、写字楼，水果摊也一样。

微信O2O的运营的其中一方面是将企业线下店面的影响力扩展至线上，甚至在线上“开枝散叶”。因此，合理利用企业自身的影响力，在线上进行针对精准用户的营销活动，不仅会提升营销的效果，还能利用微信反过来将品牌的影响力扩大。对于已经拥有一定影响力的企业来说，品牌资源的利用更为容易，效果更好，但也需要更谨慎，考虑周全，以免造成负面影响。而对于影响力不够的企业来说，可以采用借力的方式，利用别人的品牌宣传自己比如与知名企业合作，以水果企业为例，水果店可以为知名品牌的活动提供免费的水果以获得宣传点，增强自身品牌的曝光度以便推广自身的活动。

5.5.2 方法论二：线下渠道的重要性

O2O的那两个“O”都要重视，线上当然是运营的重中之重，而对线下这条“线”的维护也是不可忽视的重点“生命线”。没有了线下，企业就没有了线下到线上的传输能力，也没有企业的线上服务在线下的延伸。企业的线上渠道承载了企业线下的业务能力；而企业的线下门店也是将线上的销售能力转化为现实，将线上的生产力变现的载体。所以企业的线下这条“线”无论何时何地都应需要坚守好。另一方面，企业的线下门店越多，线下的业务能力越强，线下的服务水平越高，就越能加深用户的印象，使用户产生深入内心的信任感和品牌认可度，这对线上的用户具有潜移默化的教育作用。近年来，我们发现马云搞起了物流；顺丰开起了“顺丰嘿客”O2O便利店，而聚美优品等电商企业也纷纷为将线下发展运营列为企业的重要战略计划。这充分地说明了企业线下实力对O2O运营的重要性。

5.5.3　方法论三：拿捏好投入的力度与成本

微信是一个低门槛入驻的平台，除了300元的微信公众号认证费用，企业不需要再投入其他资金即可使用微信与微信的8亿个用户取得连接——目前微信支付的开通也不再需要交两万元的保证金，这说明了微信已经越来越开放了。但天下哪有免费的午餐，微信O2O的运营并不是不需要花任何成本的。微信公众平台提供的微信公众号在申请之初功能是有限的，即使是自定义菜单也是在申请了认证之后才能拥有的。而目前使用最普遍的“大转盘”抽奖、“微商城”、“微团购”等一系列高级功能也是需要企业在微信上通过微信公众平台提供的开放接口搭载了微信第三方平台之后才能实现的。

而微信O2O的运营必须有专门的团队来执行，因此人力、物力的投入也是必然的。微信O2O的运营需要一定的投入力度和成本，尤其体现在开展微信O2O活动的时候——人员调配、活动推广、奖品设置、优惠力度、统计分析等都必须要有一定的力度，否则难以吸引用户，以及之前的所有投入也将付之东流。如果活动仅在企业内推广，奖品仅仅是不痛不痒的优惠券或者体验券，没有专门的人员执行和跟进等，那么活动的效果必定一般，久而久之便是白白地损耗人力和物力，更使得运营团队信心备受打击，难以再取得预期的成绩和运营目的。但从另外一个角度来看，企业的存在是以赢利为目的的，若营销活动只能赔本赚吆喝，甚至连吆喝都赚不到，也获取不了粉丝、达不到预期的影响力，那就要再三拿捏，量力而行，打肿脸充胖子可不是什么光荣的事情。

5.5.4　方法论四：抓住有利的契机进行营销

每一次在苹果新款产品推出后，企业和商家们总会掀起一场“送苹果产品”的营销飓风。苹果新款产品的推出对于消费者尤其对于“果粉”来说无疑是最具诱惑的，企业当然会抓住这个用户需求的契机进行营销。当然，除了苹果新款产品的推出，企业可以抓住的营销契机还有非常多——圣诞节送圣诞礼物、情人节送巧克力和鲜花或者更有创意的礼物、过年送红包（微信抢红包就是最典型和成功的节日营销案例）、冬季送暖水袋等保暖设备、夏天送空调等。另外，利用社会热点事件进行营销也是非常奏效的方式，比如当阿里巴巴在美国成功上市，马云成为中国大陆新首富后，淘宝上推出的马云小时候穿的同款服装就赚足了消费者的眼光，获得了极好的营销效果。当然，奖品只是噱头，如何设计活动使得企业能利用奖品带动用户，将线上和线下串联，形成良好的O2O营销效果才是最重要的。

5.5.5 方法论五：微信O2O运营的全面推广

在20世纪90年代，夺得“CCTV标王”对企业来说就意味着巨大的成功机会。为了夺得“CCTV标王”，许多企业冒着巨大的甚至是破产的风险进行豪赌。在那个年代，“CCTV标王”是一个巨大的宣传方式，能给企业带来品牌优势、形象优势、市场网络优势、价格优势、利润率优势等。虽然如今“CCTV标王”已经不复存在，这样的广告和宣传形式已经不再奏效，但是大力的宣传推广可以促使企业获得品牌影响力、实际收益的道理是不会改变的，只是推广和宣传的方式需要改变而已。企业运作微信O2O，开展营销活动亦是如此，必要的广告宣传必不可少。否则，在信息量如此浩瀚的网络时代，你怎么能把自己信息的传播出去并被用户知晓？

企业的品牌推广不必说了，而微信O2O活动也必须要使用所有企业能使用的方式进行全面的立体的推广，线上的官方网站、博客、微博、QQ空间、QQ群、电子邮件、社交论坛、自媒体、各类信息网站等，线下的企业员工全员推广、店面海报、展架、宣传资料、产品包装、手机短信等，只要是能用得上的资源和方法，在人员配备允许的情况下都不吝使用，才能将营销效果最大化实现。

微信是企业运营O2O的有力工具，但不少企业在用微信运营O2O的过程中却没能取得良好的效果，反倒是用传统的方式仍能取得不错的成绩。这并不是一种反常的现象，这也并不能说明微信O2O不适合企业运用。任何营销方式都需要一定的成长阶段，目前许多传统的营销方式都是在长时间的市场发展当中逐渐成熟起来，微信O2O也面临着市场的考验。而企业在进行微信O2O的运营当中也必须要投入更多的精力与时间，转变思维，不能以传统的思维去运作微信O2O，要站在客户的角度去思考用户的痛点与用户的需求。另外，O2O的运营需要同时考虑线上与线下可能面对的问题，以及线上与线下如何结合的问题，对于运营者的运营能力也是极大的考验。因此，企业必须投入更多的学习成本才能将微信O2O运营好。

5.6 物流与客服问题的解决

物流和客服问题是在电子商务运营当中最让企业头疼的两个问题，这两个问题有没有什么好的解决办法呢？

5.6.1 企业运营电商的“物流解决方案”

随着互联网发展的不断加速，互联网的普及率也大大提高，这给电子商务带来了前所未有的机遇。作为国内电商巨头的阿里巴巴在美国成功上市后，成为流量在全球仅次于谷歌的第二大互联网公司，也是迄今为止美股最大IPO，这是电子商务的一个里程碑。

然而，阿里巴巴虽然打造了一个属于自己的电商帝国，但物流方面一直不是阿里巴巴的强项，而国内另一个电商巨头也是阿里巴巴的竞争对手——京东商城，却把物流当成其核心竞争力，在这一点上，阿里巴巴被京东商城的自建物流体系所超越，也正因为如此，才有了马云牵头的“菜鸟物流”。物流是电子商务绕不开的话题，也是在互联网技术快速发展、消费者在线购物习惯养成的同时制约电商发展的瓶颈，尤其是近年来兴起的生鲜电商。《农产品冷链物流发展规划（2010—2015）》中提到：“长期以来，我国农产品产后损失严重，果蔬、肉类、水产品流通腐损率分别达到20%～30%、12%、15%，仅果蔬一类每年损失就达到1000亿元以上”，这些数据简直触目惊心。可见“物流”这位老大哥是何等重要。

国家邮政局公布的数据显示，2012年，全国规模以上的快递服务企业实现了56.9亿件的业务数量，同比增长达到54.8%，收入达到1055.3亿元，增长达到39.2%。在网购快递成为快递企业最主要业务的同时，也体现出了电子商务发展的高速，以及电商企业在物流能力方面“依赖于人”的无奈。这也是为什么目前自建物流体系对电商巨头如此有吸引力。

那么，在移动互联网高速发展，电子商务日益本地化，本地电商与全国电商共存的市场背景下，物流问题有哪些可行的解决方案呢？

1. 解决方案一：自建物流配送体系

自建物流配送体系并不是所有企业都能实现的，企业自建物流模式意味着企业自行组建物流配送系统，经营管理企业的整个物流运作过程，需要投入大量的资金成本、管理成本。因此，自建物流的方式适合大型电商企业或者本地大型企业，比如京东商城，或者本地化的企业为运行O2O而进行的小型本地物流团队。

自建物流体系的方式可以加强企业对物流各个环节的把控，方便与其他环节结合，保证物流配送的质量，确保企业的供应链有序、简捷、稳定地运行，从而有利于提高客户的满意度和对企业的忠诚度，是整个企业运营管理的有机结合部分。其也可以使企业对物流环节有较强的控制能力，易于与其他环节密切配合，全力、专门地服务于本企业的运营管理，使企业的供应链更好地保持协调、简捷与稳定。此外，自营物流能够保证供货的准确和及时，保证顾客服务的质量，维护了企业和顾客之间的长期关系，自家的枪用起来总会顺手一些。

2. 解决方案二：物流配送外包

物流配送外包是目前企业电商运营最普遍选择的物流方式。在选择合作的快递公司时，需要注意区分快递公司的性质，因为不同性质的快递公司提供的服务是不一样的，不一定适合企业的产品性质，也并不一定匹配产品人群的分布区域。

中国的快递公司基本可以分为两大类型：第一种类型是拥有大型网络但是只能提供基础服务的快递公司，比如中通等。这类物流公司以加盟的方式而扩张迅速，往往拥有较大的覆盖面，而且能将货物发送到比较偏远的地区，但送货速度并不快，并且在货到付款、预约退款等高级的服务力上仍难达到一定高度。并且由于是以加盟模式扩张，公司对加盟商的管理有一定难度，也就很有可能影响到了用户的体验度。第二种类型是网络覆盖面有限，但服务能力较强的物流公司，比如特能。这样的物流公司一般在服务能力上比较有优势，但服务的区域范围有限，适合本地化的企业合作。对症下药，选择一个适合自己企业运营属性的快递公司合作才能药到病除。

3. 解决方案三：与物流公司达成合作

与物流公司达成深入合作（入股物流公司等）是企业在电商运营中解决物流问题的另一个解决方案。与物流公司达成深入合作后，便能提高物流公司对企业的电商物流服务的积极性，从而提高物流服务的质量，让用户满意。然而与物流公司形成合作伙伴关系本身就是一个难度极高的商业合作，因此，企业可以采用利润捆绑的关系或者其他方式与物流公司形成合作。与物流公司合作的方式比较适合本地化企业在O2O电商运营中使用。

4. 解决方案四：与其他企业结成“物流联盟”的合作关系

“物流联盟”是指产品的制造企业、销售企业和物流公司之间形成的一种物流合作的关系。在这个关系当中，各个合作方提供各自的资源进行整合，以达到谋取共同利益的目的。在这样的合作关系中，电商企业要注意的是要对物流企业所提供的服务，以及整合能力有足够的了解，了解其服务区域的广度、运输方式及能力、仓储状况、流通加工能力，以及配送能力如何等，以便确定合作的深度及方式、利益分配的比例等。

5. 解决方案五：物流一体化与第四方物流

“物流一体化”和“第四方物流”是两个物流管理理念，对于企业运营电商的物流管理有参考作用。物流一体化是指以物流系统为核心，从生产企业、物流企业、销售企业，直至消费者的供应链的整体化和系统化。物流一体化的概念是在第三方物流的基础上发展起来，专业化物流管理人员和技术人员，利用专业化物流设备、设施将物流运作效果做到最好，以满足企业降低物流成本的目的。

而第四方物流主要是指由咨询公司提供的物流咨询服务。第四方物流公司利用其物流经验、知识、信息、技术对物流系统进行分析和诊断，为企业提供物流系统优化和设计方案等整套的物流系统咨询服务，为企业实现最佳的增值服务，以及迅速、高效、低成本和个性化物流解决方案等。

物流配送对于O2O的成功运营来说是一个不可回避的问题，没有物流或者没有好的配送体系，那O2O便难以形成闭环，所谓的电子商务也就只是“在线上耍耍而已”。所以，企业必须重视起物流问题的解决。

5.6.2 如何用微信做好客服工作

客服是电子商务运营中必不可缺的岗位，是电子商务的一线人员，承担着受理业务、处理客户投诉与客户沟通、调查客户等职责。客服人员需要为用户准确无误地解答关于商品信息、快递价格及方式、企业简介、优惠活动、支付方式等方面的基本问题，并能做出关于“用户需要什么”、“客户是否满意”、“客户是否需要二次开发”等营销方面的判断。

优秀的客服工作可以给企业带来无形的帮助，使企业的运营变得更加轻松，帮助企业提升业绩。具体来说，优秀的客服工作可以让企业的形象更加深入人心，得到用户的认可；优秀的客服工作可以提高成交率——良好的引导与服务是坚定用户购买决心的最佳良方；优秀的客服工作有助于提升客户的复购率，决定用户是否回头购买同一个产品的不只是产品的质量，还有客服人员的服务态度与产品的质量。若服务到位，则用户总会优先选择熟悉的企业进行交易；要能给用户带来良好的体验，良好的用户体验是留住用户的法宝，也是刺激用户再次消费的重要因素。那么，既然客服如此重要，那么用微信该如何做好客服工作呢？

第一，对用户关心与最急需解决的问题要及时解决，并通过关键词回复的方式辅助回答用户的相关问题。在解决用户问题的时候切不可心浮气躁，需要耐心地进行服务，否则用户很有可能因为得不到满意的答案或者服务而取消对企业公众号的关注。

第二，要做到个性化的客户服务，针对不同的客户使用不同的技巧进行服务，与用户进行畅通的交流，可以使用微信的语音、文字、图片等富媒体工具及摇一摇、扫一扫等功能与用户交流，使用户得到全新的个性化的体验。

第三、微信是客户普遍使用的社交工具，利用微信与客户形成有必要的互动是增加与用户之间情感的有效途径。利用微信方便快捷地位用户送出图文并茂的个性的化祝福和关心，使用户有被重视的感觉从而更加地认可企业。

利用微信做客户服务是服务好客户的重要工作，也是微信O2O电商当中不可或缺的部分。如今的市场是“消费者说了算”的市场，必须将客户服务好才有可能在市场竞争中赢得属于自己的一席之地。

5.7 微信SEO——免费的微电商推广方式

自2014年6月9日微信搜索上线以来，已经有一段不短的时间了。搜狗的微信搜索也因微信文章的急剧增长而变得充满了无限可能。如今，通过微信搜索能搜到微信公众号和微信公众号的文章。但搜索出来的公众号与文章是遵循什么规则进行高低排名的呢——微信SEO的话题就此火热起来。众所周知，通过SEO的方法可以做到“无成本”地推广。因此，微信SEO的使用对于企业电商的运营有着不可或缺的作用。那么，如何通过SEO技巧快速提升公众号和推送文章的排名呢？

5.7.1 微信公众号搜索的排名规则

1. 认证账号的排名比没认证账号的排名更高

以“中国微营销网”这个关键词为例，在微信搜索当中搜索时，通过认证的账号排名比没有认证的账号的排名要靠前，具体排名顺序为：微信认证>微博认证>关键词>长尾关键词。

2. 微信公众号的介绍好比网站的TDK

所谓TDK，是指网站的Title 、Description 、KeyWords ，即网站的标题、描述和关键词。和TDK一样，微信公众号的介绍说明了账号的主题方向，因此账号介绍务必要整洁明晰、描述精准。

5.7.2 微信公众号文章搜索的排名规则

1. 标题含有关键词的权重相应高

文章标题中含有关键词并且匹配程度越高，文章排名就越高。根据不同的关键词，其排名的顺序也有所不同，具体排名顺序为：标题关键词>核心关键词>长尾关键词。

2. 推送文章的时间跟当前时间越同步排名越高

例如，中国微营销网的文章标题与鸿创科技的文章标题中都含有两个关键词，并且两个公众号都是认证账号，但由于鸿创科技的文章更新时间更靠近当前，于是排名也就比中国微营销网的文章要靠前。

3.文章描述及关键词密度也是影响因素

文章描述相当于文章的梗概，是对文章大意的总结，而文章内的关键词密度是否合适，以及关键词的排列组合是否通畅得当，也对文章的排名有很大的影响。文章描述越能反映文章主旨，关键词密度越适量（不能太多，也不能太少），关键词排列组合越自然，文章的排名就越高。

5.7.3 微信SEO需要注意的问题

（1）文章内容的优化跟网站的优化区别并不大，文章内容原创性、文章内容质量优劣、文章内容关键词密度、文章标题是否含有关键词等因素都是影响微信文章排名的因素。

（2）公众号名字也是影响其文章和账号排名的重要因素，因为一般公众号的名字反映的即是这个公众号所对应的主题和方向。因此，公众号的名字中是否有指数高的关键词，是否与公众号内容相关等也是影响排名的因素。

（3）微信外链也很重要，微信外链指的就是微信朋友圈的分享。通过微信朋友圈将内容分享出去是给这篇文章加分的好方法，理论上来说，文章分享得越多其排名就越高。但不要用大量的没有活跃度的小号来进行分享，因为这不但没有效果，反而会影响排名。

（4）利用微信的开放接口丰富微信公众号的各项功能，功能越齐全，越实用，使用的用户越多，公众号的排名自然也就越高。

（5）微信公众号的活跃度也是影响排名的重要因素，微信公众号与用户之间的沟通越多，用户与账号的互动量越大，微信公众号的排名也就越高。

目前，搜狗的微信搜索其实仍未完善，但不久的将来，微信搜索一定会跟微信公众平台进行更深入的整合。比如用微信号可以直接登录搜狗，实现一键关注、转发等功能。另外，从微信5.4版本开始，微信自身的搜索功能也已经在加强，因此研究微信搜索的规律对企业公众号的排名和流量吸引已经越来越重要了。

第 6 章
微电商的未来猜想

试想，未来的某一天，当你想要出门去买菜时，你可以提前在微信上预约好出租车，你一下楼出租车就在楼下等你了，而你在预约的时候早已将目的地通过微信告诉了司机师傅，所以你也不用上车时再告诉司机师傅你要去哪里，司机师傅早已为你选定了最优的路线。

当你在路上时，你可以通过微信导航了解自己的具体位置，以及这一路上有哪些你可能需要用到的商品，还可以顺便看看菜市场的公众号，浏览今天的生鲜果蔬以便你为购买食材而做准备。

当你在菜市场通过扫描二维码支付完成了食材的购买后，在回来的路上你突然发现酱油没有买，你可以打开微信在超市上下单购买，然后在回家的路上用微信支付、取货即可——从这个设想的情景当中我们会发现微信，确切地说是微信O2O的模式已经让我们的生活发生了巨大的改变（在以上的设想情景中充满了微信O2O的影子，搭乘出租车、买菜、买酱油的方式都是微信O2O的商业模式）微信在将来的运用会是无处不在的，因此微信带来的商机也是无处不在的。不过机会都是留给有准备的人的，机会来了得看准了并且要抓住。

6.1 微信O2O电商——中小企业的新商机

互联网，尤其是移动互联网给社会带来的不仅仅是人们生活方式的巨大改变，也令市场环境发生了翻天覆地的改变。很多传统品牌由于没能跟上市场快速变化的步伐而逐渐被市场边缘化或者被淘汰（淘汰的事情总归是令人不开心的，但人家都在跑步前进你却优哉游哉地守着老规矩散步，你要是还不被淘汰就该轮到跑步前进的人痛苦了）。然而自古有危便有机，许多善于利用新技术、新思维的企业则得到了快速发展乃至质变的机会。以新媒体的出现、社交商务的诞生、移动电子商务的逐渐完善、微信O2O的成功落地等现象为代表的新时代科技赋予企业特别是中小企业历史性新机遇，帮助它们成为下一个十年的“大品牌”！

在移动互联网领域，很多企业使用移动互联网的各种平台将自己的品牌推向了属于自己领域的更垂直和更深入的用户群体当中。在未来，微信O2O的平台将会给中小企业，甚至是个人带来更多的想象空间。从2014年年初开始兴起的微商便是一个很好的印证，微商们用一个微信朋友圈的营销就使得许多企业们都惊呆了。

微信O2O是一个新的模式，也是一个赚钱的好工具。然而微信和其他工具一样，用得好便威力无边，用不好就成了“吃力不讨好”。所以，并不是每个人在拥有了一个微信个人号或者公众号之后就能赚钱的，否则哪还来的成功与失败之说。要成功，就必须要学习；要赚钱，就必须要钻研。谁都想吃饱了没事跷着二郎腿轻轻松松把钱赚，但这是不可能的事情。从古到今，没有不劳而获的真理，只有努力了才会有收获。微信O2O的赚钱秘籍其实也是这个道理，深入钻研微信的性质你才可能有机会成功，才能赚到钱。

6.2 微电商的未来会如何发展

“未来微电商会取代淘宝吗”——随着互联网技术的快速发展，许多人发出了这样的疑问。淘宝是传统电商的代表，时代的更迭必然导致淘宝的变革，不仅仅是淘宝的变革，而是整个互联网产业的变革，乃至全行业的变革，当然也包括微电商。敲敲键盘、触碰一下屏幕产品就送到家门口不再是时髦的购物方式，未来的电子商务充满了想象的空间——在街上看到别人穿着你喜欢的服装，只需要用手机拍下来便会获得一个网址，然后你便可用手机轻松下单（移动图像识别技术（MIR）正在加速推进。未来不是一搜即知，而是一拍即知）；购物时即使没有现金没有信用卡也没有带手机，不要紧，只需要通过扫描工具扫描任意一件你设置好的物品即可支付，比如纽扣、文身，甚至是宠物（阿里巴巴即将推出“空付”支付）……未来手机毫无疑问会成为购物神器，数字技术将电子商务的线上与线下距离拉进，O2O全面爆发；未来人们对商品的参与度会更加深入，例如在微博上“刷”网页、在微信上贴照片，以及表达对某品牌的热衷。未来有无限可能，人们生活极其便捷。那么，微电商的未来发展趋势又会如何呢？

6.2.1 传统行业的加入使电子商务领域竞争白热化

以前，人们提到电商便马上会联想到淘宝、京东、苏宁易购。然而，在将来传统行业也会进入互联网行业与传统电子商务巨头争夺市场，比如万达O2O。另外，在京东、天猫和苏宁三巨头同时强化开放平台的背景下，不仅传统电商们之间的竞争会更加激烈，传统企业“触网”的门槛也变得越来越低。

在传统企业看来，电子商务使其能突破地域和时间上的限制，在互联网上打开更大的市场。而传统行业线下的实体店面也变成了其“触网”的优势所在。通过线下店面，企业可以增强企业的品牌性、提高用户体验性，以及增加通往线上的入口。因此，传统企业进入互联网并与传统电商形成竞争是不可逆的趋势。

6.2.2 移动电子商务来势汹汹

近年来，国内智能手机的规模扩大十分迅速，而手机无线网络的普及也得到了非常喜人的成绩，4G时代正在慢慢取代3G。相关数据显示，2013年中国移动电子商务用户规模为3亿人，同比增长58.6%。预计2014年中国移动电商用户规模将达到5亿人；而中国移动电子商务市场交易规模在2013年为156.7亿元，同比增长609.0%。预计到2015年将超过1000亿元。

当智能手机成为日常用品，人们每天使用手机的时间也自然会增加。除利用碎片化的时间使用智能手机进行休闲娱乐之外，使用智能手机工作、学习所占据的时间比例也会越来越高。因此，人们的生活和工作会越来越离不开手机，就好比人们每天要洗脸刷牙一样，人们每天需要使用手机维持日常的生活和工作。而移动用户的购物行为也会发生变化：购买的频次更高、更零碎，购买的高峰不是在白天，是在晚上、周末和节假日。在移动电商的卖方行为上相对PC端的电子商务也会有很大的变化，比如二维码扫描使用的普及、图像语音的综合使用、基于LBS的服务、线上与线下的结合等。中国移动电子商务市场交易规模将开始稳步上升，移动网购必将成为未来电商趋势。

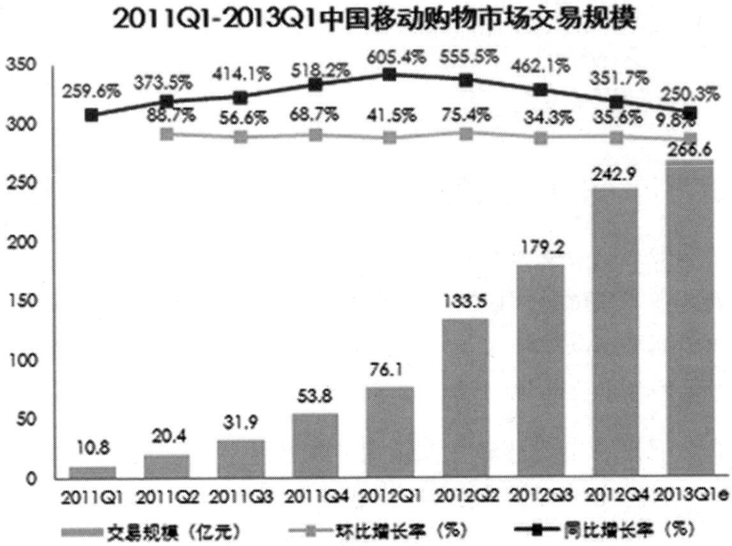

6.2.3 二维码会得到最大化的商业化应用开发

二维码曾经只是作为防伪、认证码等功能使用，而如今二维码的功能却得到了巨大的开发。二维码在信息延展、互动、增添用户忠诚度和作为移动电商新入口、在线支付等方面具有独特的价值。淘宝的扫码支付、微信的面对面收钱和刷卡等功能让二维码的应用又一次得到了拓展。在未来，二维码在商业化的开发当中还会得到更加深入的发掘。微信（微信扫一扫功能）等二维码扫描工具将会得到进一步普及，二维码在未来的使用率也会得到巨大的提高！

6.2.4 社会化电商强势发展

传统电商模式属于中心化的电商模式，类似一个线下的大商场，把流量都聚集到一个平台，然后进行流量的分配使每个商城内的商户获得浏览量。而未来的电商将会以社会化电商的形式颠覆传统的电商模式。社会化电商以“社交+品牌+电商”为特色，与网民的社交生活紧密融合。将传统电子商务流量集散的模式，转变为以口碑传播、意见领袖引导、亲朋好友分享转发的方式为代表。

6.2.5 三四线城市电子商务的普及

在国内，三四线城市的传统电子商务并不发达，这是因为三四线城市的互联网用户上网使用的设备通常是移动终端设备。以PC端为依托的传统电子商务难以改变这个普遍的社会现象。然而移动电子商务却能对这种情况加以利用。三四线城市经济并不发达，用户收入不高，购物也不方便。这便给了移动电子商务难得的机遇。非常适合本地零售业，尤其是O2O的电商模式。

6.2.6 物联网的兴起

物联网——Internet of Things，缩写为IOT，是指传统电信与互联网等信息的承载体，可实现普通物体对互联网的互通。比如，通过微信在办公室远程控制家里的空调、热水器的启动关闭、状态调整等；或可穿戴设备根据气温、身体机能的变化而自动做出相应的调整等，抑或者是将食物放入冰箱后，主动识别食品的保质期并在用户食用时做出提示等。未来，电子商务的发展也必然会包括物联网的因素。比如，用微信即可远程操控家中的空气加湿器，而空气加湿器还会根据空气的干燥程度自动进行调整；并且到季节变换时提醒用户这个季节饮食的最佳选择是什么，然后在微信公众号给用户做出商品精选推荐并附以链接以便用户购买。

6.2.7 O2O模式成为主流商业模式

目前国内市场环境形势与以往有所不同，互联网行业拼命往线下走，而线下的传统企业也努力地往线上发展。因此，在未来O2O必然会发展成为主流的商业模式。其实，目前国内O2O的发展已经很强势，但主要仍以互联网公司为代表，比如互联网三巨头百度、腾讯、阿里巴巴正在进行“圈地竞争”。虽然在本地，各个城市都会有互联网公司在O2O领域进行尝试，成绩不算明显却后劲十足。而传统企业进入互联网虽仍未取得足够喜人的成绩，但万达O2O、酒仙网等企业的发力仍给O2O模式的发展带来了强劲的动力！

6.2.8 大数据和云服务的应用

经过了十年的电子商务之路，国内的电商企业正在面临着变革。从赚取商品差价到为供应商做营销赚返点再到用流量赢利的变化已经使得传统电商的模式变得很成熟。如今，传统电商正面临着大数据和云服务的冲击。未来的电商也必然会利用这两个技术实现自身模式的转变。

6.2.9 窄众营销理念凸显

微信实现了“一对一”的客服，得到了普遍的认可。每个人都希望商家只为自己一个人服务，成为自己的“专属大管家”，实现个性化的消费服务。以往，传统电商的理念是大众化理念，而没有精准性和针对性。未来的电子商务在云计算、大数据技术的支持下，在社交电商模式成熟的基础上，会实现更加完善的精准化的营销。

6.2.10 互联网金融的崛起

互联网金融是当下被普遍看好的一个方向。在互联网金融这个领域，互联网三巨头中的阿里巴巴和腾讯已经在跑马圈地，而百度也正在寻找有利时机。腾讯筹备的“腾讯银行”目前已经在招兵买马，有望在2015年问世。未来保险、小贷、基金等各种各样的金融服务都将互联网化，而这也将成为电商们抢夺的领域。比如2014年电商们纷纷推出个性的物流险等。

移动电子商务在未来的发展有无数的可能性，而以上的9种只是目前看来最具可能性的趋势。互联网发展的速度十分惊人，因此对于传统企业来说，尽早进入互联网领域抢夺先机变得非常有必要。当下，微信具有“移动互联网最大流量入口”的优势，也具有最大的O2O电商，以及以上所提及的云服务、大数据等各种优势，在未来微电商的竞争中具有相对大的优势，而通过微信进入互联网的门槛极低，因此是十分适合传统企业的选择。趋势即是商机，每个趋势的背后都对应着一片蓝海。而针对以上10个趋势，企业可结合自身情况做出相应的策略调整抢占先机。

6.2.11 网络电话抢占通信市场份额

2013年12月，工信部已向京东等11家民营企业发放了首批虚拟运营商牌照，允许其通过互联网或者租用运营商网络的方式，经营基本电信业务。这标志着网络电话步入了高速发展的起步阶段，也许在不久的将来就会具备大肆抢占通信市场份额的实力。届时，手机用户打电话将会进入一个低消费甚至是免费时代。

目前，香港中讯集团已经推出了一款叫作企商通的手机APP，其具备了基本的通话功能，并且通信质量也很不错。这类产品除能提供价格低廉的通话服务外，还具有用户行为分析、数据挖掘、广告数据库构建等功能，是未来极具潜力的产业之一。

6.3 微信的中心化与去中心化电子商务发展空间

随着微信的蓬勃发展，微信电商的呼声也日渐升高。微信的电商模式有“中心化”与“去中心化”两种。“中心化”和“去中心化”两个概念最早源于Web 1.0与Web 2.0的互联网内容生产形式。例如新浪网、搜狐网等网站是专门生产内容的网站，被称之为中心化的Web 1.0模式。而由用户产生内容的便是去中心化的Web 2.0模式，以新浪微博微代表。但对微信电商来说，又有着另外的解释。“中心化的电商平台，是指即将上线的京东入口，只需要点击进入平台，多种多样的商品就会展现在用户面前；而去中心化的平台，是指商家各自的官方公众号，这类商家主要是有线下实体店的商家。”

微信电商的中心化的模式其实并不复杂——微信聚合了大众点评、京东商城等去中心化的商城，让其在成为微信平台上独立且具有吸引大量微信用户进入其中消费的购物中心。这就是微信电商的中心化模式。因此，企业想要以这种方式做微信电商其实方式并不多，入驻京东商城和大众点评的平台获得他们的服务即可。而微信电商的中心化模式则充满各种可能性与灵活性，因为这种模式主要靠商家自身的运营。商家拥有运用微信平台积累客户的能力，有将用户从线上引导到线下，又从线下引导到线上并在微信平台实现支付闭环的能力。

显而易见，微信电商去中心化的模式实际上是微信平台与传统商家合作而成的O2O模式。在这方面，企业也有自身的优势，并借助微信平台在线上的优势实现O2O模式的运转。在微信与传统商家的合作方面，上品折扣、王府井百货、天虹商场、绫致服装等都是经典的案例，当然，商家也大可不必效仿。因为随着微信O2O模式的不断发展和细化，微信提供的服务将会越来越多，商家可以灵活地利用微信平台结合自身优势打造最适合自己的微信O2O模式。

6.3.1 传统模式之殇

相对当下而言，中心化的电商模式比去中心化的电商模式更为成熟，但去中心化的模式代表着未来的主流电商模式。由于移动互联网的迅猛发展改变了人们的消费习惯，导致了传统行业的加速变革，也使得传统电商模式面临崩溃的局面。曾经是手机行业霸主的诺基亚一夜之间轰然坍塌，最后只能以71.1亿美元的价格出售给了微软；而黑莓裁员40%，在智能手机只有1.5%市场的处境下艰难地生存着；摩托罗拉、索尼已经到了倒闭的边缘；而传统零售业的霸主们也纷纷以关店的方式来迎接移动互联网所带来的变革浪潮。2013年3月，京城知名百货大楼贵友关闭了自己的方庄店，然后是大洋百货、沃尔玛等。据悉，全国目前有起码5000家零售业和家电行业的门店已经被迫关闭，这些曾经称霸一时的传统企业面对着移动互联网带来的变革浪潮也显得苍白无力，更无力回天。留给他们的只能是顺应市场的变化，做出相应的调整，在倒闭之前自我革命（没办法，自己不革命就要被别人革命了），比如北京的王府井百货及上品折扣、天虹商场纷纷与微信达成合作，或者如苏宁易购一般开启线上与线下同步的O2O商业模式。

而传统电商模式也面临着岌岌可危的险境，以天猫和淘宝为代表的传统电商模式曾辉煌一时，随着阿里巴巴在美国的成功上市，马云成为新首富后，更是达到了鼎盛时期。然而自古事物由盛至衰的分水岭也往往是自其鼎盛时期开始的。当然，马云也必然能看到时代的变迁，否则也不会推出来往对微信进行阻击。然而传统电商模式所存在的三大局限使其调转巨舰的船头十分艰难——第一，客户购买商品后随即离开，无法沉淀；第二，商家通过竞价而获取流量的成本越来越高；第三，商家入驻传统网上商城越来越多，而造成同行竞争越来越激烈，致使运营成本不断攀高。据悉，在淘宝卖家中，有55%～60%是不挣钱的，有30%可以勉强维持生计，真正挣到钱的只占3%。因此，苏宁云商副董事长孙为民才会这么说：“传统行业电子商务业务不做等死，做了找死。”

那么，在传统模式深陷时代泥沼的同时，去中心化的商业模式该如何运作呢？

6.3.2 企业如何运作去中心化的商业模式

去中心化的电商与中心化的电商有所不同，中心化的电商让消费者在购物时会到一个商品集中的地方搜寻自己所需要的商品。到线下商场，人们根据商场的楼层及区域分类寻找自己所需要的商品，而在天猫、淘宝等网上商城，人们习惯性地使用搜索方式寻找自己所需要的商品。在这样的模式下，消费者是围绕着“商场”来进行消费行为的，以人流量为核心。而去中心化的电商模式则是以用户为中心，达到了传统的用户找产品到产品找用户的转变。应该说去中心化的电商模式是以用户为基础的。

因此，中心化的电商运作思维与去中心化的电商运作思维完全不一样。在去中心电商的运作当中，取得用户的信任（解决用户沉淀问题，使用户变成粉丝）、为用户提供参与产品运营的参与感（激活用户活跃度与分享转发动力，达到用户主动传播的目的）、购物的真实感（解决用户体验，以及用户在线上无法获知产品的不确定因素的问题，形成O2O模式）是其核心思想。那么，去中心化的电商该如何运作呢？

（1）获取粉丝是基础条件

2014年，韩寒的第一部电影《后悔无期》在7月份上映之前，其新浪微博账号“后会无期”通过不定时发布电影拍摄花絮的方式获取了几十万个粉丝，并且直到电影上映后的3个月之后，也就是2014年10月份，其微博仍有极高的活跃度。电影《后会无期》以运营粉丝的方式，使得电影在上映之后获得了超过 6 亿元的票房，取得了极大的成功，这就是粉丝的力量。另外一个例子就是罗永浩通过其拥有近千万个粉丝的个人微博账号推广锤子手机。虽然锤子手机问世后取得喜人的成绩，但在开发锤子手机的两年时间里，罗永浩利用其个人微博账号中近千万个粉丝保持了锤子手机话题的鲜活度，得到了业内业外众多的关注。因此，以用户为核心的去中心化电商模式，取得用户的关注是其正常运作及快速发展壮大的基础。当有了用户基础之后，商家才有可能取得用户信任，也才有可能将商家的信息传播出去，最后达到销售的目的。这是一个粉丝经济的时代，你要是微博、微信里没有几个粉丝，你都不好意思跟别人打招呼。

（2）用户参与互动达到沟通目的

用户的参与是体现用户对产品研发、销售及使用的影响的方式之一。小米的成功在于用户取得了前所未有的“主人翁”的感觉，用户通过小米论坛等方式获得了表达其需求、反馈意见和建议的渠道；亚马逊的每次董事会都会留一个空位置邀请一名顾客参与董事会上的决策。去中心化的电子商务以用户为核心，因此了解用户的思维并根据用户思维进行商业模式的调整是去中心化的电商模式最基本的运营思路。

当用户取得了与企业的沟通渠道之后，用户便会成为企业最忠实的粉丝，企业也就取得了用户的信任，也才有了用户主动传播企业信息的可能性。当然，建立与用户的沟通渠道，以及建立用户的参与机制并不只是生硬地邀请用户参与企业的决策，在产品的设计、销售、使用等方面企业仍然可以设计许多提高用户参与感的环节。

（3）取得用户信任

“微商”是从2014年开始流行的一种电子商务形式，其最重要的一点便是利用了微信朋友圈进行传播。众所周知，微信是建立在熟人基础上的熟人关系链的社交平台。而朋友圈则是好友之间相互获得对方信息的封闭平台。正是因为微信的这些属性，微信好友之间的信任度相比陌陌等社交软件来说，高出了不少。而微商的成功也便是利用微信好友之间的这种信任关系，使得产品的传播和销售都取得了坚实的基础。

相关数据统计，中国社交媒体用户好友来源有70%以上是来自于同学，有60%来自于同事，有40%～50%是来自家人。因此，如何取得用户的信任很重要。当企业或者产品取得了用户的信任之后，用户便会通过微信或者其他渠道进行分享和转发。而用户在这些渠道之上的亲朋好友等对其信任的人也会进行转发，形成一个巨大的张力，使得产品得到巨大的传播力量，而不再像传统的电商模式那般要购买流量，只需要将自身用户维护好，拥有几十万个粉丝便可以支撑一个企业的生存。

（4）设置传播环节

在以用户为中心的去中心化电商时代，用户为王不再是一句空话。过去，传统行业的推广依靠企业大量的广告投放，而收效却是被动地等待。如今，企业只需要主动地设置好利用用户传播的环节，便可实现用户的主动传播，而企业则要更加掌握在推广宣传中的主动性。

采用去中心化商业模式的企业的推广宣传主要靠用户的传播，因此必须要激起用户主动传播的欲望。营造社群文化，通过社区、论坛等方式与用户进行沟通，使用户更加了解企业、使用户主动参与到企业文化、产品的打造当中去，是有利于用户在社区中对社区新成员或者其好友圈进行传播的。

（5）设置用户参与的途径

在用户的设计、生产、传播、改进等节点当中设置用户能够参与的方式也是对传播相当有利的。在这些环节当中，用户参与的深度决定了其对企业的认可度。若一个用户参与了产品的设计，那么他很可能会成为此产品的忠实使用者。然而，若一个用户只是使用了该产品并提出了某些改进意见，那么他对此产品的依赖度则不能达到“非此产品不可”的程度。此时，要在用户参与、互动和沟通的方式上进行加强，以利于增强该用户的黏性。

（6）线上与线下同步

十年前，互联网还是一个新鲜事物，电子商务更是稀罕，要不然马云也不会被人骂是骗子。而如今，互联网的普及率已经越来越高，移动互联网的发展速度更是惊人，4G时代也已经悄然而至，微信用户已经达到了8亿……因此，在不久的将来，互联网将成为人们生活中一个不可分割的重要部分。以前，人们称互联网世界为虚拟世界，而线下的世界则是现实世界。如今，已然没有了线上的虚拟与线下的现实世界之分，线上和线下世界正在交融，直到融为一体为止。因此，在去中心化的电商模式当中，线上和线下的结合是十分重要的。十年前，电子商务以网上价格更加便宜为切入点狠狠地给线下的传统商家一个耳光，而如今"便宜"已经不再是电商手中的王牌。在去中心化的电子商务时代，便利和服务才是最大的挖掘点。而线上和线下的价格、服务同步则成了商家们最基础的价值。

通过线上与线下的结合，企业可挖掘的空间非常宽广。在未来的去中心化电子商务时代，数据化和云服务技术会得到广泛的运用。比如，当你在某个大型商场附近闲逛时觉得累了，想要休息一会喝杯咖啡，你把你的想法发到了微信朋友圈。此时，商场通过自动搜索附近用户的需求发现了你的消费趋向，而向你推荐商场内某个咖啡厅，并为你订好了桌位、附上了优惠券，你只需要在微信上支付并前往消费即可。当然，这只是对未来线上和线下结合的O2O模式的猜想，但其可实现的可能性非常大。目前类似的场景已经能够实现，用户通过微信线上预订、支付，线下消费已经不再是什么新鲜事，关键只是在于商家如何灵活运用这些技术实现新颖的创意俘获粉丝。

去中心化的电子商务模式的特点在于：①对于品牌性要求较高，高品牌性更容易得到用户的认可和信赖，也更容易让用户变成忠实的粉丝和主动为品牌进行传播；②产品的复购率较高，大型的产品复购率较低不利于传播和分享，即使用户进行了分享也难以形成让其他用户随即产生购买相同产品的决定，从而致使用户传播产生中断。而小型产品，比如生活类用品就可以形成高复购率和持续传播性；③创新性要求更强，去中心化的模式以用户为中心，只有新颖又创意的产品和服务才能不断刺激用户的购买欲和传播欲。因此，在这三方面进行加强是企业去中心化电子商务运作的重点工作。

【案例71】WIS祛痘膏去中心化电商案例

祛痘品牌WIS是知名的祛痘品牌，WIS曾做过一个大胆的促销活动：在微信当中推出了2000件价值298元的产品供用户一元“秒杀”。活动一经推出就引来了用户大量的转发和关注，通过这个活动，WIS获得了5万人的关注，并且当日成交额达到了28万元。而只这是开始，当获得了用户的关注之后，WIS还推出了9.9元的体验套装，反响也非常好。再接下来，WIS使用其强大的售后客服实力，对用户进行了后期营销，把新客户培养成为老客户。这一大胆的尝试获得了意想不到的成功。

【案例72】一个“小笨蛋”的创意去中心化零售成功案例

2014年，微信朋友圈上出现一个不可思议的项目——“小笨蛋”。通过“小笨蛋”的概念重新定义了鸡蛋。其经营者通过对“小笨蛋”赋予各种感情色彩，在微信的朋友圈里“小笨蛋”遭到了疯狂的抢购，甚至卖到了1286元的价格——“史上最窝心小笨蛋，献给眼巴巴守望了一年的爸爸妈妈，献给人生低潮中给我帮助的挚友，献给为家庭日夜操劳的爱人，献给从未好好奖励过的自己。” 通过类似创意的包装，“小笨蛋”项目创造了从7万元的成本，上线一周后收回成本到半个月就创造了150万元营业额的销售神话，并且复购率达到了80%。

“小笨蛋”的营销成功，一是在于创意的情感营销，挖掘用户的情怀，并通过这种情怀对产品进行包装，从而增加了“小笨蛋”的附加价值与传播性，二是打造了“小笨蛋”的品牌概念并取得用户的认可。

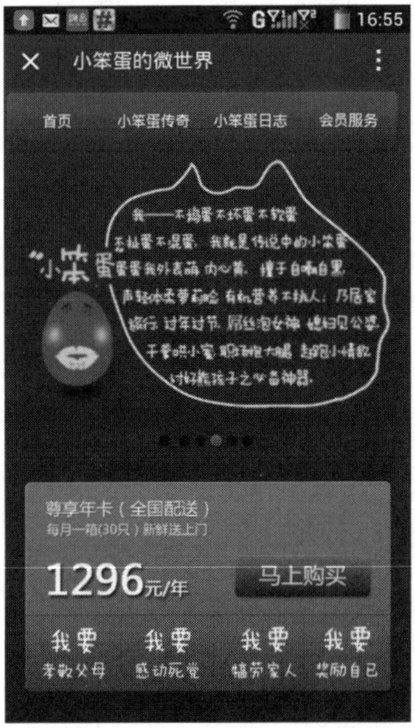

（小笨蛋微信公众号）

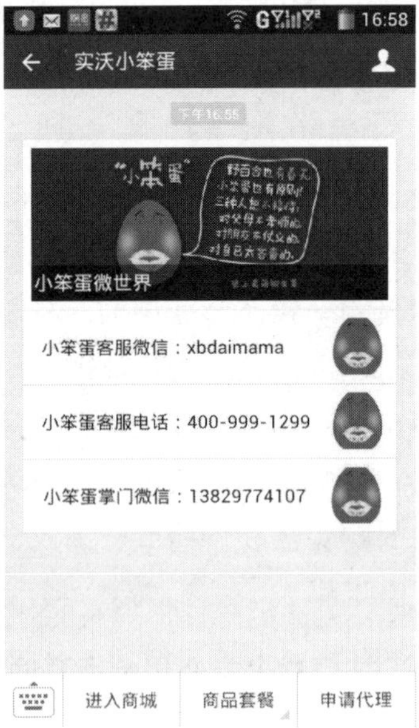

（小笨蛋微信公众号）

6.4 微信能赚钱的点在哪里

用微信赚钱，成为街头巷尾大家最喜欢讨论的话题之一。微信是一个社交软件，但对很多人，尤其是以办公室一族、大学生、家庭主妇等群体来说，它还是一个很好的赚钱工具。对于以上人群来说，微信是一个做兼职的好工具，也是创业的好帮手。然而，对于传统企业和传统的互联网企业来说，用微信赚钱的方式又有哪些呢？

（1）微商——最草根的微信赚钱方式

微商是2014年兴起的一个热门行业，是以家庭主妇、大学生、都市白领等人群为主力的一个行业，主要是通过微信朋友圈的方式销售产品，他们自称为“微商”。微商如今仍然非常火爆，但已经趋于理性发展，不再有“朋友圈营销，简单操作即可月入百万元”、“居家主妇做微商轻松月收入突破几十万元”等夸张的信息漫天散播，而微商也早已过了“刷屏”即可赚钱的阶段。接下来的微商将是朝着理性化发展，全民化发展，就像当年的淘宝一样。朋友圈的营销模式也可沿用目前的代理模式（代理品牌运营）、直营模式（自有产品的运营）、O2O模式（零售企业运营）。当然，企业也是可以使用朋友圈营销运营企业品牌，比如“欧蒂芙奇迹面膜”、“俏十岁面膜”等。

（2）企业自建微商城

通过微信第三方平台或者口袋通、微店等方式便可以实现微商城的搭建。微商城曾一度受到中小企业及个人的追捧，因为这是企业或者个人进入移动互联网并实现移动商城的最佳途径。但是随着微信第三方平台发展的成熟，微店、口袋通的普及，其受欢迎的热潮已经开始“冷却”。然而此时也正是其逐渐成熟和激烈竞争的阶段，企业面临着鹬蚌相争，渔人得利的大好局势。他们会花大力气推广自身品牌，并给商家提供各种辅佐，吸引商家入驻，以为市场洗牌获得优势。因此，企业通过他们的平台自建微商城亦是一个很好的选择。

（3）游戏领域的大蛋糕

自互联网蓬勃发展以来，游戏一直是最赚钱的领域之一。无论是网易、腾讯、盛大都在游戏领域赚得钵满盆满。到了移动互联网时代，手游又掀起了一阵狂潮。微信的一个《飞机大战》让将手游赚钱的话题推向了整个商业领域。目前，通过开发游戏 炮而红的企业不在少数，比如推出《围住神经猫》的南京泥巴怪公司，仅用了一个程序和一个美工，耗时一天半就完成了这个游戏，游戏于2014年7月上线48小时PV就达1026万，IP达241万！

（4）微信SEO

微信SEO是一个新的领域，随着微信用户和微信公众号的激涨，微信内容的产生已经相当丰富。而随着搜狗的微信搜索的出现，以及微信自身搜索功能的完善，微信SEO便诞生了。微信SEO将会给企业的推广带来非常有利的帮助，同时也是一种非常适合出售的“技术服务”。

（5）活动营销

“无活动，不营销”，对于一个企业来说，活动营销是非常有必要的。微信有超过8亿的用户，企业通过微信营销能找到企业所需要的用户群。然而，微信的活动营销的开展需要十分谨慎，尤其是在活动营销策划环节。一个完善的活动策划会给企业带来大量的粉丝增长，也可以刺激沉睡的粉丝，还可以借机实现销售转化。另外，通过活动营销还可以获得大量的用户信息，以及参与活动的微信用户的资料，为客户管理提供数据支持和为下一次营销提供数据分析基础。而活动营销也能带动企业与用户的互动，加深用户对企业的认识，以及对品牌的认可度，培养忠实的用户。在活动营销的策划当中，活动的预热、活动时间节点的控制、活动推广安排、活动的规则制定等都是需要精心安排的。

（6）微信小店

微信小店与前文提到的微店、口袋通微网店等有所不同，主要是因为微信小店是微信系统的产品，属于嫡系部队，不属于第三方。那么，通过微信小店，企业又能获得什么样的价值呢？微信小店拥有微信天生的社交基因，能直接面对微信公众号的大量粉丝，与粉丝发生关联。而第三方微商城会随着微信的生态体系的不断完善在自身的细分领域取得霸主地位，却难以向其他领域跨界。口袋通在帮助商家的微商城增加微信粉丝的领域继续细，以应用和服务为卖点的威客来也会在此领域独大。而微信小店则会把市场培育得更加细分，使每个行业的企业都利用微信小店搭建其品牌微商城，瓜分每一个领域的市场，从而实现微信“让再小的个体，也有自己的品牌”的目标。虽然微信小店目前仍未发力，能给企业带来的实际效益并不高，但不可否认的是，微信将来必定会是企业品牌经营，以及赢利的重要法宝之一。

后　记

这本书前前后后耗时大半年，才最终得以与读者们见面，这与笔者青涩的文笔和肚子里羞涩的墨水有着直接的关系。幸好，笔者同时也有着敢于班门弄斧的勇气，才最终使得这本书得以呈现在读者面前。若读者从中发现错误的理论甚至于多余的废话，或者持有不同观点，都请与笔者联系。所谓有朋友自远方来，不亦乐乎，结交各方好友也是笔者最大的兴趣所在，何况是给本人指正错误的朋友呢。

笔者给自己起的笔名叫莫默，意在鞭策自己不要一言不发，将自己的观点表达出来也是一种胜利，这也是笔者将自己对微信营销，对互联网运营的拙见转换成为一行行文字的动力所在。而我相信所有阅读了，尤其是耐着性子读完了这本满篇胡言乱语的书的读者，也必定是有观点的人，是勤于学习进取的有志之士。虽然本书拙劣，在某些观点上并不精辟，也许还存在着晦涩难懂的语句，但本人着实希望这本书能够给朋友们带来哪怕一点点的启发与帮助。

微信是一个能改变时代的东西，能够给我们生活和工作带来很多改变。但我们要是不学会改变自己，那任凭再人的推力也是不能将我们推到成功的道路上的。微信是炙手可热的创业工具，许多人通过微信这个平台赚到了自己的第一桶金，但那绝不只是因为微信的威力无边，更是因为创业者们挥洒的汗水。所以，还是那句老话——“枪是有了，但还得要有会使枪的人才能击中目标”，只有把自己练就成为神枪手，才能击中靶心获得成功。祝大家成功！

在这本书撰写的日日夜夜里，笔者常常会思考当书写完了之后，应该在本书的“后记”里对读者和对自己说些什么好呢？我曾经想过各种言语，犀利的、幽默的、实用的或是励志的，但唯独没有想到的是竟是唠叨出了一篇胡乱涂鸦的废话。谢谢你们，亲！谢谢你们用目光丈量完了我所有的文字，包括有用的或是纯属扯淡的！

莫默

2014年12月8日于南宁

反侵权盗版声明